継承される
キリスト教教育

西南学院創立百周年に寄せて

塩野和夫

九州大学出版会

はしがき

　西南学院に赴任するにあたり、恩師土肥昭夫先生を同志社大学神学館四階の研究室にお訪ねした。一九九三（平成五）年三月のことである。先生の机の上には見慣れぬ大きな二冊の本が置いてあった。それを示しながら土肥先生は「これ何やと思う？」と尋ね、間をおかずに「これはな、『西南学院七十年史』や。大きな本やけど、やがて西南学院は百周年を迎える。その時に西南学院は必ず塩野を必要とする。ええか、西南学院が百年史を編纂する時には、応分の仕事をせんといかんで！」と預言者のように語りかけ、送り出して下さった。

　同年四月にキリスト教学の専任者として西南学院に赴任した。専任者の一人である河野信子先生は打ち合わせの際にはいつも研究室を提供して下さった。八田正光先生はしばしば研究室に招いて下さり、学内の動向に関する意見を聞かせてくださった。お二人は誠実にキリスト教学の講義に取り組んでおられた。森泰男先生はすでに中堅であられたが、まるで青年教員のように研究活動に従事しておられた。宣教師のディクソン屋宜和夫先生は日本文化に造詣が深く、よく参禅しておられた。誠実にして自由、それぞれの課題に取り組みながら協力し合っている教員集団であった。

　学術研究所の隣にある談話室には着任早々から出かけて、カウンターでコーヒーを楽しんでいた。そこでしばしば出会ったのが、前学長の村上寅次先生である。先生は決まってカウンターに向かって左端かその隣の席に座っておられた。村上先生がコーヒーを飲んでおられると、なぜか先生の右隣の席に座りお話を伺った。まるで遠くの日々を懐かしむかのようにして、『西南学院七十年史』のことや「波多野培根先生」のことを話してくださった。相づちを打ちながら、先生の話に耳を傾けていた。

誠実で温かで自由な西南学院の伝統に囲まれながら、赴任して間もない時期から西南学院史に関心を持ち始めていた。

＊

収録した作品を時系列に見ておこう。着任して初めの一〇年間に書いたものが三本ある。最初の作品は父の死からインスピレーションを得たもので、「第三部第二章第一節　好きが一番」である。これは着任した翌年一九九四（平成六）年五月のチャペルにおいて話した講話で、『チャペル講話集』（一九九五年三月）に掲載された。第二に「第一部第一章　西南学院の教育者群像――「与える幸い」を継承した人たち――」がある。これは一九九七（平成九）年七月に西南学院職員修養会で行った講演をまとめたものである。早くから西南学院史に関心をいだいていた事実を語っているのがこの作品である。第三に「第三部第一章　キリスト教教育を担う」がある。これは二〇〇一（平成十三）年八月に実施された鎮西学院高校の平和記念礼拝における説教と教員研修会での講演をまとめている。主にキリスト教教育を担う教職員に向けて語っている。

着任して一〇年から一五年にかけての論考は二本しかない。いずれも「第一部第二章　西南学院の史料研究」に置かれている「第一節　学院史編集室史の研究」と「第二節　西南学院の史料分析」である。これらは、本格的な西南学院史研究に取り組み始めた時期の業績である。いずれも『西南学院史紀要』第一号（二〇〇六年五月）に掲載されている。ところが、これが出版された翌月二〇〇六年六月に脳梗塞で倒れた。

残りの六本は脳梗塞に倒れて以降に書いている。「第三部第二章第二節　キリスト教学と私」は、後遺症に悩む教員と学生の関わりを語っている。二〇〇九（平成二十一）年一月の講話で『チャペル講話集』（二〇〇九年三月）に載った。「第一部第三章　西南学院百年史編纂事業の本質――建学の精神を継承する事業――」は、二〇一一（平成二十三）年五月に「百年史編纂の部会発足会及び記念講演」で行った講演で、『国際文化論集』第二六巻第一号（二〇一一年九月）に掲載された。「第三部第二章第三節　ぼくのクリスマス」は二〇一一年十二月の講話で、『チャペル講話集』（二〇一二年三月）に載せられた。「第一部第四章　日本キリスト教史研究の現在」は、キリスト教史研究の立場から百年史編纂事業への助力を意図している。『西南学院史紀要』第七号（二〇一二年五月）に掲載された。分量が最も大きくしかも中心に置いたのが、「第二部　キリスト教教育の継承――村上寅次『波多野培根伝』の研究――」である。西南学院史におけるキリスト教教育の継承を扱ったこの論考は、赴任早々に談話室で親しく語りかけてくださった村上寅次先生を思い出しながら書いた。『国際文化論集』第二七巻第一号（二〇一二年十月）に掲載された。「第三部第三章　キリスト教学の現場から」は、二〇一二（平成二十四）年五月に行われたキリスト教学担当教員研修会における講演を、二〇一三（平成二十五）年二月にまとめた。

　このように大小様々な一一の作品を二〇年の時をかけて発表してきた。着任してから一〇年の間に発表した作品が三本、一〇年から一五年の間のものが二本、そして一五年から二〇年の間に六本である。これらを内容別に三区分して本書は構成されている。

＊

「第一部　西南学院史研究」は、西南学院百年の歴史を意識した作品をまとめている。読みやすく通史的な性格を持つのが、「第一章　西南学院の教育者群像――「与える幸い」を継承した人たち――」である。対照的に「第二章　西南学院の史料研究」は学問的な基礎研究の成果で一般向きではない。歴史哲学的観点から西南学院史の本質を問うた論考が、「第三章　西南学院百年史編纂事業の本質——建学の精神を継承する事業——」である。歴史哲学というだけで敬遠されそうだが、内容は教職員に語りかけた講演であり分かりやすいと思う。「第四章　日本キリスト教史研究の現在」は現在の研究状況を踏まえた百年史編纂事業への提言である。このように西南学院百年史に関連した作品を第一部にまとめた。

　西南学院の歴史においてキリスト教教育の継承がなされてきた。教育事業とりわけキリスト教の教育事業は、継承という人格的な営みを内実とするからである。その一つが波多野培根から村上寅次へのキリスト教教育の継承である。「第二部　キリスト教教育の継承——村上寅次『波多野培根伝』の研究——」は、内容的には村上寅次『波多野培根伝』の研究である。しかし、底流にある問題意識は波多野から村上へのキリスト教教育の継承を探求している。この作品は西南学院史における一事例研究という側面を持つ。他方、本書はその構成において「第二部」を中心に据えている。それはタイトルである「継承されるキリスト教教育」を主題として扱っているのが、「第二部」だからである。

　百年の歴史を持つ西南学院の現在を問うのが、「第三部　キリスト教教育の現場」である。したがって、「第三部」は実践的な性格を持つ。キリスト教教育を担っているのは現場の教職員である。このような認識に基づいて、「第一章　キリスト教教育を担う」は書かれている。キリスト教教育を担うために必要なものは何か？　生徒・学生の課題にいかにしてキリスト教教育は応えることができるのか？　現場から発せられるこれらの問いを受けて考察している。「第二章　「チャペル講話集」より」は西南学院大学のチャペルで行った講話三本である。それぞれに「学生の心に届くように」と願って語りかけたメッセージである。キリスト教学の現場をいくつかの側面から分析しているのが、「第三章　キリスト教学の現場から」である。「教員と学生の共同作品」となることを願うキリスト教学の内容と実際を描いている。

*

最後に読者へのアドバイスである。本書は三部構成であり、それぞれの内容に特色がある。そこで、読者の関心に従って読み始めていただきたい。たとえばキリスト教教育の現場に興味のある読者であれば、「第三部　キリスト教教育の現場」から読み始められることをお薦めする。西南学院百年史に関心があるのであれば、「第一部　西南学院史研究」からであろう。

その上で、第二に本書の持つ学問的性格と人格的性格について申し上げておきたい。学問的とは研究的と言い換えることができる。その場合、研究成果としての一面を指摘できる。人格的とはこの場合人間としてふさわしく生きたいと願う精神性を指す。このような精神性は本書全体に底流として存在する。もちろん、学問的にも人格的にも熟読していただきたい。しかし、仮に学問的成果になじめない読者がいたとしても、精神的には共感性を持って読むことができると思う。ぜひ、底流を行く精神性を探りつつ読んでいただきたい。

そこで、第三に味読のお薦めである。この忙しい時代に無理な要求であることは百も承知している。その上で、ゆったりと流れる時間の中で、じっくりと読んでいただきたいと希望する。著者は本書をまとめるのに二〇年の時を要した。その時を振り返ってみて、人格形成すなわち人間を育てるキリスト教教育の一冊をまとめるのに必要なものは、「十分な時間」であったと痛感している。同じことが読書にも言えるだろうと考える次第である。

目　次

第二部　キリスト教教育の継承——村上寅次『波多野培根伝』の研究——

第三部　キリスト教教育の現場

第一部　西南学院史研究

『継承されるキリスト教教育――西南学院創立百周年に寄せて――』は、「第一部　西南学院史研究」「第二部　キリスト教教育の継承――村上寅次『波多野培根伝』の研究――」「第三部　キリスト教教育の現場」による三部で構成されている。ところが、「はしがき」でも触れていたとおり、学問的な特色や内容、表現様式がそれぞれに異なっているため統一性に欠ける。それでも、多様性に富む内容をあえてまとめた理由がある。西南学院百年史編纂事業である。そこで、各部の「解説」において本書のタイトルとの関わりに焦点をあてながら、西南学院百年史編纂事業との関連を述べておく。

　さて、サブタイトルの「西南学院創立百周年に寄せて」と名称で対応しているのは、「第一部　西南学院史研究」だけである。このことは第一部の内容についてもいえる。要するに西南学院史研究に直接対応するのは第一部だけなのである。なぜなら、第一部は西南学院百年史編纂事業で発表してきた論考を中心にまとめたからである。

　私事になるが、『西南学院史紀要　第一号』（二〇〇六年五月）を出版したときに、筆者は西南学院百年史諮問委員会（編纂委員会の前身）の委員長であった。ところが同年六月に脳梗塞を発症し、一年半後には再発した。そのため、現在は編纂委員会に陪席するだけで執筆作業に加わることもできない。

　そこで、西南学院百年史編纂事業を側面から支援したいと願いまとめたのが第一部である。本書の冒頭に「第一部　西南学院史研究」を置いたのもこのような理由に拠る。

第一章　西南学院の教育者群像――「与える幸い」を継承した人たち[1]――

はじめに

一　なぜ、「西南学院の歴史」か

職員夏期修養会で講話の機会を二回与えられました。二回の講話で話す内容は、要するに「西南学院の歴史」です。もし、「なぜ西南学院の歴史なのですか？」と尋ねられたならば、まず「人間には特殊なセンスがあります。歴史的センスです」と答えます。人間には過去と現在、それに未来を繋いで考える能力があります。だから、過去を深く学ぶことによって現在を理解し、未来でさえも形成していくことができる。しかも、未来を創造していると自覚できるときに、私たちは「今何かを作りつつあるんだ」と充実感に満たされて生きることになる。このように過去・現在・未来を繋ぎ、しかも歴史的な今を豊かに生きるところに歴史的センスは働いています。

　ところで、学生たちに常日頃「将来、君たちが働くことの意味を今からよくよく考えておくように！」と訴えています。なぜならば、仕事というものは量的な事実として与えられている能力と知恵と時間のほとんど全てを要求するからです。そこでもし、持てるものの多くを注ぐ仕事に納得できない、意味を見いだすことができないとしたら、そこには量的事実から質的問題への転化が起こっています。すなわち、そのような仕事をする人にとっては人生そのものが虚しくなっている。働くことに意味を見いだせない人生は虚しいからです。だから、学生諸君には「今から働くことに何の意味を求めるのか、よくよく考えておくように！」と勧めています。

同じ問題が西南学院に勤めておられる職員にも言えます。西南学院で働いている日常生活に深い所での意味、仕事そのものに対する納得、もしそのようなものを見いだせないとすれば、皆さんは虚しく日々を過ごしておられるのです。

そこで今回、職員夏期修養会で「西南学院の歴史を学ぶ」作業を通して、何よりも西南学院で働く意味を探し求めたいのです。講演では「西南学院の教育の歴史に学ぶ」のですが、この学習は歴史から現在の教育現場に繋がってくるのは何かという問いを含んでいます。あるいは、私たちは西南学院で働いて何かを生み出しています。そこで「教育現場で何かを生み出すために、大切な時間と労力とを費やしても惜しくない！」真実があるとすれば、それは一体何なのかという問いにもなります。このような何かを一緒に探し求め、納得のいく仕事の現場を創りあげていきたいのです。

二　「教育者群像」とは何か

次に「教育者群像」について考えます。「西南学院の歴史を学ぶ」手がかりとして、「教育者群像」という概念を考えてみたからです。そこで、「教育者群像」とは一体何なのか。『広辞苑』（第六版、二〇〇八年）で「群像」を引いてみますと、「絵画・彫刻などで、一つの主題のもとに多くの人物を集団として表現したもの」とあります。つまり、多くの人物の集合的構成が「群像」です。そうだとしたら、教育現場における「群像」は何を意味するのでしょうか。

シィート先生が[2]「好きだ！」と言っておられるすき焼きを例に取り上げて考えてみました。私もすき焼きは大好きですけれども、私の流儀はまず肉を焼き、次いで野菜と豆腐、それからこんにゃくや色々な具材を入れて、その後に出し汁を注ぎます。そうしますと、個々の食材がそれぞれの味を出してきます。それぞれの味を出しながらしかも全体としての味が整ってきたときに、それがすき焼きのおいしさになると思います。つまり全体としての味を持ちながら、しかも一つひとつの食材はその味を保っている。

西南学院という教育現場についても同じことが言えるでしょう。学院には様々な個性を持った教職員がおられますが、教育現場は一人では成り立ちません。職員だけであるいは教員だけで教育活動ができるわけでもありません。職員と教員が建学の精神、すき焼きでいえば出し汁といって良いかと思いますが、そういった共通の理念によってまとまりを保ちながら個性ある教育現場を創りだしていく。

西南学院の歴史を調べてみますと、「教育者群像」という概念を使うことのできるまとまりと個性のある教育現場を各時期に創っていたことが分かります。そこで、第一節では「教育者群像」を手がかりとして、全体としてまとまりのある西南学院の教育活動は何であったのか。それが学院の各時期においてどのような姿をとり展開したのか。そういった全体像を考えたいのです。

三　「与える幸い」とは何か

「教育者群像」と並んで取り上げるのは、「与える幸い」という考え方です。使徒言行録第二〇章三五節でパウロがこのように語っています。

あなたがたもこのように働いて弱い者を助けるように、また、主イエス御自身が「受けるよりは与える方が幸いである」と言われた言葉を思い出すようにと、わたしはいつも身をもって示してきました。

パウロはエルサレムを目指す旅の途上にありました。目的地エルサレムで誰がパウロを待っていたかというと、彼を捕らえようとする人々でした。ですから、小アジア南西岸にあるミレトス（トルコ名バトラ）で懐かしい人々に向けて語ったパウロの説教、それは彼の訣別説教となります。この別れの説教の結びで「受けるよりは与える方が幸いである」と言われたイエスの言葉を人々に示します。パウロはこの言葉によってイエスの生と死の全体を表現しています。「与える幸い」とは、それほど含蓄の深い言葉なのです。

パウロの「与える幸い」という言葉をキリスト教教育の本質として語ります。なぜそのように語ることができるのか。理由の一つは、イエスの生涯をたった一言で表した「与える幸い」という概念は、含蓄が深くて豊かなのでキリスト教教育の本質とすることが可能だからです。もう一つは「与える幸い」から考えると、西南学院の教育現場をよく検証できます。すなわち、「西南学院は何を与えてきたのか」、「何を与えようとしてきたのか」、そういった観点から西南学院の教育活動を具体的に検討できるからです。

第一節　西南学院の教育者群像とその時期

一　各時期における教育者群像のモデル作成 ――教育者群像と「与える幸い」の継承を中心として――

西南学院の歴史は九七年に及びます。もちろんこの間の歴史を貫く西南学院の精神性や教育現場の特色を指摘することはできます。けれども、時代と共に現場を担った教育者は変わりました。教育環境も変化しました。キリスト教の教育精神を学生・生徒に伝える表現や方法も変わりました。このように変化した現実に即して考えるためには、学院史をいくつかの時期に区分しなければなりません。分けた上で、それぞれの時期に特有の教育者群像について検討するのです。

一　モデル仮説一――時期――

まず時期区分の検討です。様々な検討を重ねた結果、西南学院の時期（仮説）を考えてみました。

西南学院史の時期（仮説）[3]

第一期　創設期　一九一六（大正五）年から一九四五（昭和二十）年

第二期　継承期　一九四六（昭和二十一）年から一九七〇（昭和四十五）年

第三期　展開期　一九七一（昭和四十六）年から二〇〇二（平成十四）年

第四期　充実期[4]　二〇〇三（平成十五）年から二〇一六（平成二十八）年

各時期について簡単に見ておきます。「第一期　創設期」は一九一六年から一九四五年です。この時期、私立西南学院は男子中学校を一九一六年に設立し、男子の中学部と高等学部それに商業学校からなる学院に発展させます。今から見ると小規模の学校ですが、その当時にすれば福岡市においてそれなりの規模を持った学校でした。この時期に西南学院は日曜日問題を経験します。それから戦時体制下でキリスト教系学校であるために大変な苦しみを味わいます。これが第一期です。

「第二期　継承期」は一九四六年から一九七〇年です。一九四五年の敗戦を契機として、西南学院は着実な再建を進めることになります。再建を進めるなかで、建学の理念が確認されます。たとえば、一九五〇（昭和二十五）年に「Ｃ・Ｋ・ドージャー記念日」と「波多野培根先生記念日」が学年暦に入れられる。それは西南学院が拠って立つ立場は何であるのか、あるいは学院が大切にしなければならないこととは一体何であるのか。それらを確認して学年暦などで自覚し、さらに内外に公に示す。そういった営みであったわけです。第二期にはまた中学校・高等学校が開設され、舞鶴幼稚園・早緑子供の園も西南学院の組織に入りました。さらに西南学院大学が開設され、大学の学部学科が次々と増設されています。しかし、この時期の最後の五年間ほどは学園紛争が起こり、キリスト教教育をめぐって学院は苦しむことになります。

「第三期　展開期」は一九七一年から二〇〇二年です。学園紛争の終結からしますと、もう少し開始の年は遅くなります。それでも一九七一年から第三期としたのは、一九七一年に大学院が開設されています。大学の国際交流制度が実施されたのも一九七一年です。このように大学院や国際交流制度、そういうものが実施され、西南学院が充実していく。これが第三期の大きな特徴であろうと考えます。

これまでの歴史的歩みを踏まえて、二〇〇三年に中学校と高等学校を百道浜校地に移転しています。このとき以降、法科大学院の開設（二〇〇四年）、新大学院棟の竣工（二〇〇五年）、大学博物館（ドージャー記念博物館）の設置（二〇〇六年）、西南学院小学校の開設（二〇一〇年）など、新たな教育事業の可能性に着手しています。そこで、二〇〇三年以降を「第四期　充実期」としました。

二　モデル仮説二――教育者群像――

「教育者群像」の概念を検討した上で、西南学院の時期を「第一期　創設期」「第二期　継承期」「第三期　展開期」「第四期　充実期」と区分しました。そうすると、各時期の「教育者群像」を調べる必要があります。それぞれの時期には様々な個性を持った教職員がいたわけですが、西南学院全体としてはどうであったか。各時期の教育者群像にどういう特色があるのかを考えます。

三　モデル仮説三――教育における受容と継承――

教育における受容と継承という課題は一人の教育者で考えてみると分かりやすいと思います。ある教育者が教えている場合、教えられた経験があって、それを踏まえて教えています。そこに教えられた経験に基づく教育の受容と、教えることによって次の世代に教育を委ねていく循環があります。

一人の教育者における教育の受容と継承という循環は西南学院にとってもいえます。学院に存在する教育の精神は教えることによって次の世代に受容される。すると、受容された教育の精神はその時期の学生や教職員に共有されて、次の世代に継承されていく。このようにして時代を貫いて学院の教育精神は受容と継承、さらに受容と継承を重ねて伝えられていく。ここに西南学院の命の姿を見ることができます。

二　創設期の教育者群像

そこで、「第一期　創設期」の教育者群像を考えます。課題になるのは、「第一期　創設期（一九一六－一九四五）」は西南学院にとってどういう時期であったのか。どのような人たちがこの時期の学院を担い、どんな教育上の特色を見いだすことができるのかです。

一　創設期はどのような時期であったか

「第一期　創設期」は三つの観点から概観できます。第一は学校の設立・開設・改称といった事柄です。私立西南学院は一九一六（大正五）年に男子中学校を設立し、一九二一（大正十）年には高等学部を設け、一九二九（昭和四）年に商業学校を開設しました。このようにして第一期には順次学院の規模を拡大しています。これが第一です。

第二は重要な意味を持つことになる日曜日問題です。この問題をめぐって一九二八（昭和三）年二月に高等学部の全学ストライキが起こりました。不首尾に終わった解決策の責任をとって同年八月に杉本勝次たちは退職します。(5) 新たな解決策を求めて一九二九（昭和四）年十二月に組織された「日曜日委員会」の答申が一九三〇（昭和五）年五月に出されます。他方、ミッション会議の意見書が同年十一月に出されました。ところで、両者の内容は微妙に違っていました。理事会はミッション会議の意見を採用します。それが一体何を意味していたのかは、後でもう少し詳しく検討します。

第三は戦時体制下においてキリスト教系学校であったために生じた一連の出来事とそのなかで苦悩した西南学院です。

第一期における出来事から二つを取り上げて紹介しましょう。その一つが全学的に日曜日問題の解決を目指した取り組みです。要点を資料を中心に見ておきます。理事会が日曜日委員会を作ったのですが、「日曜日委員会の設置と答申[6]」に組織の構成員を書いてあります。

第二　理事会は、西暦一九三〇（昭和五）年の一年間、次の委員会組織を望む。委員は、学友会若くは学友会各部より提出せらるる、主の日遜守に関連せる総ての問題解決に当られんことを望む。

（a）福岡市在住理事　二名

（b）各学部長若くは科長　二名

（c）舎監　二名

（d）高等学部・中学部職員より選ばれたる一名宛の基督教信者教師　二名

（e）学院教会牧師及び前期委員が選出し得る学生若くはその他の者

それから一九三〇年三月一日の委員会では次のことが決定されたとあります。これが日曜日委員会の答申です。

学芸的ナルモノ、即チ、文芸・講演・英語・音楽会等ニ出演ノ際ハ、ソノ出演ノ目的、宗教的・教育的ナルトキハ、コレヲ許可スルコトアルベシ。編集部ハ、日曜日ニハ、校正・醵金等ヲナサザルコトヲ勧告ス。

体育的ナルモノ、日曜日ニ始終スル競技ニハ参加セシメズ。数日間連続スル競技ニシテ、日曜日以外ノ日ヨリ始マリ、ソノ競技ノ目的、教育的ナルトキハ、一年一回ダケ、特ニコレヲ許可スルコトアルベシ。

但シ、当分、野球・庭球・蹴球・剣道・柔道ノ各部ニ限リ、コレヲ適用シ、他ノ各部ハコレヲ許可セズ。

もう一つは、同年五月十三日に波多野培根から水町義夫に手交された「但シ書キ」です。それによると、出演と出場制限はさらに緩和されています。

但シ、已ムヲ得ザル時ハ、許可スルコトアルベシ。

要するに「学院の日曜日を尊重するという原則は尊重する。尊重するけれども、教育現場においては多少柔軟な対応を示すことがふさわしい」というのが日曜日委員会の答申でした。

それに対して、ミッション会議が日曜日問題について理事会に手渡した決議文です。

決議

我等ハ、西南学院理事会ガ、学院当局ニ対シ、昭和六年一月ヨリ、又ハ、昭和六年四月ヨリ、選手又ハ学生団ガ学院ヲ代表シテ日曜日ニ運動競技ニ出場スルコトヲ許可セザルヨウ、要求セラレンコトヲ決議ス。

決議文の内容は「日曜日問題に関しては原則を徹底する。日曜日委員会の答申にあるように現場を配慮したり柔軟に対応してはいけない」というものでした。これら二つの答申を受けて、理事会は最終的にどう判断したのか。いろいろ考慮したと思われますが、結局ミッション会議の決議に沿った決定を下したのです。

二つの資料から、日曜日問題は教員の中でも或いは教員と学校当局の間でも難しい懸案となり、およそ二つの立場があったと分かります。一つは日曜日の試合出場禁止の原則を徹底する立場、もう一つは原則に教育的配慮を加える立場です。これら二つの立場はとても近くて、そんなに大きく違っているとは思われません。基本的に同じなのですが、最後の解釈をめぐって両者は対立してしまった。それが日曜日問題です。さらに、その頃の西南学院にミッションの影響が決定的であった事実も日曜日問題は示しています。

もう一つ紹介したいのは、一九四四（昭和十九）年六月に波多野培根が「基督と愛国」[7]という講演をしたのですが、その冒頭部分です。これは精神文化研究所が西南学院に設けられることになり、開設の際に行った講演で愛国心には二種類あると波多野は言います。その一つは次の通りです。

　自分の国家の利益になるものならば、悪事であっても構わずやるといった風なんである。強い国であれば理由の甚だ明瞭ならざる戦争をやりまして、弱い国を圧倒したり、他国の領土を取ったり、他国の富源を独占したりする。それがみな国家のためである、愛国の行為であるとして喜ばれる。これが今日、普通に世界各国で行われておる愛国であります。

これが一つです。それに対して、もう一つの愛国心ということを言っています。

　普通の人のように国家の名を以てすればいかなる悪事をしても構わないと言うようなことは、決してやらない。個人間で許されぬようなことは国家間でも許されぬ。弱い国をいじめたり、他国の領土を取ったり、他国の迷惑を構わず、ただ自国の権益を拡張すればそれが愛国だというような解釈は取らない。自分の国も利し、他人の国も利し、両者相益して、共に栄、互いに相親しんでいくということに重きを置き、いわゆる国家主義者の如く、他を犠牲にして自分だけの利益を拡張するようなことはしない。

こういう二つの愛国心があると述べた上で、情熱を込めて第二の愛国心をとり、その愛国心に生きることを勧めます。大胆に波多野が語ったのは一九四四年です。つまり戦時体制下の最も厳しい時代に、彼は自ら信じるところを西南学院の教職員と学生に向かって訴えかけたのです。村上寅次先生から何度となく伺ったことがあります。

　C・K・ドージャー先生は西南学院の器を創ったけれども、その器に内容を入れることに貢献した人物に波多野培根先生がおられる。そのような一人に間違いなく波多野培根先生がおられる。

本当にそうだと思います。そして、そうであるならば村上先生が言われた「西南学院の器に注いだ内容」とは一体何なのか？　それはどのような教育活動を指し、どのような特色を持ち、あの時代において何であったのか？　そういった事柄を熱心に調査し研究する。このような研究活動も、西南学院が担うべき重要な課題であろうと考えます。

二　創設期の教育者

創設期の教育者群像を考える上で、参考とすべき七名の教育者の氏名を記してみました。はじめの四名は宣教師あるいは彼らの伴侶です。後の三名は日本人教師です。

C・K・ドージャー（Charles K. Dozier　一八七九－一九三三）
M・B・ドージャー（Moude B. Dozier　一八八一－一九七二）
G・W・ボールデン（George W. Bouldin　一八八一－一九六七）
M・L・ボールデン（Maggie L. Bouldin　一八八二－一九六八）
水町義夫（一八八五－一九六七）
波多野培根（一八六八－一九四五）
杉本勝次（一八九五－一九八七）

C・K・ドージャーは西南学院が設立された一九一六（大正五）年に就任し、一貫してミッションの立場から西南学院の教育に打ち込みました。彼は学生に対する立場や態度といったことに、おおよそ疑いをもたなかったように思われます。それは単純と言えば単純、融通がきかないと言えば融通がきかないのです。しかし、この単純さにこそドージャーの力強さがあったと考えられます。

M・B・ドージャーは、C・K・ドージャーの伴侶として福岡に来ます。それ以来、舞鶴幼稚園や西南保姆学院で重要な働きをしています。

C・K・ドージャーが西南学院を辞任した後、第三代院長として西南学院を担ったのがG・W・ボールデンです。ボールデンも宣教師でしたが、日曜日問題では日曜日委員会答申の立場を尊重します。つまり原則は大切にするけれども、そこに教育的配慮を加えようとしたのです。そのために、彼は学生や多くの教員から支持されます。その意味では幸せな院長でした。しかし、ミッションとは対立し西南学院を辞任します。

M・L・ボールデンはG・W・ボールデンの伴侶として来日し、舞鶴幼稚園の指導者として支えます。M・B・ドージャーやM・L・ボールデンなど、女性の活動も創設期の西南学院を支えた重要な要素でした。

コリア丸で派遣された宣教師
C. K. ドージャー（２代院長），J. H. ローウ（初代理事長），G. W. ボールデン（３代院長）
『写真 西南学院大学 50年』より
提供：西南学院100周年事業推進室

水町義夫は一九一七（大正六）年に西南学院に就任します。一九三三（昭和八）年には、第四代院長として日曜日問題の混乱を収拾しました。その後の厳しかった戦時体制下における西南学院の存立に責任者として対応した人物でもあります。

水町が表に立って対応したのと対照的なのが波多野培根です。波多野は一九二〇（大正九）年に西南学院に就任して、二三年間学院で教えました。その間、一度として役職に就かなかったのです。むしろ学生と生活を共にしながら、教育者としての責任を全うします。村上寅次先生も波多野の薫陶を受けられた一人です。

杉本勝次は一九二三（大正十二）年に西南学院に就任し、日曜日

水町義夫（４代院長）
『写真　西南学院大学 50年』より
提供：西南学院100周年事業推進室

問題で責任を取って一度退職しています。その後復帰して、西南学院のためにいろいろと責任のある働きをした方です。

三　創設期における受容と継承

そこで、創設期を担った教育者における受容と継承について三つの特色を指摘します。

第一は、彼らがどこで教育を受けたのかという問題です。この件については一つの共通点しか指摘できません。つまり、彼らが教育を受けた時点で西南学院は存在しなかった。だから、彼らは西南学院以外で教育を受けている。しかも、それぞれの仕方でキリスト教と関わる教育を受け、福岡に西南学院が設立されるとキリスト教に基づく教育事業に彼らは次々と参加したのです。

第二に、彼らが与えたものです。文字通りのキリスト教教育が行われたのは、この創設期だと考えられます。それは教科として持たれた聖書の時間とか、チャペルの厳格な実施に限らないのです。それらを含めて、学科を教えること自体がキリスト教に基づく人格的教育の場であった。もちろん教育現場には教師の個性がありました。C・K・ドージャーは信念を曲げないで学生に対する頑固な立場を貫きました。G・W・ボールデンは学生の声を聞き、柔軟に教育的配慮を施しました。波多野は生活さえも学生と共にしながら、教育に打ち込みました。それぞれの教師に個性はありましたけれども、そこでは教育とキリスト教が分けることのできない一つのものとして学生に提供されていた。そういう教育現場がこの時期にはあったと思われます。

そこで第三に、創設期において継承されたものについてです。西南学院にとって創設期が重要なのは、この時期に学院の基本的なあり方が決定されたからです。西南学院において最も大切なものは何なのか。西南学院という教育の場を通して、次の世代へと継承していかなければならないものは何なのか。西南学院が西南学院であることを確保するいわば教育現場の原体験、それは一体何であるのか。そういった西南学院にとって最も重要なあらゆる事柄が、この時期の教育現場で出来事として経験されていた。そういう重要性を持つ創設期に、当時の教育者はキリスト教教育への責任を負って、次の時代を担う学生に学院の教育理念を託していった。

このようにして創設期に西南学院の教育理念を託された人たちによって、キリスト教教育は継承期へと続いていったのです。

四　創設期の課題と特色

そこで、創設期の西南学院についてまとめておきます。

西南学院が設立された一九一六年は第一次世界大戦の末期です。その頃の日本がどういう状況にあったかというと、国際的に開放された時期でした。そのようなときに、この国のキリスト教は大変元気で勢いがありました。この勢いは一九三〇（昭和五）年頃まで続きます。

キリスト教にとってきわめて状況の良い時期に創設された西南学院は、そのときに教育機関としての基本を整えようとします。すなわち、キリスト教に基づく西南学院はどのような学校であるのかという基本を押さえ、基礎を築きました。そういった根本的な教育理念を整備するのと同時に、キリスト教学校の人的なあるいは経営的な基盤も整えています。

人的基盤に関しては西南学院における教育事業そのものが、次の時代のキリスト教教育の担い手を養成したと思われます。経営的な側面では、当初はミッションに随分支えられたのですが、いつまでも依存し続けるわけにいきません。いずれ自立のときがきますから、それを自覚して歩んでいかざるを得ませんでした。

そういった時期の西南学院が生み出したものとして、何よりも学院におけるキリスト教教育が考えられます。チャペルを通じ、教科を通じ、学院生活を通じて教職員はよくキリスト教に基づく生き方を生徒と学生に示しました。その受け止め方は様々だったでしょう。しかし、当時の学生は人間を育てる教育を西南学院において受けることができた。そのようにして創設期はキリスト教教育に特色を見ることのできる時期だったのです。

三　継承期の教育者群像

一　継承期はどのような時期であったか

「第二期　継承期」は、一九四六（昭和二十一）年から一九七〇（昭和四十五）年に区分されます。この時期は軍国主義的物品の整理から始まりました。その後、一九四七（昭和二十二）年に西南学院中学校を開設し、一九四八（昭和二十三）年には西南学院高等学校を設けています。次いで、一九四九（昭和二十四）年に西南学院大学を開設し、さらに一九五〇（昭和二十五）年には西南学院短期大学部を発足させ、同じときに舞鶴幼稚園と早緑子供の園を西南学院の組織に加えました。それ以降は西南学院大学に学部学科を次々と増設しています。他方、一九五〇（昭和二十五）年には西南学院大学の学年暦に「C・K・ドージャー記念日」と「波多野培根先生記念日」を設定して、自覚的に西南学院の歴史を作り始めている。こういう時期です。それともう一つ、継承期の後半に学生運動が高揚し、これも一つの特徴となっています。

継承期の特色を語っている資料をいくつか見ておきます。一つは「世界的日本人の育成を」[8]です。この中に河野貞幹の「院長就任の抱負を」があります。河野は西南学院の卒業生として初めて院長になった人です。その院長が就任時に受けたインタビューに応えた記事がまとめられています。

彼は質問に答えるなかで、第一に「西南独自の教育の場を持ち人格的交わりのある学園を作り上げたい」と言っています。ここには明確な自覚が認められます。西南学院は特色のある独自性豊かな教育の場である。そこで、「これを大切にしたい」という認識です。

第二は「学院を急速に大きくする必要はなく、将来の発展のために基礎を作るべきときだと思う」という発言です。つまり経営主義ではなくて、教育を中心として着実な学院の経営をすすめていきたいという主張です。

第三は「西欧諸国だけでなく、インド・香港などのアジアの大学にもどしどし留学して欲しい」という希望です。ここには、国際交流のビジョンがすでに語られています。

次にもう一つ「世界的貢献を目指せ[9]」という資料があります。これはE・B・ドージャーが創立五十周年の記念式典で語った式辞をまとめたものです。ドージャーは式辞で、基本的に河野と同じことを語っていますが、それゆえに少しの違いが個性として際立ってきます。そういうなかで興味深い一つは、この資料の「真の教育の場を」という項目にあります。

ここでドージャーは彼自身の言葉で語っています。彼によると、「物品がマスプロダクションによって安くなるのと同じように、人間のマスプロも、私どもの人格を低下させる」。そこで「こういうような時に、私どもは、真の教育を、西南において施したいと思う」と語ります。ドージャーの主張はまさに河野が語っていたそのことです。ですから、一人ひとりの個性ある人間を育てていくために、それにふさわしい教育の場を作らなければならないという自覚に、西南学院の伝統を見ることができます。

もう一つは「大学院の設置」です。創立五十周年の時点でドージャーはすでにこのことを言っています。西南学院の教育が充実していくならば、自ずと大学院を整え、設置していく必要がある。そういった主張を文脈から読み取ることができます。

W. M. ギャロット（初代学長）
『写真　西南学院大学　50年』より
提供：西南学院100周年事業推進室

二　継承期の教育者

この時期の教育者群像を考えるために六名の名前をあげています。

W・M・ギャロット（William M. Garrot　一九一〇－一九七四）
E・L・コープランド（Edwin L. Copeland　一九一六－二〇一一）
E・B・ドージャー（Edwin B. Dozier　一九〇八－一九六九）
河野貞幹（一九〇一－一九六六）
古賀武夫（一九〇四－一九九二）
伊藤俊男（一九〇一－一九七七）

まずギャロットです。彼は一九四八（昭和二十三）年に第五代院長に就任しました。西南学院が再建期にあった時期です。再建期に西南学院はC・K・ドージャーの精神性を保ちながら立て直していきます。その中心になった一人がギャロットです。「ギャロットは本当に西南学院にとって大切な方であった」と複数の方から伺っています。

次にコープランドです。彼は一九五二（昭和二十七）年に第六代院長に就任しています。彼について調べていて、「見識のある教育者」、「冷静で学識のある教育者」という印象を強くしています。

それからE・B・ドージャーです。彼については第二節で詳しく述べます。

河野貞幹についても第二節で述べますが、西南学院の教育に携わった教育者として「誠実な人」であり、「誠実に事にあたるという良き伝統を生きた人」という思いを強くしています。

古賀武夫は一九六一（昭和三十六）年に第八代院長になった方です。大学の組合で委員をしていたときに、「古賀先生は偉い人であった」「教員の待遇改善に前向きに貢献してくださった方は、誰よりもまず古賀先生だ」と聞きました。

伊藤俊男は一九六九（昭和四十四）年に第一〇代院長になっています。硬式野球部創立時（一九二一年）のメンバーでもあった伊藤は、学生運動で困難だった時期には指導者として責任を負ったのです。

三　継承期における受容と継承

そこで、「継承期における受容と継承」について考えることとします。継承期の教育者についても三つの指摘をします。

第一は彼らが受けた教育に関してです。三つのケースに分けることができます。まず海外で教育を受けた宣教師、次に西南学院で教育を受けた日本人教師、さらに西南学院以外で教育を受けた日本人教師の三ケースです。その中から西南学院で教育を受け、西南学院で教えた日本人教師にまず注視すべきでしょう。この時期を継承期としましたが、それは創設期における教育の精神性を継いでいこうとする姿勢が顕著であったからです。この事実に注目するならば、創設期に学び継承期の教育に責任を負った日本人教育者の重要性が浮かび上がってきます。

第二に彼らが与えたものです。継承期の西南学院は、保育園・幼稚園・中学校・高等学校・短期大学部・大学という小学校を除いたすべての年齢層に関わる教育に携わる総合学園という体裁をとっています。この時期には西南学院独自の人格教育という気風が強かったと思われます。たとえば、宣教師の存在がキャンパスでユニークであり、西南学院の特色であったと聞いています。ですから、宣教師との出会いは当時の学生と生徒に様々な影響を与えていたと言えます。しかし他方、西南学院の規模が次第に拡大していく中で、人格教育に対する熱意に変化はなくても密度は薄くなっていった。そういった傾向が継承期の後半には進行したと思われます。

そこで、第三に継承期から展開期へと引き継がれたものについてです。これについても三点指摘します。

まず、教育の精神性です。西南学院における教育の精神性は、継承期から展開期に引き継がれています。

次に総合学園という西南学院の性格です。総合学園はいきなりできる特質ではなく、学院の歴史によって築かれたものです。ですから、継承期に形成された総合学園としての性格は次の時期に継承されていきます。

さらに、教育事業に対するビジョンです。展開期に課題となる事業へのビジョン、すなわち国際交流であるとか大学院の必要性であるとか、そういった課題がすでに継承期に言及されています。

四　継承期の課題と特色

そこで、継承期の西南学院についてまとめておきます。

日本の敗戦は戦後のキリスト教ブームを呼び起こし、それは一九五〇年代まで続きました。この時期はキリスト教学校にとっては順風の時期であり、西南学院もこのときに学院の再建を着実に進め、さらに総合学園へと組織を拡大しました。

教育の精神に関して見るならば、継承期の西南学院は創設期に形成された教育の精神性を十分に受け止めて展開期へと継承しています。しかしながらその一方で、時代の要請に応えて例えば西南学院大学の学部学科を充実させたために、次第に教育の精神性が希薄になっていきました。

つまり、教育精神の継承と社会の要請に応えるこの二つの課題をいかに統合していくのか。ここから発生してくる困難な問題がすでに継承期に始まっていたと思われます。

四　展開期の教育者群像

一　展開期はどのような時期であったか

「第三期　展開期」に入ります。

学生運動が一段落すると、西南学院は展開期の歩みを始めます。この時期の動向については年表に明らかです。多くは西南学院大学に関係しています。その一つは大学院の研究科開設が続いていることです。それから一九八五（昭和六十）年には児童教育学科に小学校教諭免許課程が設置され、博物館学芸員課程も設けられています。もう一つ注目されるのは、一九七三（昭和四十八）年の学院史編集室開設です。学院史編集室は『西南学院七十年史』編纂事業で中核となった部署です。

展開期に公表されたメッセージとして二つの資料があります。一つはコープランド先生の「西南をよくするために[10]」です。その内容は当時の西南学院に向けて的を射た語りかけだったと思われます。詳細については省略しますが、要約すると一つは西南学院の現状に対して、「西南学院は伝統にふさわしい教育の場であるために十分に注意をするように」と言っておられます。もう一つは「これからの西南学院の方向性」について、「人間性を尊重し、国際性を重んじ、地域社会の要請に応えるように」と示しておられます。

もう一つの「国際交流[11]」については、学生と日常的に接しているなかで彼らの間ではこの制度が浸透しいい刺激を与えていると感じています。

キリスト教の特色の一つに普遍性があります。したがって、民族とか国家の壁を越える価値観あるいは交流の可能性をキリスト教はそもそも持っています。そのようなキリスト教に基づく西南学院が国際交流を推進し、それが学生の間に浸透しているのは極めてふさわしいと思われます。

二　展開期の教育者

展開期の教育者群像を考えるために、院長経験者の四名と尾崎恵子先生を展開期の教育者として取り上げました。

Ｃ・Ｌ・ホエリー（Charles L. Whaley　一九二二－）
Ｌ・Ｋ・シィート（Leroy K. Seat　一九三八－）
村上寅次（一九一三－一九九六）
田中輝雄（一九三〇－二〇〇九）
尾崎恵子（一九二五－）

ホエリー先生が西南学院に残されたメッセージは、まとめられて一冊の本にされています。[12]この本から彼の教育者としての指針を読み取ることができます。

シィート先生は折々に提言や指針を出されました。それらに対する評価がいずれ出てくるだろうと思われます。

村上寅次先生は西南学院にとって大切な方であったと思います。なぜかと言うと、西南学院に学び西南学院の精神性を重んじられたからです。たとえば、学院の歩みにおける様々な場面で建学の精神を判断基準とされた。そういった出来事を重ねることによって西南学院の歴史に名前を刻んだ方だと思います。

院長経験者として田中輝雄先生をあげています。田中先生もいろいろと書いておられます[13]ので、いずれ教育者としての評価が出てくるだろうと考えています。強いて言えば、田中先生は河野貞幹先生の教育者としてのイメージに続く方で、シィート先生はＥ・Ｂ・ドージャーに続くイメージがあるように思われます。

その上で、尾崎恵子先生を入れています。西南学院関係者の中に生まれ育たれた先生は、美術を通して教育活動に参加されました。彼女の作品は学内のいろいろなところに散見されます。尾崎先生の教育活動が学院にとって何だったのか、興味深く大切な一コマではないかと思われます。

三　展開期における受容と継承

「転換期」に関しては、勤務先が大学というきわめて個人的な理由から、西南学院大学の分析から論を進めていきます。もちろんこのような述べ方には限界があることを承知しています。

　第一は、教育者は何を受容してきたのかという問いです。大学の教員が教員になるために受けてきたものは圧倒的に専門教育です。なぜならば、人事選考の基準は研究業績だからです。この事実から大学の教員を西南学院の教育の精神性から分析すると、三つのタイプに分けることができます。第一のタイプは、キリスト教徒で西南学院の建学の精神を大切にしたいと願っている教員です。第二のタイプは、キリスト教徒ではないけれども西南学院の伝統は大切にすべきだと考え、学院のキリスト教教育に協力している教員です。第三のタイプは、キリスト教徒ではなくキリスト教教育についても無関心か否定的に考えている教員です。

　したがって第二に、このような教員集団が与えることができるのは何よりも専門の学問的知識あるいは研究活動の指導、さらに資格取得のための援助などです。そういった大学教育の中で、キリスト教教育の中核にあるキリスト教学やチャペル活動を大切にしていこうとする地道な働きがあります。

　そこで第三に、展開期の西南学院は何を次の世代に継承していくことができるのかという問いです。ここで西南学院は自信を失ってはいけないと思います。間違いなくこの時期から次の世代に学院の精神性は脈々と継承されていくからです。人を作る教育、そのためにキリスト教は生きて働くことができる。そういう精神性を西南学院は伝えている。その際の問題はこの継承が学院全体でどの程度の情熱と影響力を持って行われているかです。つまり、総合学園として規模が拡大していくと共にどうしても学院の精神性は希薄になっていく。展開期ではなお全体の底流として精神性はある。けれども、これからそれをいかにして保つことができるのか。脈々としてあるだけではなく、西南学院全体に学院の精神性を保ち浸透させていくことが問われています。

四　展開期の課題と特色

そこで、まとめとして「展開期の課題と特色」です。一九六〇年代後半から七〇年代にかけて全国の大学で学生運動が吹き荒れました。そのときにキリスト教界にも運動は波及して内部に対立を生み、混迷をもたらしました。そういう時期に西南学院は着実な発展を遂げています。第三期を展開期と規定したのは、継承期に示されたビジョンをこの間に確実に展開していったからです。

しかし同時に、コープランド先生が「西南をよくするために」で訴えておられた警告が、この展開期に向けて発せられています。これは忘れてはならない事実です。したがってこの時期の課題は、何よりもまず変わっていく時代の中でいかにして建学の精神を継承していくかです。新しい時代状況の中で建学の精神を継承しながら、しかもそれに新たな装いを持たせつつ具体化していく。これが継承期の課題です。

別の見方をするならば、西南学院大学は学問性や専門性を高めると共に、地域の要請に応えることが求められています。地域社会は大学にとって重要な存在であり、西南学院大学はこの地域において立っていかなければならない。西南学院の精神性を継承しつつ、学問研究の専門性を高めしかも地域社会からの要請に応える。これらをどのように組み合わせていけばいいのかは、「第四期　充実期」において引き続き取り組まれています。

五　充実期の教育者群像を考える

一　充実期教育者群像の可能性

これも大学教員の場合で考えます。充実期に多少割合の変化はあるとしても、基本的には展開期で述べたように三つのタイプの教員で構成されます。すなわち、まずキリスト教徒で建学の精神を理解する教員、次にキリスト教徒ではないけれども建学の精神を理解し協力する教員、さらにキリスト教徒ではなくキリスト教育に対しても無関心か否定的な教員、そういう三つのタイプです。

このように三タイプで構成されるときに、建学の精神をめぐる教員像で二つの可能性があります。一つはキリスト教徒の教員と非キリスト教徒でキリスト教教育に批判的な教員が、学院における教育をめぐって対立し教育者群像としての全体像を失っていく可能性です。それに対してもう一つは、教員間の分裂を避けるために教育をめぐる不平や不満を残しながらも全体としての一致は保っているケースです。こういう二つの可能性がある中で、底流にキリスト教教育が生かされていくのは後者のケースです。つまり西南学院における教育の現状にいささかの不平不満はあっても、全体としての一致を保っている場合にはなおその底流にキリスト教教育は生かされているといえます。

そのために必要なのは早急に結論を出すのではなく、教育をめぐって忍耐強く対話を重ね、お互いの立場を理解し合う。そういう努力を重ねることによって、西南学院全体としての教育者群像を保ち、底流にキリスト教教育を生かすことができると思われます。

二　西南学院は何を与えることができるか

次に、充実期の西南学院が与えることのできるものとして、三種類考えることができます。

第一はキリスト教教育の精神に基づいて何かを与え続けることができます。問題は何をどのような形で学生に提供できるのかです。そういう問題はありますが、それは充実期を担う教職員の課題であって、彼らによって与え続けることができるとだけ言うのが適切でしょう。

第二は大学における研究教育という分野への注目です。西南学院大学は大学という研究・教育の専門機関です。ですから大学の専門性を生かして、直接には大学生に様々なことを与えていくことができます。

第三は地域社会に対する貢献です。西南学院は福岡という地域に立つ大学です。今後ますます学院はこの地域にとって何であるのかが問われてきます。この問いに対して真剣に応えていくことによって、地域社会に貢献するものが生み出されてくると思われます。

三　西南学院史について――教育精神継承への手がかりとして――

具体的な課題として、『西南学院史』を取りあげます。

まず中学生から大学生向けの『西南学院の人物伝』です。西南学院で教え、西南学院で学んだ人たちのなかから五名から一〇名くらいを選び、人物伝をまとめます。『人物伝』は分かりやすいし、人の興味を引くものです。しかも五名から一〇名程集めますと、おおよその全体像を示すことができます。そういった『人物伝』を中学生の教科書にしたり教職員に無料で提供します。そうすると、西南学院が何であり何が西南学院の大切なことであるかを知らせることができます。

それと学問性と精神性を兼ねた『西南学院百年史』です。二〇一三年五月に西南学院は創立九十七周年をお祝いしましたから、三年後には百周年を迎えます。百周年に際してどういう『西南学院百年史』を出版できるのかはとても重要です。『西南学院百年史』は学問性と精神性を兼ねることによって、教育の精神性を継承していくために十分寄与できるからです。

第二節　西南学院の教育者たち

一　教育者群像と個々の教育者

第一節では、西南学院の教育者群像を考えました。そのために時期を区分してそれぞれの時期に教育を担った方々を概観し、各時期の教育者群像を検討しました。その際にすき焼きに食材はいろいろあってもまとまった味があるように、西南学院の場合も教育者に個性はあっても全体としてまとまりのある教育者群像を考えることができるとしました。

二　なぜ、個々の教育者か

そういった全体像を踏まえた上で、個々の教育者について考えます。教育者群像に位置づけて幾人かの教育者を考察するのです。

それにしても西南学院の教育者について、全体像を明らかにしたらそれでいいのではないか。なぜ、個々人の検討が必要なのか。そういった質問が出てくると思います。このような問いに対して答えたいのです。歴史というものは個人において最も深く共感することができる。そもそも一人の人間から考察するとき、そこには私と同じ人間がいます。同じ人間が様々な状況の中で喜び悩んでいる。ときに他者と共に歩み、ときには共に歩むことができないで分裂の中に立たされている。そこに生きた人間がいます。このような生きた人間に共感するときに、その共感性が私たちと歴史の接点になっています。そして、この接点から歴史そのものに深く入っていくことができます。ですから、一人ひとりの人間との共感性から西南学院の歴史を学んでいくのです。

三　個々の教育者と教育精神の継承

もう一つのことは、個々の教育者における教育精神の継承です。西南学院全体における教育者群像の場合は、第一節で考えました。同様に一人ひとりの教育者においても、教育精神の継承を考えたいのです。

二つの理由があります。一つは個人においてさらに具体的に考えられることです。教育精神の継承とは西南学院において何であったか。この課題は個々人の検討によって生き生きと学ぶことができます。これが一つです。もう一つは私たちが西南学院に勤めている現実にあります。学院に勤めている日々を意味のあるものとする。そのために、教職員は西南学院の教育精神を受け止めることが期待されています。それらを引き受けて教育現場に携わると、もっと力を込めて働くことができます。だから、一人ひとりの教育者について考えたいのです。

一　西南学院の教育者を考えるために　——教育者と学院史との関わりから——

そこでまず三つの視点について紹介します。

一　視点一　——略歴——

視点の一は、「略歴」です。そのなかでも教育者になるために何を受けたのかに注目します。教育者を考える場合に、略歴でもその人がどういう教育を受けたのかが大事です。

私の経験からも言えることですが、初めて教えたときに懸命に探したのはどのように教えられたかでした。つまり、人は教えられた経験を踏まえて教えるのです。そこでまず、略歴から教育者が受けた教育に注目します。

二　視点二――教育者としての姿勢――

視点の二は、「教育者としての姿勢」です。具体的に言うと、教育者として何を与えたかです。

教育は本質的に与えることです。教育者は時間や能力などを教育に割きます。しかし、そういった物理的要素だけではありません。そのような次元を越えて、人間として精一杯のものを教育において与えています。生きるということは何なのか。人間として大切なことは一体何なのか。要するに教育という場において、人は人生の根本問題を教えられ伝えていったのです。したがって、教育はまさに人間が人間になる場です。そこで、とりわけ教育者として何を西南学院で与えたのかに注目します。

三　視点三――西南学院の教育者群像における位置――

教育者の姿勢を明らかにしたならば、その姿を各時期の教育者群像に位置づけます。そうすることによって、一つには彼らがどういう立場にいたのかを知ることができます。

もう一つは、位置づけられた教育者によって西南学院の教育者群像がさらに具体的にされることです。このような教育者を一人二人と加えると、各時期の全体像が鮮明になります。そこで個々の教育者を教育者群像のなかに位置づけるのです。

C. K. ドージャーと M. B. ドージャー
『西南学院の創立者　C. K. ドージャーの生涯』
提供：西南学院100周年事業推進室

二　C・K・ドージャーの場合 ――伝道と教育――

まず、創設期の教育者からC・K・ドージャーを取り上げます。

一　略歴

C・K・ドージャーは一八七九年に米国ジョージア州に生まれ、十二歳まで母親から教育を受けます。家庭教育の結論として、一八九二年にバプテスマを受けています。それから公立学校で学び、その後二年間は学校で教員をします。一八九九年にマーサ大学に入学し、一九〇三年に卒業しました。同年入学した南部バプテスト神学校を一九〇六年に卒業し、このときM・A・バークと結婚しています。そして、海外伝道の夢をいだく二人は日本へ向かいます。九州の何ヶ所かで働いた後、一九一一年には福岡バプテスト夜学校の校長を務め、一九一六年に西南学院を創立します。しかし、一九二九年には西南学院院長を辞任し、一九三三年に小倉で亡くなっています。

ドージャーの略歴で注目すべきは、十二歳まで母親から教育を受けた事実です。西南学院創立八十周年を記念して出版された高松千博（編）『Seinan Spirit ――C・K・ドージャー夫妻の生涯――』[14]を見ますと、彼の受けた教育は「基礎教育と聖書教育」[15]でした。要するに「教育とは何よりもまず信仰者として生きること」でした。つまり、信仰生活の基本的な知識を学ぶことが教育だったのです。そのような教育観は決定的なものになったと思われます。

教育とはまず信仰を学ぶことだと育てられたドージャーは、まさにそのように西南学院で教えたからです。

二　教育者としての姿勢

次に、「教育者としての姿勢」です。「ドージャーの人柄[16]」にそれは示されています。C・K・ドージャーといいますと、日曜日問題において決して譲らなかったイメージがつきまといます。確かに彼の人格を突き詰めていきますと、根底に「キリストに誠実であろうとする姿勢」があります。しかしながら人はいつも自分の根底をあらわにして生きているわけではありません。ドージャーにはもっといろいろな側面があったわけです。例えば、「ドージャーの人柄」で三串一士や古澤正雄、さらに藤沼良顕が書いている文章からいくつか彼の性格について指摘できます。

第一にドージャーは喜怒哀楽の人でした。その時々の喜びや悲しみ、あるいは怒りを率直に表現しました。両親の話をするときに、「すぐ泣かれる。眼鏡をはずして涙を拭きながら話される」（三串一士）とあります。そういう情感豊かな人でした。自分の気持ちに正直な人だったのです。

第二に大声で笑う人でした。職員室においても生徒の前でも大声で笑うユーモアの人です。そこにはおそらく彼の人柄だけでなくて、笑いのある明るい雰囲気を作ろうとするドージャーの意図があったと思われます。

第三に質素な生活をしていました。物を大切にする生き方はどこから出てくるのでしょうか。それは生き方がはっきりと定まっている人だといえるでしょう。生き方が定まったときに、何を大切にし何を簡素にするのか、そういった人間の生活が出てきます。そのような生活の姿勢は学生に影響を与えたと思われます。

第四にチャペルでの厳しさです。学生が嫌になるほどドージャーは厳しかった。なぜ、それほどまでにチャペルで厳しかったのか。彼自身が受けた躾があると思われます。厳しく躾けられてドージャーは大切な信仰を身につけた。だから自らが教育されたように学生を厳しく育てようとした。そのようにして、信仰を西南学院の学生に与えようとしたのです。

三　西南学院の教育者群像における位置

このように見てきますと素朴で明るいドージャーは、そのような人柄と態度で学生を育てようとしていたことが分かります。しかし西南学院で記憶されているのは、頑固なまでにキリストに対して忠実であろうとした姿勢です。日曜日問題において教員の間には二つの立場がありました。一つは原則を尊重しながらも教育的配慮を加えた立場で、ボールデンはこちらに立ちました。もう一つはあくまで日曜日の運動を禁止する原則厳守の立場で、ドージャーはそこから一歩も退かなかった。学生に「こういうドージャーのあり方をどう思うか」と聞いてみました。そうすると児童教育学科の学生が手を挙げて、「教育的配慮を欠いたそういう教師は教師として失格だ」と言います。ただし「失格だ」と言った上で、一部の学生は「しかし、西南学院が開設された当時には学院の基礎を据えるためにそのような頑固さも意味があった」と考えます。要するに、教育に対する頑固さがなければ創設期に西南学院の基礎を据えることはできなかったと思われるのです。

教育者群像におけるＣ・Ｋ・ドージャーの位置は、創設期に対立した二つの立場の一方の側の中心です。もう一つの側の中心人物はボールデンです。彼はドージャーにとって同労者でした。それだけでなく、多くの教員もボールデンを支持しました。したがって、日曜日問題でドージャーは多くの仲間と対立せざるを得なかったのです。そこに彼の苦悩があったと考えられます。

継承期以降、ドージャーの姿勢が評価されて、そこに西南学院の原点すなわち拠って立つべき精神があるとされています。

三　波多野培根の場合——教育に賭ける——

創設期の教育者からもう一人見ておきます。波多野培根です。

一　略歴

波多野培根は一八六八（明治元）年に山口県津和野に生まれています。儒教教育を受けた後に、一八八五（明治十八）年に同志社英学校に入学し、翌年洗礼を受けました。一八九〇（明治二十三）年に卒業すると同志社で教えます。しかし、一八九二（明治二十五）年には退職して伝道活動に従事しました。一八九七（明治三十）年からは仙台の尚絅女学校等で教えます。そして、一九〇四（明治三十七）年に同志社へ復職します。ところが、一九一八（大正七）年に退職し、一九二〇（大正九）年から西南学院で教えています。一九三八（昭和十三）年に学院を退職しますが、その後も続けた嘱託講師を退いたのは一九四四（昭和十九）年でした。培根は一九四五（昭和二十）年に京都で亡くなっています。

略歴からまずいえることは彼の受けた教育です。波多野の父・達枝は津和野藩校の教員で儒学の先生でした。培根は父親から儒学を学び、さらに高名な陽明学者の塾で学びます。このように儒学の素養を身につけた上で、同志社英学校に入学しました。そして同志社で決定的な影響、つまり生涯に及ぶ学問と信仰を学びました。これが彼の受けた教育です。

次に同志社で育てられた培根はどのように働いたのか。彼は伝道者として教育者として現場に従事します。すなわち、伝道者としては東北地方の小さな教会で、教育者としてもいくつかの学校と同志社で教えました。そういった経験が西南学院着任以前にあります。したがって、波多野培根は生涯の最後に西南学院を働き場にしたといえま

波多野培根（前から２列目左から２人目）と学生
『写真 西南学院大学 50年』より　提供：西南学院100周年事業推進室

す。

第三には多様な経験が西南学院における培根にどのような特色を与えたのか。様々な経験を積んでいたために学院においては教育一筋でした。どのような役職にも就かず、学生寮で生活を共にしながら、学生に対する教育一筋に打ち込んだのでした。

二　教育者としての姿勢

「波多野培根先生と西南学院」[17]を見ると、西南学院における波多野培根について書かれています。ここに描かれているのはまるで書生のような生活です。

前向きに着実に求めつつ歩む。書生のような日々を老境に入りつつあった培根が西南学院で送っている。そこには余計なものが何もなく、きわめて簡素である。そういう営みにおいて思いやりや祈り、それに思想が磨かれていきます。純化され純粋になっていきます。今の時代にも人格の純化、人の魂の研磨はとても大切です。人の思いや祈りは時をかけて磨かれ純化されていくときに、本当に力を持つからです。波多野培根は言葉と祈りにおいて、そのような力を持った人であったと思います。

波多野培根の簡素な生活の中心にあったもの、それは教育であり研究でした。培根が終生尊敬したのは同志社の新島襄です。新島襄はいつも学生のことを考えていました。恩師の如くに培根もまたいつも学生のことを思い、祈り、語りかけていた。それが簡素な生活のなかにあったので、学生への思いと祈りは純化され、彼らの心に響いたのです。

そういう教員が二三年間、西南学院においていつも学生のなかにいて学生と共に生活していた。この事実は教育現場に何をもたらしたのでしょうか。教育をして教育たらしめるもの、それは学生に対して人格的感化を与える力です。そのような人格的感化を与えるだけの存在感が西南学院における培根にはあった。だから創設期の学生は波多野培根から人間として生きる何かを教えられていた。本当に幸いなことであったのです。

三　西南学院の教育者群像における位置

最後に、波多野培根の西南学院の教育者群像における位置について考えます。

村上寅次先生は「Ｃ・Ｋ・ドージャーが西南学院の器を作り、その内容を入れた一人の人物として波多野培根先生がおられる」と言われました。そうであるならば、培根が学院に注ぎ込んだ内容とは何であったのか。一つとして教育に対する情熱、学生に向けた情熱があったといえます。第一節で、波多野が七十六歳の時に行った講演の冒頭部分を紹介しました。そこで、愛国心について述べた上で「日本の国は道理のある国として世界の中で生きなければならない。歩まなければならない」と老波多野は訴えていました。その主張に培根のうちに脈打つ熱いものを感じます。教育にはおおよそ熱いものがなくてはなりません。学生に向かって理想を訴え、情熱を込めて学生に語る。そこには熱いものがあって、そうして初めて学生に注ぎ込むことができる。熱いものがなければ、伝えるべきものも伝わっていかないのです。今の西南学院にも教育にかける熱いもの、学生に期待する情熱が求められる所以です。

もう一つは、一人ひとりの学生をおろそかにしなかったことです。「波多野培根先生と西南学院」に、波多野培根が部屋を訪ねた学生にどのように振る舞ったのかを書いています。そのなかには村上寅次先生もおられたと思うのですが、訪ねてきた一人ひとりの学生に対して、「信仰につき、人生につき、時局につき……とどまることのない熱弁をもって何時間も語り続けられた」とあります。そのような熱弁、情熱は心から学生を大切に思い期待する心から出てきたのでしょう。学生を大切にすることは西南学院に根づいた良い伝統です[18]。

四　河野貞幹の場合——伝統を生きる——

次に継承期を担った河野貞幹です。

一　略歴

河野貞幹は一九〇一（明治三十四）年に福岡県若宮町で神主の家系の長男として生まれています。一歳のときに火傷で手に怪我をし、この年父親を亡くしました。一九二一（大正十）年四月には西南学院高等学部文科へ入学、一九二五（大正十四）年三月に卒業すると西南学院の図書館に勤務します。同年十月からは中学部教師として英語を教えました。一九二九（昭和四）年に塩田十一と結婚、一九三五（昭和十）年八月から米国に留学します。各地で研究を重ねて一九三九（昭和十四）年八月に帰国すると、西南学院専門学校の教授となり神学を教えました。一九四〇（昭和十五）年から大牟田教会の牧師を兼務（一九四一年まで）します。一九四九（昭和二十四）年には大学の教授となりました。一九五三（昭和二十八）年に頭部に異常を覚えています。一九五五（昭和三十）年十月には第七代院長に就任しました。一九五九（昭和三十四）年に筋萎縮症（筋ジストロフィー）と診断され、体の自由が奪われていきます。一九六一（昭和三十六）年十一月に院長を辞任し、一九六三（昭和三十八）年には退職します。一九六六（昭和四十二）年に亡くなりました。

略歴で注目したい一つのことは、神主の家系にあった事実です。一歳のときに父親を亡くしたとはいえ、神主の家柄という自覚が幼い頃からあったに違いありません。ところが神道の家系にある河野が西南学院で学び、キリスト教信仰に導かれていく。その事情が分かる気がします。

仏教や神道の家系に生まれた人たちは宗教的な感性を持っていて、しばしばキリスト教の中心を直観的に捉える。そうして、キリスト教信仰に入ることがあります。同志社大学の神学部で勉強していた友人の一人は、浄土宗のお寺の子息でした。毎朝読経をしていただけあって、非常に声のいい人でした。ところが、彼はイエスの出来事に感動して牧師になります。同じように河野もキリスト教が分かったので、その信仰に入ったのでしょう。それからは西南学院の教員として生涯を誠実に働き、学院出身者として最初の院長にもなっています。

もう一つ注目したいのは晩年の河野です。筋萎縮症（筋ジストロフィー）が進行していたそのときの教育者河野です。歩行や食事、研究や講義、そういった全てが奪い取られていく。そのように病気が進行していくなかで、河野はいかに生きたのか。そのような状況で河野はどういう教員であったのか。

教員として力に満ちているときではなく、むしろ体の

河野貞幹（７代院長）
『河野貞幹先生記念文集　永遠の西南』より

力が奪われていき歩くことさえも不自由になっていく。そういうときに存在そのものからにじみ出てくるものが、その人の教育者としての真価を最も語っている。そういうことがあると考えます。河野もまさに病気が進行し体の自由が奪われていくなかで、真価を発揮した方だと思います。

二　教育者としての姿勢

日隈光男の「最後の授業[19]」から二つのことを学びたいのです。一つは宗教者であり、西南学院においては教育者であった河野貞幹の姿です。「最後の授業」によると、筋ジストロフィーが進行してもう歩くこともできない状況で出席したクラスで河野はまず聖書を読んだ。それは数節であったり、ときには一章に及ぶ聖書を読んだ。そして、病床で感銘を受けた聖書の言葉から一言二言語すと、皆の前で深く祈った。その深い祈りが皆の心を非常に打った。……そのような祈りや行為は一体何であり、どこから出てきたのかと考えさせられます。そのときの河野は重い病気であることさえ超えて今を生かされている。今を主の恵みに生かされている。宗教的生命に全く捉えきられている。そういう状態であったのだろうと思わされます。それは「まさにみ言が生きて迫ってくるようでした」と結ばれていますが、日隈の結びの言葉は河野の祈る姿がいかに真実なものであり、人の心にどれほど迫るものを持っていたかを語っています。そのような河野の姿は、キリスト教教育とは何であるのかを自らの姿勢で語っていたのです。

もう一つは任地に立つ日、お別れに伺ったところです。この場面では教育精神の伝承という事柄が見事に表現されています。河野は西南学院から与えられたことを大切にしながら、西南学院で教えました。例えば、ある方は「先生の偉大さは世界バプテストの役員として世界を廻られたり、西南学院の院長をされたという事よりも、寧ろキリストの一人の僕として最後まで忠実に仕え、少数の学生を集めて彼等を愛し、ささやかな聖書の講義や輪読会を続けられていたあの姿の中に私は見出すのである」[20]と指摘しています。ここに浮かび上がってくる姿には、波多野培根に重なるものがあります。したがってあのとき、河野は自らが西南学院で引き受けた生き方を後進の者に委ねていたのです。それが「私のかわりに、今度は君たちが行く番だよ、私はここで祈っているからね、がんばって来なさい」という励ましです。こういう実存のかかった励ましや祈りは、語りかけられた者の魂を揺さぶり動かします。そしてまさに、後進の者の魂が揺さぶり動かされているそのところに教育の神髄が現れています。

三　西南学院の教育者群像における位置

河野貞幹が西南学院に勤務したのは、一九二五（大正十四）年から一九六三（昭和三十八）年までの三八年間に及びます。前半の二〇年間は第一期の創設期に含まれ、後半の一八年間は第二期の継承期に属します。このように創設期から継承期にまたがって教えたわけですが、教育者群像における位置からすると継承期に属するとした方が適当だと考えます。そのように考える場合は、創設期に二〇年間西南学院で教えたことは将来の準備のときとすることができます。

さて、河野が継承期を担った一人として三つのことを指摘できます。

第一は河野が西南学院で学び、その全人格と全生涯に決定的な意味を与えられた事実です。彼は学院で学んでキリスト教信仰を与えられ、生涯の働きの場もまたそこに与えられた。ここで大切な事柄は「素直さ」であろうと思います。素直な心は真実なものを見抜き、大切なものを吸収していくからです。河野にはそういう素直な魂があって、教員になってからも西南学院から吸収し続けた。そういうお手本のような人ではなかったかと思われます。

第二に、西南学院で与えられたものを継承期の中心にいて与えていったことです。継承期には創設期に対して新しい時代状況がありました。この新しい時代状況にあって、河野は学院の精神的伝統を重んじて学生に教えながら、院長として様々な出来事に携わっていった。

そこで第三に、西南学院から与えられたものを精一杯教えた生き方を通して、河野が次の世代に学院の精神性を委ねたことです。委託を通して西南学院の精神性は次の展開期に継承されていきました。

五　E・B・ドージャーの場合――伝統を展開する――

一　略歴

E・B・ドージャーは一九〇八（明治四十一）年に長崎で生まれ、母親から教育を受けています。そして、一九二〇（大正九）年に福岡バプテスト教会でバプテスマを受けました。一九二一（大正十）年に米国で一年間の高校生活を経験し、翌年には神戸カナディアンアカデミーに入学します。その後、一九二六（昭和元）年に米国ノースカロライナ州にあるウエイクフォレスト大学に入り、一九二九（昭和四）年には南部バプテスト神学校に進みました。一九三二（昭和七）年にメアリー・E・ワィリーと結婚し、同年日本へ来て西南学院で教えます。太平洋戦争勃発の年である一九四一（昭和十六）年には家族でハワイへ移り、活動しました。戦争が終わった翌年にはバプテスト教会の使節として日本へ派遣され、一九四七（昭和二十二）年に日本バプテスト連盟を結成しています。一九四八（昭和二十三）年からは東京で働きましたが、一九五八（昭和三十三）年には再び西南学院で教えることになります。そして、学生運動の激しかった一九六九（昭和四十四）年に亡くなっています。

略歴から父親のC・K・ドージャーと似た三点を指摘できます。第一は初等教育を母親から受けたことです。その内容は聖書教育と基礎教育です。したがって、E・B・ドージャーにとっても学ぶとは何よりもまずキリスト教信仰に導かれる教育でした。これはC・K・ドージャーと同様です。

第二は一九三二年から四一年までと一九五八年から六九年までの二度にわたって、E・B・ドージャーも西南学院で教えていることです。ドージャー親子は働きの場も同じくしました。

第三にC・K・ドージャーは西南学院の問題を苦悩しつつ亡くなったのですが、E・B・ドージャーも学園紛争の中で非常な苦痛を受けて亡くなったのです。

このように重要な類似性を持ちながらも、E・B・ドージャーは父親とは違った性格を有し、教育者群像においても違った位置づけをされています。

二　教育者としての姿勢

C・K・ドージャーを尊敬していたE・B・ドージャーは「キリストへの忠実」を訴えながら、新しい時代状況にあって国際交流や大学院の設置といったビジョンを院長として示しました。

E. B. ドージャー（９代院長）
ヨルダン社刊『神と人とに誠と愛を』より

このようなE・B・ドージャーについて学生に聞きますと、よく似た答えが返ってきます。「E・B・ドージャーは父親を尊敬していたけれども、父親とは違ったタイプの教育者であったと思う。なぜならば、E・B・ドージャーは学生に対しても時代状況に対しても、柔軟に観察し判断し対応した。そういう柔軟性において父親のC・K・ドージャーとは違う」。そのような印象を受けます。

E・B・ドージャーは確かに柔軟性を持っていました。けれども、違う側面も示しています。「大学紛争と栄光の死[21]」に一九六八（昭和四十三）年二月の学園紛争におけるドージャーの経験が記されています。このときに彼は随分体を悪くして、健康上の問題を抱えることになります。そういう事情であれば、院長を退いて無理をすることはなかったのです。しかし、ドージャーはそこで院長職に留まります。そして、一九六九（昭和四十四）年四月に再び悲痛な経験をして帰らぬ人となったのです。「日本人を愛し、西南学院の学生たちのため、真心を尽して愛と誠実を示してきたエドウィン・ドージャーにとって、敬愛する父の写真が破損されるという事件は、心臓に針を打ちつけられるような心痛を伴う出来事であった」。これが彼の悲痛な経験でした。

したがって、Ｅ・Ｂ・ドージャーには教育者としての二面がありました。一つは学生も指摘する、父親とは違って柔軟に取り組み判断していく一面です。もう一つはそういった対応をする根底に実は、父親と同じ頑固さという譲らない一面があったことです。そういう資質を持って本当に難しかった時期に責任を負い続けたのです。

三　西南学院の教育者群像における位置

Ｅ・Ｂ・ドージャーの場合も、第二期の継承期に位置づけて三点を指摘します。

第一は西南学院の教育精神の継承です。ドージャーは河野のように西南学院で学びませんでした。学院から何かを受けることはなかったのですが、父親と母親を尊敬して西南学院の教育精神を受け継いでいこうとする意欲に満ちていました。そして、継承期の教育事業に参加していきました。

第二に伝統の展開です。河野の場合は伝統を引き継いで継承していく、つまり受け取ったものを学生に与えていくという側面が強かったと思います。それに対してドージャーの場合は、伝統を引き受けるとそれを新しい時代状況の中で展開していこうとした。例えば「キリストへの忠実」という父親の遺訓を、「神と人とに誠と愛を」という教えに言い換えようとしています。あるいは教育事業に国際交流や大学院の設置といったビジョンを示して、新しい西南学院を建てていこうとしています。ここにドージャーの特色を見ることができます。

第三にドージャーの死です。いずれにしても、学生運動が盛んな時期はキリスト教学校にとって判断の難しいときでした。ですから、あの期間に責任を負うことは大変な困難を伴ったと容易に想像がつきます。そういうときに死に至るまで責任を負いきった人の存在は、キリスト教学校である西南学院の原点を思い起こさせ、もう一度固くそこに立つことを促した。Ｅ・Ｂ・ドージャーの死とはそういう出来事であったのです。

六　西南学院の伝統とこれから

キリスト教教育には二面性があります。

一つは時代や状況が変化しても、変わることなく大切に守りつづけていかなければならないものです。これをなくしてしまうと、キリスト教教育でなくなってしまう。そういう大切なものがあります。そのようなものについては、時代や状況に関わりなく大切に守り抜いていかなければならない。そういう一面があります。

しかしもう一面あって、それは時代や地域社会の要請に応え、大胆に西南学院を変革していく必要性です。変化していくときに役にたたなくなってしまう古いものがあります。だから、大胆な絶えざる変革が必要なのです。

キリスト教が二千年の歴史を生き抜いてきて、しかも世界に広がっている。それは一体なぜであったのかと考えると、変えてはならないものと変えるべきものの二面性を各時代に使い分けることができた。だから、様々な状況を貫いて生き抜くことができたのだと思います。

同じことがキリスト教学校にもいえます。変えてはならないものと変えるべきものを見分けて、巧みに使い分けていく。そういったことが重要なのです。

一　キリストへの忠実――教育者としての個性一――

変えてはならないものとして西南学院の特色を二つあげます。

第一はキリストへの忠実です。このキリストに対する精神を西南学院に示し、現在も明示しつづけているのがドージャー父子です。Ｃ・Ｋ・ドージャーの場合は日曜日問題におけるかたくななまでの姿勢、その根拠としてキリストへの忠実がありました。当時は彼に反対する者も多く、痛みを感じることがあったに違いありません。それでも、変わることなくキリストへの忠実な姿勢を固持しました。

Ｅ・Ｂ・ドージャーは父の精神性を継承しながら、もっと柔軟に対応したといえます。しかし、学園紛争の中で責任を負い抜いていった根本にはキリストに忠実な姿勢があった。

そのような姿勢は西南学院に拠って立つべき原点、「ここに立つ」という原点を確認させています。そういった西南学院の存在理由を示したのは、ドージャー父子の教育者としての生き方に違いありません。そして、キリストへの忠実という精神は、教育事業を担う学院の個性として絶えず自覚されています。

二　学生を育てる――教育者の個性二――

第二に学生を育てるということです。教育機関である西南学院が人を育てるのは自明の理です。しかしながら、当然のことを良き伝統とするのは決して容易なことでなく、実は至難の業なのです。なぜならば、教員に対しても職員に対しても学生を第一とする姿勢から引き離そうとする力が絶えず働きかけているからです。それは人に対してだけではなく、学院という組織に対しても働きかけてきます。しかしそうであればこそ、そのような誘惑があるなかでも地道に学生を育て期待し大切なものを委ねていく。そういった教育事業に打ち込む教育者を西南学院は与えられてきた。これは本当に幸いな歴史であり、西南学院の誇るべき良き伝統に違いありません。

波多野培根の場合、彼は二三年間文字通り教育一筋でした。学生と生活を共にし、教育を中心にした簡素な日々を送り、時を忘れて学生に語りかけたのです。そういった伝統を引き継いだ一人が河野貞幹です。河野は多くの役職も経験しましたが、病気によって何もかも奪われていく日々に教育者としての真価は発揮されました。彼が筋ジストロフィーの悪化するなかで最後に示したのは、学生を大切にし、彼らを信頼して一切を委ねていこうとする教育者の姿でした。

西南学院は学生を育ててきました。一人ひとりの学生に期待し、教職員の志を学生に託してきました。これからもそういう学院であり続けて欲しいと強く願います。

三　伝統の継承

西南学院の良き伝統として、「キリストへの忠実」と「人を育てる」ことを取りあげました。それらはいずれも学院において現在も継承されています。そうであるならば、これからも西南学院が全体としてそういった伝統を継承していくことはできるのか。継続できるとすれば、それはいかにして可能なのか。

第一は中心に立つ人たちの必要性です。キリスト教信仰の立場からすると、「キリストへの忠実」にしても「人を育てる」ことにしても、その根本はキリストの命から出ています。キリストの命に預かって、キリストに押し出されて献身的に働く真実から出てきます。キリストの命は私たちを生かす力であるだけではなく、人はいかに生きるべきなのか、人を育てるとは何なのかをも示しています。ですから、キリストへの忠実とは情熱をもって人を育てる教育事業へと私たちを押し出していきます。だから固く信仰に立って、キリストから命を頂いて、中心にあって教育の業に従事している。そういう一群の人たちがいつも学院にいて、教職員から尊敬を受けている。そういう人の存在感がまず西南学院にとって大切であろうと考えます。

しかしながら、西南学院が全体として伝統を継承していくためには、もっと多くの助力が必要です。そこで第二に、キリスト教徒以外の教職員を同労者とする精神的雰囲気が重要になります。幸いなことに学院は、キリスト教徒ではないけれども伝統を尊重し協力して下さる多くの同労者に恵まれています。こういった人たちと共に西南学院の伝統を受け止め、継承していくことです。

第三にすべての教職員を尊敬し、それらの人の働きにいつも期待していることが重要です。教員の場合ですが、キリスト教教育に批判的な人たちがいます。批判的だけれども、それぞれの責任を負って彼らの務めは誠実に果たしている。こういう人たちを同労者として大切にするのです。違いを包み込んでいく大きさが西南学院には必要です。そういう大きさがあって西南学院の良き伝統は全体の底流として流れ続けていくのです。

おわりに――近未来の西南学院の可能性――

第一節で「与える幸い」について学びました。人を生かすために与える。人に期待し育てるために与える。「なぜ、与えることが幸いなのか」という問いの答えは自明ではありません。しかし、「他者を生かすために与えるときに人は本当に生きる」ことを真実として知らされています。だから、「与える人は幸い」なのです。この真実は西南学院においても適用されます。学生に与え、学生が生きることができるために与える。地域を活性化し、地域がふさわしい社会を形成していくために必要なものを与える。そのように与え、与え続けているときに、学生と共に地域社会において西南学院は生きることができます。そのときに、西南学院に勤めている私たちもいささかの責任を担うことによって生きることができます。

与えることによって生きる。そこで西南学院は何を与えることができるのかという問いは真剣な課題となります。二つの側面からこの課題を考え、求めるべきであろうと考えます。

一つは西南学院の伝統とその伝統によって今持っている能力です。もうひとつは学生の必要と地域社会の必要です。これら二つのものを組み合わせたところから、学院は何を学生と地域社会に与えることができるのかは見えてきます。それは真剣な課題であり、祈りであり、追求すべきものです。そういった課題を追求していくなかで、学院は与え育て続けていくことができます。そのときには私たちが西南学院で働いている日々は決して虚しくはならないのです。

注

（1）本章は西南学院職員夏期修養会（一九九七年七月二十三～二十四日）における二回の講演を整えたものである。そこで、講演会の雰囲気を伝えるために語りかけ口調や話題を残している。

（2）シィート（Leroy K. Seat　一九三八－）は一九六八（昭和四十三）年に西南学院大学に就任し、一九九六（平成八）年より二〇〇四（平成十六）年まで西南学院院長を務めた。その間に、建学の精神を4つのLで始まる文字、Life（生命）、Light（光明）、Love（聖愛）、Liberty（自由）で表現することを提唱した。

（3）時期区分という作業を進める上で、年表を作成した。ところが、この年表は紛失してしまい、見つけることができない。ただし、随所にそれに基づいた論述があり、それを引用していると思われる記述もある。年表の復元はできないが、それを知るためにも関係した引用などはなるべくそのままの形で使用した。

（4）一九九七年の講演では、「第四期」を「近未来」としていた。

（5）参照、西南学院学院史企画委員会『西南学院七十年史　上巻』六〇六頁

（6）「日曜日委員会の設置と答申」（西南学院学院史企画委員会、前掲書、六〇八－六一一頁）

（7）「基督と愛国」（『勝山餘籟　波多野培根先生遺文集』一九七－二四一頁）
（8）「世界的日本人の育成を」（三善敏夫篇『河野貞幹先生記念文集　永遠の西南』二四－二五頁）
（9）「世界的貢献を目指せ」（『西南学院七十年史　下巻』七〇－七三頁）
（10）「西南をよくするために」（『西南学院七十年史　下巻』一一九－一二一頁）
（11）「国際交流」（『一九九八年度　西南学院大学案内』）
（12）西南学院文書課・広報調査課（編）『道遥かなれども――C・L・ホエリー院長のメッセージ――』一九八八年
（13）田中輝雄『松の緑　青春の色』梓書院、二〇〇三年
（14）高松千博（編）『Seinan Spirit――C・K・ドージャー夫妻の生涯――』西南学院、一九九六年
（15）高松千博（編）、前掲書、二頁
（16）高松千博（編）、前掲書、四一－四三頁
（17）「波多野培根先生と西南学院」（『勝山餘籟――波多野培根先生遺文集――』二八三－二八七頁）
（18）波多野培根については、「第二部　キリスト教教育の継承――村上寅次『波多野培根伝』の研究――」を参照。
（19）「最後の授業」（三善敏夫編『河野貞幹先生記念文集　永遠の西南』四七七－四七八頁）
（20）古澤嘉生「河野貞幹先生と私」（三善敏夫編、前掲書、四五四－四五六頁）
（21）「大学紛争と栄光の死」（斎藤剛毅『神と人とに誠と愛を――E・B・ドージャー先生の生涯とその功績』一一二－一一三頁）

第二章　西南学院の史料研究

第一節　学院史編集室史の研究

はじめに

西南学院史の主要な史料は三五のボックスに保存されている。その第一ボックスに「学院史・年表・申請許可・沿革一覧」とある。さらに、この第一ボックスの冒頭に置かれたファイルが「学院史編集室史」である。つまり、三五のボックスに保存された多くの西南学院史関連史料で、一番初めに「学院史編集室史」はある。この事実には、『西南学院七十年史　上巻・下巻』を編集した関係者の「学院史編集室史」に対する強い思い入れがあると見られる。それはともかくとして、「西南学院百年史」編纂作業において、このファイルに収められた史料から学ぶ事柄は多いと考えられる。西南学院史の史料研究を「学院史編集室史」から始める理由はここにある。

「学院史編集室史」に収められた史料を年代で見ると、一九五〇年代半ばから一九九〇年代半ばである。要するに、西南学院の「五十年史」編纂関連史料、「六十年史」編纂関連史料、「七十年史」編纂関連史料、そして「七十年史」以降の学院史関連の史料が保存されている。

これらの全体像を明らかにする作業から始めたい。

一　「学院史編集室史」に保存されている史料

一　史料の一覧表

概観を得るために、「学院史編集室史」に保存されている史料の一覧表を作成する。一覧表は古い史料から並べ、まず順序を示す「番号」、作成年月日を示す「年月日」、付けられた「表題」、サイズや枚数を示す「体裁」、さらに執筆者などを書き入れる「その他」の項目を設ける。なお年代順に並べたので、日付の記録がない史料は末尾におく。

表一　「学院史編集室史」の史料一覧表

表題	体裁	その他
西南学院史編集に関する懇談会ご案内	Ｂ５判一枚	編集委員会
西南学院歴史編纂準備委員会通知	Ｂ５判一枚	村上委員長
西南学院歴史編纂準備委員会報告	Ｂ５判二頁	村上委員長
「西南学院五十年史」出版計画	Ｂ４判一枚	
新制大学への昇格をめぐる座談会	Ｂ５判一枚	
「西南学院大学設立をめぐる座談会」開催について	Ｂ５判一枚	
部内報「窓」第五号掲載の座談会開催について	Ｂ５判二頁	
校史編纂をめぐる広報室の改組について	Ｂ５判二枚	
西南学院の今日までの歩み	Ｂ５判九頁	職員修養会
再び校史編纂について	Ｂ５判二枚	田口欽二
三度校史編纂について	Ｂ５判一枚	田口欽二
学院史編纂委員会開催通知	Ｂ５判一枚	伊藤俊男
学院史編纂組織の改組について	Ｂ５判一枚	伊藤俊男

表題	体裁	その他
学院史の原稿執筆についてのお願い	B5判一一枚	
西南学院史監修者懇談会	B5判三頁	古賀院長代理（議長）
学院史編纂委員会のお知らせ	B5判一枚	編纂委員長 村上寅次
四度学院史編纂について	B5判三枚	広報室長　田口欽二
学院史編集室予算について	B5判一枚	
学院史編纂委員会（第三回）のお知らせ	B5判一枚	委員長　村上寅次
学院史編纂委員会　第三回委員会	B5判二枚	
学院史編集の基本方針について	B5判二枚	田口欽二
学院史編集室報告（第一回）	B5判五枚	室長　田口欽二
学院史編集委員会（第四回）のお知らせ	B5判一枚	委員長　村上寅次
学院史料収集と執筆について（第二回）	B5判四枚	田口欽二
理事会記録（戦前のもの）読後報告	B5判三枚	田口欽二
西南学院史編纂について思うこと	B5判一枚	三串一士
西南学院史編纂関係	B5判一枚	常任理事会
児童教育科三十五年史出版スケジュールについて	B5判二枚	編集室長　田口欽二

表題	体裁	その他
本学創設の歴史的意義	B4判一枚	大学広報　編集室長 田口欽二
校史出版スケジュールについて	B5判二枚	編集室長　田口欽二
西南学院史編集について	B5判二頁	本部事務次長 新谷信之
西南学院史監修（刊行）委員会記録	B5判一〇枚	
西南学院史監修委員会記録	B5判七枚	
監修委員による学院史原稿読後メモ（第六巻～第一一巻）	B4版七枚	坂本
学院史について	B5判一枚	学院史編集室長 田口欽二
西南学院六十周年記念パンフレット編集委員会開催について	B5判一枚	中村弘
福本原稿修正文　第一巻～第五巻	B5判二一枚	
学院史の刊行について	B5判三枚	学院史編集室長 田口欽二
西南学院創立六十周年記念写真展実施にともなう予算申請	B5判一枚	学院史編集室長 田口欽二
学院史の事実確認についてのお願い	B5判一枚	田口欽二
アドナイラム・ジャドソンについて	B4版五枚	編集室長　田口欽二
見積書（波多野先生遺文集）	B5判四枚	福岡印刷

表題	体裁	その他
資料室開設にあたってのお願い	B5判七枚	学院史編集室長 田口欽二
御見積書（西南大学自然科学館一階家具工事）	B5判三枚	辻組
勝山餘籟出版さる（大学広報四四号）	B5判二枚	切り抜き
歴代院長の慰霊祭について	B5判一枚	学院史編集室長 田口欽二
『学院史』現状報告	B5判二枚	学院史編集室長 田口欽二
見積書（C・K・ドージャー生誕百年記念誌）	B5判七枚	福岡印刷
学院史関係保存資料	B4版一枚	学院史編集室長 田口欽二
学院史資料室の現状他	B5判一枚	
理事会議事録について（回答）	B5判四枚	E・L・コープラント
〝西南学院史〟出版に向かって（『窓』二二二号）	B5判一枚	川上弥生
西南学院の歴史を知ろう（大学広報四七号）	B5判二頁	切り抜き
「グーテンベルク聖書」展示ケース（案）	B5版一枚	
学院史資料室規程	A5判五頁	関西学院
西南学院大学トーラー用展示ケース	A2版二枚	コトブキ

表題	体裁	その他
グーテンベルク聖書の復刻本を展示（大学広報）	B5版一枚	切り抜き
西南学院創立六十四周年記念式典について	B4版一枚	院長　村上寅次
学院史の出版とその意義（『窓』二二七号）	B5判二頁	学院史編集室長 田口欽二
学院史企画委員会経過報告	B5判四枚	
編集後記（『西南学院七十年史下巻』）	A5判一一頁	学院史編集室長 村上寅次
学院史の完成（『西南学院七十年史』）	A5判一三頁	
納品書（西南学院七十年史）	B5判六枚	ぎょうせい九州支社
西南学院史資料室規程（案）	B5判三枚	
学院史の委託頒布について	B5判二枚	理事長　坂本重武
学園の生き字引退職（西日本新聞）		切り抜き
当面の学院史関係業務について	B5判一枚	広報・調査課
学院史業務に関する話し合いについて	A4版二枚	
『C・K・ドージャー小伝』（仮称）の刊行について	A4判二枚	広報・調査課 高松千博
『C・K・ドージャー小伝』（仮称）の刊行および配布について（案）	A4版二枚	広報・調査課

表題	体裁	その他
『グーテンベルク聖書』展示ケース（案）	B5判一枚	
学院史編纂に関する文書	B5判一枚	一九七〇～一九七九年
パネル展示室他	B4版二枚	
学院史企画委員会	B4版一四枚	一九八〇～一九八五年
（1）現在までに開催した座談会他	B4版一枚	一九七〇年
学院史関係座談会予定表	B4版一枚	
西南学院の歩み	B4版二枚	大学祭実行委員会

表題	体裁	その他
西南学院関係資料予算（案）	B5判一枚	
学院史編纂委員会組織図	B5判一枚	
西南学院史編集基準	B5判一枚	
学院史（一－七冊）についての意見	B5判四枚	坂本
西南学院五十五年史目次	B5判二五頁	
「西南学院五十五年史」資料・原稿・貸出、借用表	ファイル	一九七一～一九七二年 西南字院広報室 田代二三生用

二　資料の分類

「学院史編集室史」には八三点の史料が収められている。これらを分析するにあたって、どのような分類が適切であろうか。

学院史の編纂作業という性格を考えると、節目になる年が重要性を持つ。事実、節目となる五十周年（一九六六年）、六十周年（一九七六年）、七十周年（一九八六年）の年に向けた学院史編纂作業に関連する史料が多く含まれている。このような史料自体が持つ特色にしたがって、第一期から第四期まで分類した。

なお、日付のない史料については内容から妥当だと判断される時期に入れた。時期的な確実性を確保できない場合には、史料の前に△を入れた。

第一期史料（一九五六年～一九六六年三月）

「西南学院五十年史」編纂作業関連史料

一～四、七七、△七八～八〇

第二期史料（一九六七年～一九七六年三月）

「西南学院六十年史」編纂作業関連史料

五～三九、七五、七六、八一～八三

第三期史料（一九七七年～一九八六年九月）

「西南学院七十年史」編纂作業及び出版関連史料

四〇～六三、七一～七四

第四期史料（一九八七～一九九五年）

「西南学院七十年史」出版以降の編纂作業関連史料

六四～七〇

二　第一期「西南学院五十年史」編纂作業をめぐって

一　史料の分類

第一期に属する史料は、日付が記されている五点とこの時期の可能性がある三点である。内容から分類すると次の通りである。

①　学院史編纂委員会の関連史料　一・二・三・△七九・△八〇
②　五十年史出版計画の関連史料　四
③　西南学院略史　七七
④　資料室関連予算　△七八

二　組織と活動

「史料一　西南学院歴史編纂準備委員会通知」は、創立四十周年を迎えた一九五六年[1]に「西南学院五十年史」編纂と出版に向けて呼びかけた懇談会の案内である。「史料七九　学院史編纂委員会組織図」は創立四十周年の時点で発足した学院史編纂委員会の組織図と思われる。また「史料八〇　西南学院史　編集基準」はこの時点の「編集基準」かもしれない。一九六一年四月に学院史編纂委員会は発展的に改組される。「西南学院五十年史」の編纂と刊行事業に本格的に取り組むためである。

「史料三　西南学院歴史編纂準備委員会報告」は新しい組織の全体像を記している。それによると「西南学院五十年史」委員会は、「編纂企画」「史料収集」「史料整理」の三委員会からなり、学院全体から広く委員を集め配置している。

「西南学院五十年史」編纂企画委員
（委　員）村上寅次、河野貞幹、伊藤俊男、河野博範、古賀武夫、大村たゞし、E・B・ドージャー、W・M・ギャロット、中村保三、本村毅、井上忠
（顧　問）広羽元春（西日本新聞史編纂者、同窓生）

小野有耶介（福岡市史編纂者、同窓生）

「西南学院五十年史」史料収集委員

（委員長）大村たゞし

（本部関係）中村保三、遠山収（旧中学部関係）吉原勝（新制高校関係）中村俊夫（新制中学関係）小石原勝（新制大学関係）本村毅（短大・夜間課程）篠崎直文（短大児教育科）尾崎恵子、奥野和子（旧高等部及び専門学校・英文科）坂本重武（同・商科）大村たゞし（同・神学科）尾崎主一

「西南学院五十年史」史料整理委員

（委員長）木村図書館長（委員）伊藤治生、川上弥生、ほか一名本部より

本格的な組織を整え、「西南学院五十年史」の編纂計画も立てられた。それによると、一九六三年に分担執筆を始め、一九六六年九月の刊行が予定される。[2] しかし、計画したようには進まなかった。編纂活動については、委員会が三回（一九六一年一月三十一日、三月四日、一九六二年九月二十九日）開かれたこと、創立四十五周年にパンフレット出版の計画を立てたこと、活動のため予算案を組んだことなどが分かる。[3] しかし、それ以上はよく分からない。創立四十五周年のパンフレット出版についても記録が残っていない。[4]

三　編集の方針

「史料四『西南学院五十年史』出版計画」は、「Ⅰ　編集方針　Ⅱ　組織　Ⅲ　予算」から構成されている。さらに「Ⅱ」は、「A　基本的性質」と「B　編集の重点」に分かれ、簡潔な「A」に対して[5]「B」は詳細である。「B」

は「西南学院五十年史」の編纂に向けた具体的な方針と見ることができる。また「B」の内容から、「西南学院五十年史」の概要を推察することができる。以下の通りである。

（一）西南学院発展の年代史的把握。
（二）西南学院教育理念を明らかにする要因。
　a　西部バプテスト教会と宣教師の活動。
　b　日本バプテスト連盟との関係。
　c　院長、その他指導的役割を果たした人々。
　d　職員。
　e　卒業生。
　f　学校の雰囲気。
（三）学院の組織の発展の記録。
（四）学院の教育活動の発展（特に地方文化との関連において）。
　教師の教育活動（特色ある教師、社会活動など）、学生・生徒の教育活動（文化部・運動部の活動）。
（五）将来の展望。

四　成果と課題

「西南学院五十年史」は一九六六年に出版できなかった。一九五六年の創立四十周年記念の際に期待され、学院をあげて編集委員会を組織していたにもかかわらずである。その原因はどこにあったのか。

「史料四」の「Ⅱ　組織」には執筆スケジュールが書かれている。それによると一九六四年七月より分担執筆を始め、一年余りで各担当者が原稿を完成する。それから半年余りで全体の原稿を完了する。さらに、約一年かけて出版作業を行うように計画されている。そのために毎月定例委員会を開くことになっている。このスケジュールに日程的な無理があり、それが出版できなかった一つの理由かもしれない。また、学院史の執筆という特殊な作業に対する未経験が関係したかもしれない。編纂作業のために組織を整えることは、必ずしも執筆作業の促進に結びつかない。西南学院史に習熟し、しかも歴史の執筆に対する能力をもった人材が欠かせないからである。

出版はできなかったが、「西南学院五十年史」編纂作業が残した成果は大きい。西南学院創立五十周年記念行事の一環として、「五十年記念学院資料展」が開かれている。展示された史料の多くは「五十年史」編纂作業で収集されたものであろう。それらは三五のボックスに保存されていた学院史関連史料のかなりを占めると考えられる。また、「五十年史」を出版できなかったことは貴重な経験となった。西南学院はこの経験を生かして、「西南学院六十年史」に向けた取り組みを準備していった。

三　第二期「西南学院六十年史」編纂事業をめぐって

一　史料の分類

第二期（一九六七年〜一九七六年三月）に属する史料を、その内容から分類すると以下の通りとなる。

① 委員会に関連した史料　一二、一五、一六、一九、二〇、二三、三二、三三、三六

② 学院史編集室に関連した史料　八、一〇、一一、一三、一七、一八、二二

③ 編集活動に関連した史料　六、七、一四、二一、二四、二五、二六、二七、三〇、三一、三三、三四、三七、三八、七五、七六、八一、八二、八三

④ その他の史料　五、九、二八、二九、三五、三九

二　組織と活動

学院史の編纂作業は一九六七年以降も着実に続けられた。当初、この作業を担ったのは学院史編纂委員会である。[6]その頃、編纂作業を推進するために重要な組織的変革が実施される。作業の実務を担う学院史編集室の設置である。「史料八　校史編纂をめぐる広報室の改組について」を見ると、一九七〇年十月に広報室を分離して、学院史編纂を主要な業務とする「校史編纂室」の設立が提案されている。[7]「史料一八　学院史編集室予算」（一九七三年四月二十日）は、広報室から分離した学院史編集室に関連した予算について記している。室長は田口欽二[8]であった。

学院史編集室の開設を検討するなかで、学院史編纂作業も新たな段階を迎えた。執筆者の選定である。「史料一二　学院史編纂委員会開催通知」（一九七一年四月十九日）は、議題として「学院史執筆者として三善敏夫先生に委嘱の件」を検討している。[9]執筆者の選定に合わせて、学院は組織の改組を実行している。一九七一年六月に発信された「史料一三　西南学院史編纂組織の改組について」によると、これまで「各部局から選ばれて構成」されていた学院史編纂委員会を解散し、「常任理事会の構成員によって組織された出版委員会」が、「直接編纂企画にあたること」になった。三善への学院史執筆の委嘱にあわせた改組であろう。さらに、「資料一四　学院史の原稿資料執筆について（お願い）」は七種類の書類をとじこんだものである。それらはいずれも新たに組織された西南学院史出版委員会から関係者に史料収集の協力や執筆の依頼をしている。

三善敏夫の原稿は一九七二年十二月までに完成した。しかし、「史料一五　西南学院史監修者懇談会」（一九七二年十二月十四日）は三善原稿に対して慎重な態度をとる。[10]設置されていた出版委員会という名称を使用していない事実が、事情を物語っているように思われる。原稿を監修したのは、古賀・中村保三・坂本・村上寅次の四名である。

彼らの報告を聞くことから懇談会は始まった。結論として編集委員会を作り、三善の原稿を根幹として編集作業を継続することを決めている。編集委員会の構成は次の通りであった。

委　員：坂本、中村（保）、村上、中村（俊）、小石原
編集委員長：村上寅次
編集に関する事務：広報室

三善敏夫の原稿は、結局出版に回されなかった。学院史編集委員会は、創立六十周年記念の年が迫ってくる一九七三年四月に新たな動きを見せる。その一つが学院史編集室の開設である。学院史の執筆を重ねて拒絶していた田口欽二が、従来の姿勢を変更したのもこのときである。「史料二〇　学院史編集委員会[11]」は学院史編集室の開設に並んで、「学院史関係の組織」を新たにしている。以下の通りである。

顧　問：坂本、ギャロット
監修者：杉本、中村（保）、古賀
編集委員会委員長：村上
編集委員：村上、中村（俊）、小石原、田口
編集主任：田口

学院史編集委員会は、学院史執筆について新たな検討に着手する。「史料二二　学院史編集委員会（第四回）のお知らせ」における「議案1」は「学院史の執筆について」である。「史料二七　西南学院史編纂関係」（一九七四年四月二十六日常任理事会）は、執筆作業に関する結論を記している。すなわち、第一項で「西南学院史刊行委員会」を

立ち上げて、「委員長　W・M・ギャロット（院長）　委員　W・M・ギャロット、坂本重武、杉本勝次、中村保三」としている。第二項では、執筆者として「福本保信、西尾陽太郎、西島幸右」の三名を挙げている。さらに第四項は田口学院史編集室長の役割として、「田口学院史編集室長は執筆者の必要に応じ、編集資料を提供する等の便宜をはかる」としている。福本・西尾・西嶋による執筆作業は迅速に進められ、一九七五年八月には原稿が完成した。「史料三一　西南学院史編集について」（一九七五年八月十一日）は、原稿の完成を前提として書かれている。それによると、原稿は一一冊にまとめられ、一〇冊目まではそれぞれ百枚、一一冊目が一二八枚で、合計一、一二八枚であった。福本・西尾・西嶋の原稿も慎重に検討された。[12]「史料三二　西南学院史監修（刊行）委員会記録」（一九七五年九月六日）と「史料三三　西南学院史監修委員会記録」（一九七五年九月十三日）は、監修委員による検討の様子を詳細に伝えている。「史料三三」はこれまでの監修作業を踏まえて、[13]執筆者との相談あるいは検討を進めるとしている。ところが、慎重な監修や執筆者と監修者との相談などの結果、一一冊の新しい原稿も出版されないことになった。[14]「史料三六　西南学院六十周年記念パンフレット編集委員会開催について」（一九七六年二月二日）は、表題にある通り、緊急に記念パンフレット編集について協議している。創立六十周年における学院史の編纂に失敗した学院は、急遽「西南学院六十周年記念パンフレット」の作成作業に取り組んだ。

なお、創立六十周年を記念して一九七六年五月十日から二十日にかけて、一号館一階の学生ホールにおいて「目に見る西南学院」を開催している。

三　成果と課題

西南学院は「西南学院五十年史」編纂作業が残した課題を受け止め、第二期（一九六七〜一九七六年）における学院史編纂と出版作業に着手した。その一つが学院史編纂委員会から学院史出版委員会への改組に認められる機能の迅速化である。編纂作業の実務を担当する学院史編集室の開設も失敗から学んだ結果である。第二期には学院史の出版に向けた環境が一段と整った。

このような状況下で学院史の原稿が二度仕上げられた。三善原稿（一九七二年）と福本・西尾・西嶋の原稿（一九七五年）である。ところが、「西南学院六十年史」は出版できなかった。

そこに残されていた問題は何なのか。一つには学院史出版スケジュールが考えられる。三善にしても、福本・西尾・西嶋の三名にしても一年余りで大きな原稿を仕上げている。出版スケジュールにあわせたためである。そのために、いずれの原稿に対しても転記ミスや事実の誤認などのミスが多く指摘された。それは短すぎる執筆時間ではやむを得ない事態ではなかったか。「史料三三二」は執筆者と監修者の間に歴史観の相違があったことを繰り返し記していた。キリスト教系学校の歴史理解に溝があったとすれば、容易に解決できる問題ではない。しかし、第二期に執筆者と編集者の間でキリスト教系学校の歴史叙述について十分に協議された形跡はない。そして、監修者による二度に及ぶ不採択となる。

第一期に「西南学院五十年史」の刊行はできなかったが、多くの史料を収集した貢献があった。それでは、「西南学院六十年史」の刊行がならなかった第二期については、どのような貢献を指摘できるのか。

それは二度に及ぶ学院史原稿の執筆に認めるべきであろう。学院史の執筆は決して執筆者だけでできるものではない。多くの史料が収集され、それらが学院史執筆のために整理され、分析され、執筆者に提供される。このような環境が整えられて初めて、学院史の執筆が可能となる。第二期には学院史の執筆を可能とする環境を整えるために学院を挙げて取り組んだといって過言ではない。

三善原稿も福本・西尾・西嶋原稿も現在、残念ながら手にすることはできない。しかし、三善が残した「西南学院五十五年史目次」がある。これを見ると、学院史の概要が把握されている。いくつかのミスや歴史理解に相違があったかもしれない。しかし、二度の学院史執筆を通して、自らの歴史概要の把握に到達していたのである。

四　第三期『西南学院七十年史』の出版時期をめぐって

「学院史編集室史」のファイルに収められている史料は、第一期（一九五七〜一九六六年）には「西南学院五十年史」を刊行できず、第二期（一九六七〜一九七六年）にも「西南学院六十年史」を刊行できなかったいきさつを語っていた。それに対して、第三期（一九七七〜一九八六年）は、『西南学院七十年史　上巻・下巻』を含む出版物を始め、学院史資料室の開設などの成果が達成された時期であった。史料を中心にして、この時期を検討する。

一　史料の分類

第三期（一九七七〜一九八六年）の史料は次の通り分類できる。

①　学院史企画委員会の関連史料　六〇、七四
②　学院史編集室の関連史料　五〇、五一、五二、五五、五九、六四
③　編集活動の関連史料　四〇、四一、四七、四九、六一、六二、七二
④　出版に関連した史料　（『勝山餘籟』関連）　四二、四五
　（『C・K・ドージャーの生涯』関連）四八
⑤　史料展示室の関連史料　四三、四四、五四、五六、五七、七一、七三
　（『西南学院七十年史』関連）六三、六五
⑥　その他の史料　四六、五三、五八

学院史企画委員会（全体）　No. 1

委員会回数 / 年月日 / 時 / 出席者名	第1回	第2回	第3回	第4回	第5回	第6回	第7回	第8回	第9回	第10回	第11回	第12回	第13回
年月日	昭和55年 11月8日(土)	〃 12月8日(土)	昭和56年 5月11日(月)	〃 6月25日(木)	〃 10月12日(月)	〃 12月11日(金)	昭和57年 6月25日(金)	昭和59年 3月17日(土)	〃 4月19日(木)	〃 10月31日(水)	昭和60年 2月8日(金)	〃 7月29日(月)	〃 11月15日(金)
時	12,30~14,30	16,30~18,30	2,30~3,30	4,00~8,00	17,00~19,00	17,15~18,30	16,00~17,40	9,00~12,30	16,00~18,00	16,00~18,00	16,30~18,00	14,30~18,00	17,00~19,00
村上寅次	○	○	○	○	○	○	○	○	＼	○	○	○	○
関谷定夫	＼	＼	○	○	○	＼	○	＼	○	○	＼	＼	○
田中輝雄	○	○	○	○	○	○	○	○	○	○	○	○	○
唐木田芳文				○	○	○	○	○	○	＼	＼	○	＼
後藤泰二	＼	○	○	○	○	○	○	○	○	○	○	○	○
木村良熙	○	○	＼	○	○	○	＼	○	○	＼	＼	＼	○
清水実	○	○	○	○	○	○	○	○	○	＼	＼	○	○
大森衛	○	○	○	○	○	○							
志渡澤亨							○	○	＼	○	○	○	○
小石原勝	○	○	○	○	○	○	○	＼	○	○	○	○	○
渡辺常右衛門	○	○	＼	○	○	＼	＼	＼	○	○	○	○	○
田口欽二	○	○	○	○	○	○	○	○	○	○	○	○	○
C.L.ホエリー									○	○	○	○	○

コクヨ　シヨ-115 (26×42)　シヨ-115 (26×42)

学院史企画委員会（全体）

『西南学院七十年史』を総括する委員会の開催日とその参加者　提供：西南学院100周年事業推進室

二　学院史企画委員会と学院史編集室

『西南学院七十年史』の編纂作業は、二つの組織を中心に進められた。学院史企画委員会と学院史編集室である。

まず、学院史企画委員会について見ておこう。

「史料七四　学院史企画委員会」は、この委員会には全体会と九つの部会があったこと、それぞれの委員会の出席者氏名と開催数そして開催日時を、以下の通り記載している。[15]

①　学院史企画委員会（全体）

出席者　村上寅次、関谷定夫、田中輝雄、唐木田芳文、後藤泰二、木村良熙、清水実、大森衛、志渡澤亨、小石原勝、渡辺常右衛門、田口欽二、C・L・ホエリー

委員会回数　一三回

②　学院史企画委員会（中学校部会）

出席者　大森衛、小石原勝、田口欽二、志渡澤亨

委員会回数　五回

③　学院史企画委員会（高等学校部会）

出席者　木村良熙、清水実、田口欽二、（歴代教頭）坪井

正之・宮本良樹・吉原勝・中村俊夫・川内芳夫、安部健一、池邊敬光、内海敬三、中村文昭、柴田道明
委員会回数　二〇回

④　学院史企画委員会（大学部会）
出席者　村上寅次、関谷定夫、田中輝雄、唐木田芳文、後藤泰二、田口欽二、木村良熙、大森衛
委員会回数　二一回（実質二〇回）

⑤　学院史企画委員会（戦前篇総論部会）
出席者　村上寅次、田中輝雄、唐木田芳文、後藤泰二、田口欽二
委員会回数　三回

⑥　学院史企画委員会（戦後篇総論部会）
出席者　村上寅次、志渡澤亨、渡辺常右衛門、田口欽二
委員会回数　二回

⑦　学院史企画委員会（前史部会）
出席者　清水実、田口欽二、斉藤剛毅
委員会回数　二回

⑧　学院史企画委員会（前史篇部会）
出席者　村上寅次、Ｃ・Ｌ・ホエリー、関谷定夫、Ｆ・Ｃ・パーカー、清水実、田口欽二
委員会回数　五回

⑨　学院史企画委員会戦前篇各論（中学部）部会
出席者　村上寅次、木村良熙、小石原勝、田口欽二
委員会回数　二回

⑩　学院史企画委員会戦前篇各論（高等学部）部会

出席者　村上寅次、田中輝雄、唐木田芳文、後藤泰二、田口欽二
委員会回数　三回

「史料七四」で見ると、「学院史企画委員会（全体）」の性格はかなり明快だと思われる。この委員会には西南学院のすべての学校から、舞鶴幼稚園と早緑子供の園を除いて、関係者が出席している。開催日時でも『西南学院七十年史　上巻・下巻』を編纂した一九八〇年から一九八五年まで、六年間にわたって継続的に委員会を開いている。学院史刊行に向けて責任を負い、監修などの実務的な作業もこの委員会で行われていたと見られる。[16]

「全体」会の安定した継続的な活動に対して、九つの部会では開催年次と委員会の開催数にかなりの違いがある。また、部会の性格が他の部会との関係であいまいなものもある。一九八一年から開かれていたのは、「二　中学校部会」「三　高等学校部会」、そして「四　大学部会」である。これらは、「二」を除くと多くの委員会を開いている。全体会と共に、当初からこれらの部会は設置され、開かれていたと見られる。他方、「五　戦前篇総論部会」「六　戦後篇総論部会」「八　前史篇部会」「九　戦前篇各論　中学部部会」「一〇　戦前篇各論　高等学部部会」は、いずれも一九八五年になって開かれている。出版の前年になって突然開かれたのは、最終局面でこれらの部会の必要が生じたからだと考えられる。これらは委員会の回数も少ない。[17]「七　前史部会」は性格があいまいである。出席者の性格が他の部会とは違う上に、「八　前史篇部会」との関係も不明である。

「史料七四」に認められた年代上のばらつきの一端が、「史料六〇　学院史企画委員会経過報告」（一九八一年十月十三日）から理解できる。「史料六〇」は学院史企画委員会（全体）が発足してほぼ一年後にまとめた経過報告という体裁をとっているが、その内容は決して経過の報告ではない。それによると原稿はすべて一九八二年三月までに書き上げ、出版予定を一九八二年十二月末としている。さらに「体裁及び部数、単価、出版量」まで、その見込み

を記している。要するに、「史料六〇」は出版に向けた具体案を記している。

「史料六〇」は「史料七四」にあった一九八一年に発足した部会と一九八五年に発足した部会の違いの一面を示している。一九八一年に設置された部会は、「史料六〇」の出版計画にすでに組み込まれており、一九八二年末の出版を目指して作業に取り組んでいた。[18] この計画は、しかし、一九八六年まで延期される。延期された課題を調整し、克服するために必要とされた部会が、「五」「六」「八」「九」「一〇」である。

次いで、「学院史編集室」関連の史料を見ておこう。これに属する史料として分類したものは六点ある。これらはさらに三種類に細分されるが、この区別は学院史編集室の活動内容に対応している。第一は学院史編集作業に関するものであり、「史料五一」「史料五二」「史料五九」がそれである。第二は学院史資料室に関するものであり、「史料五〇」がそれである。第三に学院史資料室規程に関するものがあり、「史料五五」と「史料六四」がそれである。

「史料五九　学院史の出版とその意義」は、一九六七年の広報室開設以降の学院史編纂作業を概観する。その上で、学院史企画委員会（一九八〇年十一月発足）による約一年間の活動内容を記載する。それによると、委員会の当初の目標は「西南学院六十五年史」の完成であり、それは「史料六〇」と対応する。

「史料五〇　学院史資料室の現状」は、まず一九七八年五月に開設された「学院史資料室の現状」を述べる。その上で、今後の希望として、「資料室についての希望」「資料収集の範囲」「資料収集の方法」、さらに「長期的計画について」説明している。「史料五〇」の内容は「学院資料展示室」関連の史料とその内容に対応している。

「史料五三　学院史資料室規程（関西学院）」は関西学院の学院史資料室の規程であり、「史料六二　西南学院　学院史資料室規程（案）」（一九八七年九月四日付、一九八七年制定予定）は、西南学院の規程案である。「史料六二」が検討された時期は、『西南学院七十年史　上巻・下巻』刊行を初め、学院創立七十周年記念事業が一段落した時期である。このときに関西学院の規程を参考にして学院史資料整理に関する規程を整えようとしている。

三　学院史編纂作業と出版

第三期で「編集活動の関連史料」として分類したものは七点ある。それらはさらに学院史の内容に関する三点、保存資料に関する一点、学院史編纂の経緯に関する三点に区分できる。

学院史の内容に関しては、まず「史料四〇　学院史の事実確認についてのお願い」がある。これは「西南学院が北部バプテスト宣教師アドナイラム・ジャドソンによる外国伝道百年記念事業として開設されたこと」及び「西南学院創立時の理事長はJ・H・ローウであること」の事実確認を理事会に求めている。「史料四一　アドナイラム・ジャドソンについて」は、ジャドソンの所属に関する調査報告である。これらは西南学院創立に関わる調査報告書として保存されたのであろう。「史料四七　『学院史』現状報告」は、学院史編集室長・田口欽二が一九七八年八月時点で書いていた原稿の報告である。この時期に学院史は三部構成で検討されていた。田口の原稿はその中の第二部に置かれる予定の三章分である。なお、一九七八年における田口の執筆に関しては、「史料七二」が関係している。

保存資料に関しては、「史料四九　学院史関係保存資料」だけである。これは一九七八年に収集されていた史料の概要である。[19] 学院史編纂作業は史料の収集と並行して行われた。現在保存されている史料の多くもこの時点までに集められたと見られる。

学院史編纂に関する史料は三点ある。その中で一番古いものは「史料七二　学院史編纂に関する文書」である。これは田口欽二の私的メモと見られる。年表は一九五一年の『SEINAN GAKUIN Today and Yesterday　創立三十五周年記念　一九五一』の発行に始まり、年代順に学院史関連事項を並べている。事項として最後に記されているのは、「一九七八年五月　田口欽二　学院史執筆はじむ」である。[20] 記載年月日は一九七九年六月が最後なので、このときに書かれたメモであろう。それに対し、「史料六一　編集後記（村上寅次）」と「史料六二　学院史の完成」はいずれも『西南学院七十年史　下巻』に収められている公的な文章である。二つの史料は長年にわたる学院史編纂作業の経過に触れている。したがって、これらによって判明する事実だけでなく、強調点の違いから明らかになる事柄もある。年代順に見ると、次の通りである。

① 創立二十周年である一九三六年には、「学院二十周年史」の出版が課題となっていた。

② 三十周年（一九四六年）、四十周年（一九五六年）にも、学院史出版が課題として自覚されている。

③ 五十周年（一九六六年）の取り組みは一九六二年九月二十七日にも開かれていた。計画では一九六三年から分担執筆を始め、一九六六年九月の刊行を予定していた。しかし、写真集『西南学院－その五十年の歩み』発行と創立五十周年記念学院資料展の開催に終わった。

④ 『舞鶴幼稚園六十年の歩み』（一九七三年）、『児童教育科三十五年の歩み』（一九七四年）、『新学制　西南学院中学校三十年の歩み』（一九七七年）は、西南学院史編集室が担当して次々と出版された。

⑤ 『西南学院資料　第一集』（一九八〇年三月）、『西南学院史年表（一）』（一九八〇年三月）、『西南学院資料　第二集』（一九八〇年七月）、『西南学院史年表（二）』（一九八〇年七月）は、西南学院史編集室が担当して出版した。

⑥ 『勝山餘籟』（一九七七年）は学院史編集室が編集出版の事務を担当した。

⑦ 一九七六年の創立六十周年にあたり、五月十日から二十日にかけて、一号館一階学生ホールで「目に見る西南学院」を開催した。その後、一九七七年から一九七九年にかけて学院史編集室は自然科学館五号館一階に置かれた。

⑧ 『西南学院七十年史』の「序論」と「前史篇」をめぐって、最後まできびしい議論が続いた。

「出版に関する史料」は四点あるが、そのうちの三点は複数史料をホッチキスで綴じている。

「史料四二　見積書（波多野先生遺文集）」は四枚が綴じられている。これらの史料から『勝山餘籟』出版に関わるいくつかの事実が分かる。「見積書（福岡印刷）」によると、出版予定部数は千冊で、金額は二二五万円であった。「波多野遺文集の配布先等について」は、「一、贈呈」先と「二、有料配布」先に関する常任理事会の決定事項を記している。常任理事会の決定にしたがって計画されたと見られる「遺文集配布先計画表（案）」によると、西南学院関係者に四五八冊の配布を計画している。他の四枚はいずれも出版記念会に関係している。「史料四五　勝山餘籟出版さる」は、波多野を「明治・大正・昭和三代にわたる優れたキリスト教教育者」として紹介し推薦している。「史料四八　見積書（C・K・ドージャー生誕百年記念誌）」は、七枚の史料を綴じている。内訳は「C・K・ドージャー生誕百年記念誌」関連が二枚、「学院史資料」関連が一枚、『勝山餘籟』関連が二枚、「保育園の三十年史」関連が二枚である。ドージャー関連の二枚は、いずれも見積書（一九七八年十月十六日付、一九七九年四月十三日付）である。後者によると、部数は一万部、見積り金額は九〇万円である。「学院史資料」の見積書（一九七八年十月十六日付）は、三百冊で一八万円である。これは『西南学院資料　第一集』の見積りだと見られる。「早緑子供の園の三十年史」に関する二枚の史料は、見積書と本の概要メモである。それによると五百冊で五〇万円が予定されている。「史料六一　納品書（西南学院七十年史）」は、六枚が綴じられている。「見積書」「請求書」「納品書」の内容は一致している。したがって、六千部印刷され、二、六四〇万円であったことが分かる。「史料六三　『学院史』の委託頒布について」は二枚綴じられている。西南学院消費生活協同組合とヨルダン社に宛て委託販売を依頼した文書のコピーで、内容は同じである。

　これら出版に関する多くの史料は一つの事実を示している。西南学院に関係する多くの出版物の刊行に当たり、出版社との交渉などを担当したのが学院史編集室であった事実である。

四　資料展示室の開設

学院史編纂及び出版作業と並ぶ学院史編纂室の主要な業務に、学院史資料室の開設と展示があった。ここでは、学院史資料室の開設に関連した史料を中心に考察する。
「史料展示室に関連した史料」は、その内容から以下の通り区分できる。

史料展示室開設に関連した史料　四三、四四、五三、七三
展示ケースに関連した史料　五四、五六、五七、七一
その他の史料　四六、五八

「史料五三　西南学院の歴史を知ろう」は、一九七七年に自然科学館（五号館）一階に移転した学院史編集室と資料展示室を紹介している。それに対して、「史料四三　資料室開設にあたってのお願い」は、資料展示に関わる個々の項目について計画を記している。「史料四四　御見積書」もガラス付陳列ケースなどの品目に関する見積りである。他方、展示室全体の様子を知ることができる「史料七三　パネル展示室他」は、史料展示室の全体図と「ガラス付陳列ケース」及び「パネル展示衝立」の図面である。展示ケースについては二種類の展示物に関連している。「グーテンベルク聖書の復刻本を展示」（史料五七）と「西南学院大学トーラー用展示ケース」（史料五六）である。学院史の編纂はいつも史料の収集と整理作業を伴う。学院史編集室はそれらを展示し、公開する仕事も担った。

その他の史料が二点ある。「史料四六　歴代院長の慰霊祭について」は、田口欽二による創立記念日に歴代院長の慰霊祭を行うようにとの要望書である。これは実施されなかった。「史料五八　西南学院創立六十四周年記念式典について」は、記念式典への案内である。

おわりに

『学院編集室史』は、さらに五点の史料を含んでいる。創立七十周年記念事業を終えて間もない時期の「史料六六　学園の生き字引退職」と一九九五年の「史料六七　当面の学院史関係業務について」「史料六八　学院史業務に関する話し合いについて」「史料六九　『C・K・ドージャー小伝』（仮称）の刊行について」「史料七〇　『C・K・ドージャー小伝』（仮称）の刊行および配布について」である。一九九五年に書かれた四点は学院創立八十周年を迎えるにあたって取り組まれた事業内容を反映している。学院史編纂作業は『西南学院七十年史』で終わったのではなく、その後も続いていたことをこれらの史料は示している。

『学院史編集室史』に収められた八三点の史料は、「西南学院五十年史」と「西南学院六十年史」の編纂作業を明らかにし、さらに『西南学院七十年史　上巻・下巻』の編纂作業と出版とその後の取り組みを語っていた。概観すると、「西南学院五十年史」と「西南学院六十年史」は刊行については失敗した。しかし、二度の試みによって多くの史料が集められ、編纂作業について多くを学び学院史の概観を叙述した。それだけでも二〇年にわたる歴史がある。失敗を重ねた年月に、しかし、西南学院史出版に向けた情熱が衰えたことはなく、強い意志を失うこともなかった。

組織に関してみると、学院史編纂作業への学院の参加と執筆者との調整が課題であった。参加者すべてが執筆できるわけではなかったし、執筆者が学院関係者の期待に直ちに応えたわけでもなかった。村上寅次「編集後記」（『西南学院七十年史　下巻』）は『七十年史』においてなお、執筆者と学院関係者との間に困難な課題が残っていたことを率直に書いている。問題の根本にあったのは、西南学院史に対する基本的な理解であると思われる。そもそもキリスト教系学校とは何なのか。キリスト教系学校の歴史を、それにふさわしく表現するために何が必要なのか。このような西南学院史に関する基本的な共通理解がまず必要であったと考えられる。

学院史編集室の主要な仕事は学院史の編纂と並んで、資料展示室の準備と開設であった。これも興味深い事実である。学院史編纂作業はたゆまざる史料の収集と整理、その分析を基本的な課題とする。地道で膨大な基礎作業を土台として学院史は執筆される。同様に、学院史資料展示室の開設と充実した展示物が備えられた。

西南学院が学院百年史の編纂作業を開始するのであれば、それは新たな史料収集作業を伴うものでなければならない。この史料収集と整理、分析は百年史編纂作業に対する基礎作業であるばかりでなく、二〇〇六年五月に開館された西南学院大学博物館の展示計画に対しても多大な貢献をした。

『学院史編集室史』ファイルに保管された史料からなお、多くを学ぶことができるのである。

注

（1）西南学院は一九五六年に創立四十周年の記念行事を行い、学院史編纂への関心を示している。遡ると、創立二十周年（一九三六年）、創立三十周年（一九四六年）の際にも、西南学院史編纂への自覚があったことを史料は記している。参照、「第三節　創立二十周年記念行事及び募金運動」（『西南学院七十年史　上巻』三九九－四〇九頁）、「創立三十周年記念行事」（『西南学院七十年史　下巻』十九－二一頁）、「第四節　学院史の完成」（『西南学院七十年史　下巻』一七四－一八六頁）、村上寅次「編集後記」（『西南学院七十年史　下巻』巻末）

（2）『西南学院七十年史　下巻』一七六頁

（3）「史料三　西南学院歴史編纂準備委員会報告」・『西南学院七十年史　下巻』一七五頁・「史料七八　西南学院関係資料予算（案）」は、「学院関係資料室（現在三階高中教官閲覧室）整備費　六〇、〇〇〇」を含む一七一、〇〇〇円の予算案を記している。これがいつのことであり、どのような計画であったのか分からない。

（4）西南学院創立五十年にあたり、「創立五十年史」は出版できなかったが、記念行事は多彩に行われた。参照、「第四節　創立五十

周年を迎えて」（『西南学院七十年史　下巻』六七－七九頁）

（5）「A　基本的性質」には二項目があり、以下の通り記されている。それらは、文字通り「西南学院五十年史」の内容に対する基本的な方針である。

（一）明治以降のわが国におけるキリスト教学校の発展という広い歴史的展望の中で西南学院の創立とその発展を位置づける。

（二）西日本におけるキリスト教教育事業の発展、とくに北九州、福岡市を中心とする文化史との関連を考慮する。

（6）学院史編纂委員会は、第二期の間に何度か改組され、あるいは新しい組織が作られている。史料が示す変遷は以下の通りである。

一九七一年六月　「学院史編纂委員会」が「（学院史）出版委員会」に改組される。（史料一三）

一九七二年十二月　「西南学院史監修懇談会」が開かれる。（史料一五）

一九七三年二月、四月、十一月　学院史編集委員会が開かれる。（史料一六、一九、二〇、二二）

一九七四年四月　西南学院史刊行委員会が設置される。（史料二七）

一九七五年九月　西南学院史監修委員会が開かれる。（史料三二、三三）

一九七六年二月　西南学院六十周年パンフレット委員会が開かれる。（史料三六）

（7）学院史編集室は一九七三年四月十日に開設されている。参照、『西南学院七十年史　下巻』一七六頁

（8）田口欽二は一九七一年に当時の事務局長中村保三にあてて、二度、校史執筆を断っている。

「史料一〇　再び校史編纂について」（一九七一年一月二十九日）、「史料一一　三度校史編纂について」（一九七一年三月一日）。

その後、「草稿原案」の執筆を「条件つきで」引き受けている。

「史料一三　四度校史編纂について」（一九七三年三月二十六日）

田口の学院史に対する姿勢の転換は、学院史編纂に大きな影響を与えた。

（9）三善敏夫への学院史執筆依頼は一九七一年四月二十二日の理事会で了承されている。四月十九日に開かれた学院史編纂委員会の三日後である。委員会の議決後、直ちに理事会に諮られ了承されたのであろう。『西南学院七十年史　下巻』一七六－一七七頁

（10）「史料一五」は、「一、経過説明」の後に、「二、感想等の主な事項は次の通りである」として一九項目を記している。そこで、三善原稿における問題点が指摘されている。なお、「史料八一　学院史（一－七冊）についての意見　坂本」は、「史料一五」にある

「二、感想等の主な事項は次の通りである」に掲載されているいくつかの内容と重なる。したがって、「史料八一」は、監修者坂本によって一九七二年に書かれた原稿であることが特定できる。

（11）「史料二〇」は、「議事一　学院史編集室の開設について」の第三項目で「編集主任は、編集委員会委員長と相談して執筆にあたる」としている。当時の編集主任は田口欽二であった。第三項目の規定は田口の学院史執筆に対する柔軟な姿勢への転換と関係しているかもしれない。また、このときの編集委員会委員長は村上寅次である。ところで、「史料八二　西南学院史五十五年史目次」には執筆者や執筆年月日が書かれていない。しかし、「史料二〇」の「Ⅲ　これからの活動方針」の（二）には次のようにある。「別紙『西南学院五十五年史目次』（三善敏夫先生による）を説明」。編集委員会で読まれた「西南学院五十五年史目次」は、「史料八二」と見ることができる。

（12）三善原稿と福本・西尾・西嶋原稿はどのような関係があったのか。『西南学院七十年史　下巻』（一七七頁）は、「三善原稿の中、戦前篇の加筆修正を委嘱した」とある。この事実は三教授の執筆作業に関連する史料からは確認できない。

（13）「史料三四　監修委員による学院史原稿読後メモ」（一九七五年十二月十八日）は、第六冊から一一冊までに対する監修委員（三善・中村・坂本）の意見をまとめている。

（14）福本・西尾・西嶋による原稿が出版されなかった原因は何か。修正意見が多く出されたことが直ちにその原因となったとは考えにくい。むしろ、「史料三二」は複数の委員から執筆者の歴史観に対する違和感が述べられ、他の委員にも賛同者がいたことを記している。これが出版を難しくした理由の一つではなかったか。

（15）学院史企画委員会の開催日時は、量的な問題もあって以下に記す。

一、学院史企画委員会（全体）

開催日時　一九八〇年　十一月八日（土）、十二月八日（土）

一九八一年　五月十一日（月）、六月二十五日（水）、十月十二日（月）、十二月十一日（金）

一九八二年　六月二十五日（金）

一九八四年　三月十七日（土）、四月十九日（木）、十月三十一日（水）

一九八五年　二月八日（金）、七月二十九日（月）、十一月十五日（金）

二、学院史企画委員会（中学校部会）

開催日時　一九八一年　一月九日、七月三十日～三十一日（金）合宿

一九八二年　二月四日（木）、六月二十八日（月）、八月七日（土）

三、学院史企画委員会（高等学校部会）

開催日時　一九八一年　二月十六日、四月二十八日（火）、八月三日～四日（火）合宿、八月二十八日（金）歴代教頭座談会

一九八二年　四月三日（土）、五月十七日（月）、六月十九日（土）、八月九日（月）、九月十一日（土）、九月十七日（金）、九月二十二日（水）、九月二十九日（水）、十月十二日（火）、十一月二十七日（月）

一九八三年　一月八日（土）、一月二十九日（土）、三月十七日（木）、四月九日（土）、五月三十日（月）

一九八四年　四月二十一日（土）

四、学院史企画委員会（大学部会）

開催日時　一九八一年　二月十九日（木）、三月十八日（水）、四月十日（金）、四月二十四日（金）、七月二十三日～二十五日（土）合宿

一九八二年　一月二十七日（水）、八月二十八日～二十九日（日）合宿、十月十六日（土）理事会開催のため中止、十月二十三日（土）、十月三十日～三十一日（日）合宿、十一月九日（火）、十一月二十九日（月）、十二月二十三日（金）

一九八三年　一月二十七日（金）、二月二十八日（月）、三月十八日（金）、四月二十二日（金）、五月十七日（火）、六月二十日（月）、七月十四日～十五日（金）合宿

一九八四年　二月二十七日（月）

五、学院史企画委員会（戦前篇総論部会）

開催日時　一九八五年　三月二十日（水）、四月十日～十一日（水）合宿、四月二十六日～二十七日（土）合宿

六、学院史企画委員会（戦後篇総論部会）

開催日時　一九八五年　四月一日（月）、四月十二日（金）

七、学院史企画委員会（前史部会）
開催日時　一九八二年　九月八日（水）、九月十日（金）
八、学院史企画委員会（前史篇部会）
開催日時　一九八五年　四月十七日（水）、五月一日（水）、五月十五日（水）、五月二十一日（火）、七月十七日（水）
九、学院史企画委員会戦前篇各論（中学部）部会
開催日時　一九八六年　四月三十日（火）、五月十四日（火）
一〇、学院史企画委員会戦前篇各論（高等学部）部会
開催日時　一九八五年　五月三十日（木）、五月三十一日（金）、七月十六日（火）

(16)「学院史企画委員会（全体）」は、一九八〇年十一月に常任理事会が学院史刊行を推進するために設置した。「学院史企画委員会による学院史の完成」（『西南学院七十年史　下巻』一八四－一八六頁）、村上寅次「あとがき」（『西南学院七十年史　下巻』）

(17) 村上寅次「あとがき」と『西南学院七十年史　下巻』（一八六頁）によると、原稿は一九八四年四月に完成した。しかし、この段階で「協議する機関がなかった」原稿が残っていた。それは、現在の『西南学院七十年史』では、『上巻』の「第一部　前史篇」「第二部　戦前篇　総論」、『下巻』の「第三部　戦後篇　総論」にあたると見られる。そこで、これらを検討するための部会が急遽設けられた。それが、「四」「五」「六」「八」「九」「一〇」である。

(18)『西南学院七十年史　下巻』によると、当初の計画では一九八三年末までに完成させる予定であった。参照、『西南学院七十年史　下巻』一八五頁

(19)「史料四九」は、保存史料を四種類に大別している。
（一）西南学院に関するもの
（二）他の学校に関するもの
（三）キリスト教に関するもの
（四）郷土に関するもの

(20) 田口は「史料一三」（一九七八年）ですでに学院史執筆に前向きな態度を示していた。

第二節　西南学院の史料分析

西南学院史の研究に史料の整理と収集、およびその分析が必要なことはいうまでもない。さいわい、西南学院では『西南学院七十年史　上巻・下巻』（一九八六年）の編纂にあたって、収集した史料の整理を行っている。それらを分類した上で、引き出し式の三五のボックスに保存した。ボックスに収められた史料を調査すると、一九八六年以降も内容別に分別した上で、これらのボックスに収めてきたことが分かる。したがって、これら三五のボックスに整理・収容されたものが、西南学院史関連の基本的な史料と見てよい。

これら史料の保管状況について述べておこう。個別の史料はファイルに収められている。一つのファイルには少ないもので数点、多い場合には百点に近い史料を保管している。ファイルの背表紙には内容に即した名称を書いている。さらに二〇冊から三〇冊程度のファイルが一つのボックスに収められている。ボックスにも題目を記している。

第二節の目的はこれら西南学院史に関わる史料の概要を明らかにすることである。そのために、ファイルを中心に史料群全体の概要を紹介する。そこでまず、三五のボックスに付けられている題目を紹介する。その上で、一から一二までのボックスに収められたファイル名を紹介したい。これで、ほぼ三分の一の史料を紹介したことになる。

一　西南学院史史料の全体像

西南学院史の基本史料は三五のボックスに収められている。したがって、それぞれのボックスに記された名称によって、史料の全体像を概観できる。なお、「表A　西南学院史史料保管ボックスの一覧表」には番号を付けている。これはボックスの題目に付けられている番号と一致する。

表A　西南学院史史料保管ボックスの一覧表

番号	ボックスの名称
一	学院史・年表・申請許可・沿革一覧
二	財務・卒業生数・組織・役職者・退職者
三	諸規程・規程集・理事会記録
四	月報・学院創立記念（他）
五	土地・建物（戦前）
六	建物（戦後）
七	ドージャー（C・K・）
八	ドージャー（M・B・、E・B・）
九	個人資料（外国人）
一〇	個人資料（日本人A～J）
一一	個人資料（日本人K～R）
一二	個人資料（日本人S～Z）
一三	大学（一般）
一四	学部・学科
一五	大学院・国際交流
一六	宗教部・電算・L・L・、体育館
一七	（教務課・入試課）
一八	学生部（学生課・就職課）
一九	大学図書館
二〇	学術研究所
二一	課外活動（学文会一）
二二	課外活動（学文会二）
二三	課外活動（学文会三）
二四	課外活動（体育会）
二五	課外活動（その他）
二六	大学祭（一）
二七	大学祭（二）
二八	大学紛争

番号	ボックスの名称
二九	修養会・研修会・事務部報
三〇	高等学校
三一	中学校
三二	舞鶴幼稚園・早緑子供の園
三三	（旧制）中学部（一）
三四	（旧制）中学部（二）・商業学校
三五	（旧制）高等学部

二　西南学院史史料の概観

史料を概観するために調査対象としたのは、ボックスに収められているファイルである。ファイルには内容に即した名称が背表紙に記されている。また、収められている史料の点数には相当の差異がある。そこで、ファイルの名称を一覧する際に、それに収められている史料の点数を入れた。その際、同じ種類の史料は一点とした。また、分かる範囲で史料の作成時を調べ、最も古い史料と新しいものとの年月を書き込んだ。

なお、一覧表には番号を付けている。この番号は調査した時点で並べられていた順序に従っている。ただし、ファイル自体に番号があるわけではない。また、整理の際にかなり入れ替わっていると推測される。

一　「一、学院史・年表・申請許可・沿革一覧」の一覧

ボックス一には「一、学院史・年表・申請許可・沿革一覧」と題目が付けられている。収められている史料はいずれも、『西南学院七十年史　上巻・下巻』の編纂にあたり、基本的な資料として用いたものであろう。ほとんどはファイルに収められているが、「二　ぎょうせい見本カタログ」だけは封筒に入っている。しかし、編纂者によってボックス一に置かれた経緯を考慮して、「二」も表一ではファイルに収められた他の資料と同様に扱った。

表一「一、学院史・年表・申請許可・沿革一覧」の一覧表

番号	ファイルの名称	史料の点数と作成時
一	学院史編集室史	八三点、一九五六～一九九五
二	ぎょうせい見本カタログ	四点（封筒に入っている）、一九八〇・一九八一
三	学校史関係資料	二二点、一九六五～一九八〇
四	学院史資料分類表	六点、一九七八～一九八四
五	西南学院年表	八点、一九六一～一九八六
六	古文書類目録	五点、一九五六・一九五九
七	展示会目録	四点、一九六四～一九九二
八	諸資料欠号調査	五点、一九七八
九	西南学院関係英文資料	三〇点余り、一九一五～一九二六
一〇	西南学院史資料	二点（冊子）、一九八〇
一一	西南学院通史	三点（『西南学院七十年史』）、一九八六
一二	西南あのときこのとき	一〇点（「西南学院大学広報」）、一九七六～一九七八
一三	申請許可書（戦前）	七点
一四	申請許可書（戦後）	一〇点
一五	西南学院創立	一一点、一九一六～一九七〇
一六	西南学院沿革	四点
一七	西南学院沿革	七点
一八	ドージャー（EB　資料）	一一点
一九	C・K・ドージャー夫人（西南学院）	一四点
二〇	西南学院一覧（大正）	六点、一九二一～一九二六
二一	西南学院一覧（昭和十三）	一点、一九二四
二二	西南学院一覧（昭和）	三点、一九二八・一九三一・一九三五
二三	西南学院一般報告	九点、一九六五～一九八三

二　「二、財務・卒業生数・組織・役職者・退職者」の一覧

ここでは、ボックス二の「二、財務・卒業生数・組織・役職者・退職者」に収められているファイルを扱う。史料の年代を見ると、「二」も『西南学院七十年史』編纂のため、収集し整理されたことが分かる。なお、表の「番号」で、（　）内に入れたものは史料の通算番号である。

表二　「二、財務・卒業生数・組織・役職者・退職者」の一覧表

番号	ファイルの名称	史料の点数と作成時
一（二四）	西南学院組織	一二点
二（二五）	西南学院職制	二点、一九二一・一九五四
三（二六）	事務組織	二三点、一九七二〜一九七四
四（二七）	西南学院職制	五点
五（二八）	教員数推移一覧表	四点
六（二九）	財団法人並ニ学校状況調査書	三点、一九三六・一九四二
七（三〇）	財産目録	一点、一九四〇
八（三一）	予算決算	一八点、一九三四〜一九七一
九（三二）	経常費収支予算規模の推移・その他	一〇点、一九四五〜一九七四
一〇（三三）	日本バプテスト連盟補助金一覧表	三点、一九三七〜一九七四
一一（三四）	給与表	二七点、一九七三〜一九七八
一二（三五）	理事関係表	一〇点、一九七七
一三（三六）	役職者名簿（理事会）	一三点、一九七一〜一九八一
一四（三七）	大学役職者名簿（部長）	二一点
一五（三八）	役職者名簿（事務系）	三点
一六（三九）	歴代役職者一覧表	一点、一九八六（『西南学院七十年史』付録）
一七（四〇）	役職者	一七点
一八（四一）	西南学院卒業生数（昭和六十年七月一日現在）	八点
一九（四二）	主任・委員等	五点、一九七五〜一九八〇
二〇（四三）	役職者	九点
二一（四四）	教職員名簿	四四点、一九四〇〜一九八四
二二（四五）	西南学院職員録（一）	九点（冊子）、一九五六〜一九八〇
二三（四六）	西南学院職員録（二）	五点（冊子）、一九八〇〜一九八四
二四（四七）	旧職員名簿	三五点、一九三四〜一九八五
二五（四八）	教職員組織	五点
二六（四九）	教員組織表	六点
二七（五〇）	在職者名（昭和六十年七月一日現在）	三点
二八（五一）	作業員	一点、一九八〇
二九（五二）	大学退職者	三点

＊番号の項目で（　）内に入れた数字はファイルの通算の数である

三　「三、諸規程・規程集・理事会記録」の一覧

ボックス三には、「三、諸規程・規程集・理事会記録」とある。ファイルの名称からも、「三」は西南学院の規程集と理事会記録であることが分かる。なお、史料「七（五九）」の内容はほぼ、ファイル「九」と重なっている。

表三　「三、諸規程・規程集・理事会記録」の一覧表

番号	ファイルの名称	史料の点数と作成時
一（五三）	西南学院寄付行為	一五点、一九二一〜一九七九
二（五四）	就業規則	二点、一九五四・一九八一
三（五五）	文書規程	七点
四（五六）	西南学院職員優待内規	二点、一九二〇・一九三四
五（五七）	規程（本部）	一〇点、一九四〇〜一九七七
六（五八）	西南教育財団	八点、一九三五〜一九三八
七（五九）	西南学院関係英文資料	三〇点余り（「九」と内容は重複）、一九一五〜一九六二
八（六〇）	学校法人西南学院規程集	一点
九（六一）	学校法人西南学院規程集	一点、一九六四
一〇（六二）	西南学院規程集	一点、一九八三
一一（六三）	学校法人西南学院規程集	一点、一九八五
一二（六四）	西南学院規程集目次	二点、一九八四・一九八五
一三（六五）	西南学院規程集追録（一〜二号）	五点、一九六八〜一九七〇
一四（六六）	西南学院規程集追録（三〜六号）	四点、一九七四・一九七五
一五（六七）	西南学院規程集追録（七〜一〇号）	三点、一九七八
一六（六八）	西南学院規程集追録（一三〜一五）	三点、一九八一〜一九八三
一七（六九）	西南学院規程集追録（新）（一〜一二）	二点、一九八五・一九八六
一八（七〇）	諸規則	六〇点、一九四一〜一九六四
一九（七一）	総員理事会記録（大正九年六月十四日〜昭和二十年三月十七日）	七九点、一九二〇〜一九四五

番号	ファイルの名称	史料の点数と作成時
二〇（七二）	総員理事会記録（昭和二十年十一月二十四日～三十年二月二十三日）	三八点、一九四五～一九五五
二一（七三）	総員理事会記録（昭和三十年五月十日～四十年二月二十四日）	三六点、一九五五～一九六五
二二（七四）	総員理事会記録（昭和四十年五月二十五日～）	五点、一九六五・一九六六
二三（七五）	（封筒『学院史編集室田口室長殿』）	二点、一九六七・一九七五
二四（七六）	宗教局報告書（一）	一七点、一九五九～一九七二
二五（七七）	宗教局報告書（二）	一八点、一九七三～一九八五

四　「四、月報・学院創立記念（他）」の一覧

ボックス四には、「四、月報・学院創立記念（他）」とある。「三」に続き、西南学院の公の記録がここに収められている。ファイルの名称からも月報と創立記念関連の史料であることが分かる。

表四　「四、月報・学院創立記念（他）」の一覧表

番号	ファイルの名称	史料の点数と作成時
一（七八）	西南学院月報綴　一号（昭和二十六年一月）～五九号（昭和三十一年三月）	五九点、一九五一～一九五六
二（七九）	西南学院月報綴　六〇号（昭和三十一年四月）～一四二号（昭和三十八年六月）	八三点、一九五六～一九六三
三（八〇）	西南学院月報（一～八〇）（昭和二十六～三十三年）	八〇点、一九五一～一九五八
四（八一）	西南学院月報（八一～一五二）（昭和三十三年四月～三十九年三月）	七一点、一九五八～一九六四
五（八二）	西南学院月報（一五二～二五八）（昭和三十九年四月～四十七年三月）	一〇〇点、一九六四～一九七三
六（八三）	西南学院月報（二五九～三〇六）（昭和四十八年四月～五十二年三月）	四八点、一九七三～一九七七

番号	ファイルの名称	史料の点数と作成時
七（八四）	西南学院月報（三〇七～三六六）（昭和五十二年四月～五十六年三月）	六〇点、一九七七～一九八一
八（八五）	西南学院月報（三六七～四二六）（昭和五十七年四月～昭和六十二年三月）	六〇点、一九八二～一九八七
九（八六）	商業学校記念碑設置設立に関する資料入袋	一二点、一九九三・一九九四
一〇（八七）	西南学院、教育精神	一九点、一九三八～一九七四
一一（八八）	西南学院大学校旗	一点、一九九〇
一二（八九）	校印	三点、一九五八・一九七四
一三（九〇）	西南学院校歌	三一点
一四（九一）	不破ヒサ子（徳田ヒサ子）関係ファイル・校歌	六点
一五（九二）	西南学院商業学校石碑	四点
一六（九三）	西南学院商業学校校旗	九点
一七（九四）	島崎赤太郎（西南学院校歌・作曲者）	一二点
一八（九五）	校章	九点
一九（九六）	校章・資料	七点（封筒に入っている）
二〇（九七）	「えはがき」	一五点（二セットと一三枚）

番号	ファイルの名称	史料の点数と作成時
二一（九八）	The Seinan（西日本新聞連載）他	四二点（一九八六、西日本）、九点（一九八四、フクニチ）
二二（九九）	西南学院関係葬儀告別式表	一点、一九八五
二三（一〇〇）	創立記念式プログラム・その他	三九点、一九二五～一九八四
二四（一〇一）	創立八周年記念	二点、一九二四
二五（一〇二）	創立十五周年	七点、一九三一
二六（一〇三）	創立二十周年	三八点、一九三六
二七（一〇四）	創立三十周年	二点、一九六五・一九八六
二八（一〇五）	創立三十五周年	二点、一九五一・一九八六
二九（一〇六）	創立四十周年	二点、一九五六・一九八六
三〇（一〇七）	創立五十周年	八点、一九六六・一九八六
三一（一〇八）	創立六十周年	四点、一九七六
三二（一〇九）	西南学院創立六十周年記念写真展	一一点、一九七六
三三（一一〇）	創立記念パンフレット（冊子など）	七点、一九五一～一九七九
三四（一一一）	創立七十周年	二八点、一九八六
三五（一一二）	西南学院創立七十周年記念行事報告書	一点（冊子Ｂ５判七九頁）、一九八七

番号	ファイルの名称	史料の点数と作成時
三六（一一三）	創立八十周年	一一点、一九九六
三七（一一四）	西南学院バプテスト教会史	八点、一九四〇・一九五七
三八（一一五）	西南学院教会	一一点、一九四〇〜一九八二
三九（一一六）	福岡バプテスト教会	一点、一九八一
四〇（一一七）	鳥飼バプテスト教会	九点、一九七六

五　「五、土地・建物（戦前）」の一覧

ボックス五には、「五、土地・建物（戦前）」とある。ここに収められているものは、西南学院の校地をはじめとした基本財産に関する史料である。

表五　「五、土地・建物（戦前）」の一覧表

番号	ファイルの名称	史料の点数と作成時
一（一一八）	大名町土地	四点
二（一一九）	地行・校地	四点
三（一二〇）	土地・建物台帳・その他	二八点
四（一二一）	西新校地	三〇点
五（一二二）	旧制高等学校部施設配置図	一九点
六（一二三）	西南学院建築図面リスト	一点（冊子Ａ４判）、二〇〇二
七（一二四）	赤レンガ講堂	一八点
八（一二五）	西南学院講堂	一点、一九九二
九（一二六）	高等学校講堂資料・広報（七五号・七六号）一九八六（昭和六十一）年五・十二月	二四点
一〇（一二七）	金門町校地	二点
一一（一二八）	鳥飼校地	八点
一二（一二九）	登記書類綴その他	九点
一三（一三〇）	施設配置図（戦前「西南学院一覧」による）	二四点
一四（一三一）	旧制中学部施設配置図	一四点
一五（一三二）	西南保姆学院	二点
一六（一三三）	旧西南会館	二点、一九三七

番号	ファイルの名称	史料の点数と作成時
一七（一三四）	職員住宅	一二点
一八（一三五）	西南バプテスト神学校	二点
一九（一三六）	西南学院バプテスト教会	五点
二〇（一三七）	西南学院バプテスト大学	二点、一九三七
二一（一三八）	テルベルト・グリーン	一点、一九九三

六　「六、建物（戦後）」の一覧

ボックス六には、「六、建物（戦後）」とある。「五」につづき、戦後における西南学院の建物など教育施設に関する史料が収められている。

表六　「六、建物（戦後）」の一覧表

番号	ファイルの名称	史料の点数と作成時
一（一三九）	施設配置図（戦後）	二五点
二（一四〇）	建物平面図（昭和五十九年三月）	一点（冊子Ｂ４判）、一九八四
三（一四一）	百道校地航空写真二葉	二点（封筒に写真二枚）
四（一四二）	山の家	四点
五（一四三）	学院本部大学本部	一〇点
六（一四四）	ランキンチャペル	八点
七（一四五）	大学建物平面図（年度別）	三三点、一九五五～一九八〇
八（一四六）	西南学院大学本館増築工事	九点（青写真九枚）
九（一四七）	大学校舎	八点
一〇（一四八）	大学図書館	一二点
一一（一四九）	大学学術研究所	一一点
一二（一五〇）	自然科学館	一二点
一三（一五一）	大学電子計算機センター	二点
一四（一五二）	大学体育館	一三点
一五（一五三）	学生寮	四点
一六（一五四）	西南会館	二六点
一七（一五五）	合宿研究所	一八点
一八（一五六）	カナン寮	九点
一九（一五七）	校舎増築、運動場、敷地拡張関係	二一点、一九四七～一九六六
二〇（一五八）	大学施設パンフレット	一六点、一九五二～一九八一

番号	ファイルの名称	史料の点数と作成時
二一（一五九）	高等学校建物平面図	一〇点
二二（一六〇）	中学校建物平面図	一六点
二三（一六一）	舞鶴幼稚園	四点
二四（一六二）	早緑子供の園	三点

七　「七、ドージャー（C・K・）」の一覧

ボックス七には、「七、ドージャー（C・K・）」とある。ところが、現在のボックス七に収められているのは松井康秀の関連史料であり、その後に「C・K・ドージャー先生およびB・M・ドージャー（ドージャー夫人）の資料はスチール製保管庫の中に別置、九五・七・十三（伊藤）」というメモが置かれている。どのような事情があったのか。

もともとこのボックスに収められていたのは「C・K・ドージャー」の関連史料であろう。ところが、史料数が増えて収まらなくなったとき別の書架に移された。その後、松井康秀の関連史料が空になっていたボックスに入れられ、その際に「C・K・ドージャー関連史料」の移動を記すメモも置かれたと考えられる。

表七では、「松井康秀」関連史料の後に説明メモが置かれていること、また「M・B・ドージャー」と「E・B・ドージャー」との連続性を考慮し、「松井康秀」の後に、「C・K・ドージャー」関連史料を記す。

なお、（　）を付けたものはファイル名がないことを示す。また、書架に移されたために、「C・K・ドージャー関連史料」には、ファイルに入れることのできない本なども含まれている。史料形態は、「史料の点数と作成時」の項で分かるようにした。

表七　「七、ドージャー（C・K・）」の一覧表

番号	ファイルの名称	史料の点数と作成時
一（一六三）	（松井康秀著書、叙述）	二点（冊子と原稿）
二（一六四）	（松井康秀氏贈）	三点
三（一六五）	（松井康秀展示資料）	一点
四（一六六）	（松井康秀編著）	一点
五（一六七）	基督教大衆新聞（昭和十二年号、十三年号）	一点（一冊）、一九三七・一九三八
六（一六八）	（松井康秀著書）	一点（原稿）
七（一六九）	松井康秀資料	五点（本五冊）
八（一七〇）	C・K・ドージャー直筆（コピー）説教等資料	四〇点、一九〇三〜一九三三
九（一七一）	C・K・ドージャー往復書簡	多数
一〇（一七二）	西南学院創立の前後C・K・ドージャー夫人	一点（英語原稿）
一一（一七三）	Foreign Mission Board	多数
一二（一七四）	ドージャー（C・K・レポート）	多数
一三（一七五）	Dozier, Charles Kelsey	多数
一四（一七六）	ドージャー（C・K・伝記）	一五点
一五（一七七）	荒野に呼ばわる者　C・K・ドージャーの生涯　テレビドラマ英文解説書	一点
一六（一七八）	C・K・ドージャー（文集）	一〇点
一七（一七九）	C・K・ドージャー関係資料（直筆）	四二点
一八（一八〇）	C・K・ドージャーの生涯アメリカ取材	六点
一九（一八一）	C・K・ドージャーの生涯	一一点
二〇（一八二）	TV「C・K・ドージャーの生涯」作成製作過程	一二点
二一（一八三）	ドージャー院長の面影	一点（フォルダ一冊）
二二（一八四）	西南学院の創立者　C・K・ドージャーの生涯	一点（一冊）、一九七九
二三（一八五）	C・K・ドージャー関係コピー	一点（一冊）、一九八五
二四（一八六）	（フォルダ木村栄文）	四点
二五（一八七）	（フォルダ木村栄文）	五点
二六（一八八）	（フォルダ木村栄文）	一点
二七（一八九）	C・K・ドージャー	一〇点
二八（一九〇）	（木村栄文）	一点
二九（一九一）	（木村栄文）	一点
三〇（一九二）	（木村栄文）	一点
三一（一九三）	C・K・ドージャー先生を偲ぶ（付ご葬儀記す）	二九点

番号	ファイルの名称	史料の点数と作成時
三二（一九四）	ドージャー（B・M・西日本文化賞）	八点
三三（一九五）	ミセス　ドージャー（B・M・伝記）	一七点
三四（一九六）	Miss Mary Ellen, Watching God Work	一点（一冊）
三五（一九七）	（C・K・ドージャー）	一点
三六（一九八）	C・K・ドージャーの生涯、西南・日曜日問題	多数
三七（一九九）	Memorial Service for Mary Ellen Wiley	一点（一冊）
三八（二〇〇）	C. K. Dozier, New Testament Interpretation	一点（一冊）
三九（二〇一）	The Voice of one Crying in the Wilderness	一点（一冊）
四〇（二〇二）	C・K・ドージャー先生日記の和訳綴	一点（一冊）
四一（二〇三）	ドージャー院長の面影	一点（一冊）、一九三四
四二（二〇四）	Seinan Spirits, C・K・ドージャー夫人	一点（一冊）、一九九六
四三（二〇五）	Charles Kelsey Dozier of Japan	一点（一冊）、一九五三
四四（二〇六）	A Golden Milestone in Japan	一点（一冊）、一九四〇
四五（二〇七）	ふるさとへの道	一点（一冊）、一九五六
四六（二〇八）	The Past and Present（池野友次郎）	一点（一冊）、一九二六
四七（二〇九）	A Bird Eve View of Bible Literature	一点（一冊）
四八（二一〇）	西南学院創立の前後和文英文	三点（二冊とビデオ）

八　「八、ドージャー（M・B・、E・B・）」の一覧

ボックス八には「八、ドージャー（M・B・、E・B・）」とある。しかし、現在ここに置かれているほとんどは「E・B・ドージャー」の関連史料である。「M・B・ドージャー」関連史料の多くは、C・K・ドージャーの史料が置かれた書架に移されている。ただ、それらを書架に移したという記録はない。そこで、ボックスの題目と書架の状態を尊重してM・B・ドージャー関連史料は、「七」の一覧表に入れた。また、「八」の名称は題目にしたがった。

なお、E・B・ドージャーの関連史料の多くは斉藤剛毅によって編集されたものである。

表八　「八、ドージャー（M・B、E・B・）」の一覧表

番号	ファイルの名称	史料の点数と作成時
一（三一一）	Life, Work, and Contributions of Edwin B. Dozier in Japan, Go-ki Saitou, 1971	一点（本）
二（三一二）	E・B・ドージャー（第三便）（斉藤）	二〇点
三（三一三）	E・B・ドージャー（第四便一・一）（斉藤）	二二点
四（三一四）	E・B・ドージャー（第四便一・二）（斉藤）	八点
五（三一五）	E・B・ドージャー（第四便二・一～二）（斉藤）	二六点（一・一四点、二・一二点）
六（三一六）	E・B・ドージャー（第五便）（斉藤）	二七点
七（三一七）	E・B・ドージャー（第八便）（斉藤）	四点
八（三一八）	E・B・ドージャー（第九～一二便）（斉藤）	五八点
九（三一九）	E・B・ドージャー資料リスト（一便～一二便）	七点
一〇（三二〇）	E・B・ドージャー資料Ⅱ（斉藤）	二点（二ファイル）
一一（三二一）	E・B・ドージャー資料Ⅲ（斉藤）	四点（四ファイル）
一二（三二二）	E・B・ドージャー資料Ⅳ（斉藤）	四点（四ファイル）
一三（三二三）	E・B・ドージャー資料その他（斉藤）	二六点
一四（三二四）	Dozier（Edwin Burke）資料	九点
一五（三二五）	Dozier（Edwin Burke）資料	四三点
一六（三二六）	ドージャー夫人からの手紙（斉藤）	二二点
一七（三二七）	E・B・ドージャー死の直後（斉藤）	九点
一八（三二八）	ドージャー（E・B・）伝記	五点
一九（三二九）	M・E・ドージャー	八点
二〇（三三〇）	Dozier（Edwin Burke）講義案	一点（ファイル）

九　「九、個人資料（外国人）」の一覧

ボックス九には「九、個人資料（外国人）」とある。取り上げられている外国人の多くは南部バプテストに派遣され西南学院の教育に関わった宣教師である。それ以外にも、「六（二三六）　S・R・ブラウン」や「二五（二五五）ウィリアム・メレル・ヴォーリズ」など、日本のキリスト教や文化に影響を与えた人物がいる。

表九　「九、個人資料（外国人）」の一覧表

番号	ファイルの名称	史料の点数と作成時
一（二三一）	南部バプテスト連盟宣教師	一一点
二（二三二）	明治三十七年以降事業報告控　在日本サヲゾルン・バプチスト宣教師社団法人	一点（一冊）
三（二三三）	E・ベーカー	一点
四（二三四）	G・W・ボールデン	四四点
五（二三五）	ネーサン・ブラウン	五点
六（二三六）	S・R・ブラウン	二点
七（二三七）	W・H・クラーク	五点
八（二三八）	E・L・コープランド	二八点
九（二三九）	W・M・ギャロット（Ⅰ）	一四点
一〇（二四〇）	W・M・ギャロット（Ⅱ）	三三点
一一（二四一）	ウィリアム・ケアレー	二二点
一二（二四二）	C・L・ホエリー	四点
一三（二四三）	エス・フランセス・フルジュム	八点
一四（二四四）	ゴーブル（Jonathan Goble）	七点
一五（二四五）	ドロシー・カーバー・ギャロット	七点
一六（二四六）	ロイス・リネンコール・ホエリー　H・R・C	一点
一七（二四七）	C・L・ホエリー第一四代院長関係資料綴	二三点
一八（二四八）	ジャドソン	一一点
一九（二四九）	ドナルド・キーン	三点
二〇（二五〇）	マドレー、ダッド、トルーエット	一一点
二一（二五一）	ジョン・モンキュア	九点
二二（二五二）	モリソンの演説	一点
二三（二五三）	J・H・ローウ　J・H・R	二点（本）
二四（二五四）	J・W・シェパード	三点
二五（二五五）	ウィリアム・メレル・ヴォーリズ（William Merrell Vories）	六点

番号	ファイルの名称	史料の点数と作成時
二六（二五六）	エリザベス・テーラー・ワトキンス	四点
二七（二五七）	A・グレイヴス	一五点
二八（二五八）	C・H・ミルズ、E・O・ミルズ	二点
二九（二五九）	ウワーン（E・N・）Walne, E.N.	二三点

一〇「一〇、個人資料（日本人A～J）」

ボックス一〇には「一〇、個人資料（日本人A～J）」とある。苗字がAで始まる日本人関係者からJの関係者までを収めている。ところが、「一五（二七四）平塚益徳」の前に「この位置にあった波多野先生関係の資料は保管室の棚へ移動した。九〇・二・二一ヤマガタ扱」というメモが入っている。そこで、「一五（二七四）」のファイルの後に「波多野培根」関連史料を置いた。

なお、波多野関連史料にはファイルに収められていないものも多くある。

表一〇「一〇、個人資料（日本人A～J）」

番号	ファイルの名称	史料の点数と作成時
一（二六〇）	バプテストの人々（バプテスト誌）	二四点
二（二六一）	秋元勇一郎	二点
三（二六二）	麻生太三郎	一点
四（二六三）	馬場己三	一点
五（二六四）	千葉勇五郎	一三点
六（二六五）	海老沢有道	一点
七（二六六）	福永津義	一〇点
八（二六七）	藤井泰一郎	七点
九（二六八）	藤井政盛	六点
一〇（二六九）	古澤嘉生	一点
一一（二七〇）	船越栄一	三一点
一二（二七一）	八田薫	二点
一三（二七二）	原松太	四点（二冊の本を含む）

番号	ファイルの名称	史料の点数と作成時
一四（二七三）	平岡規正	三点
一五（二七四）	平塚益徳	一点
一六（二七五）	波多野培根先生記念文庫目録	一点（冊子）、一九五九
一七（二七六）	説教講演（一）表題梗概	一点（ファイル）
一八（二七七）	説教講演（二）表題梗概	一点（ファイル）
一九（二七八）	波多野培根胸像作成関係	三点
二〇（二七九）	波多野培根直筆資料（一）	四点
二一（二八〇）	波多野培根	一三点
二二（二八一）	波多野培根（キリストと愛国）	一点（講義草稿）
二三（二八二）	波多野培根	一八点
二四（二八三）	波多野培根（波多野培根について）	一四点
二五（二八四）	波多野培根	三四点
二六（二八五）	波多野培根家系・従兄増野悦興伝	一点（ファイル）
二七（二八六）	幕末の津和野藩藩校養老館の教育波多野培根伝資料	一点（ファイル）
二八（二八七）	東澤瀉塾の教育（岩国の陽明学者）　波多野培根伝資料	一点（ファイル）
二九（二八八）	同志社時代の波多野培根一関係資料	一点（ファイル）
三〇（二八九）	同志社時代の波多野培根二関係資料	一点（ファイル）

番号	ファイルの名称	史料の点数と作成時
三一（二九〇）	熊本バンド海老名弾正波多野培根伝関係資料	一点（ファイル）
三二（二九一）	波多野培根著述論文	一点（ファイルのなか無し）
三三（二九二）	波多野培根先生文庫目録	一点（ファイル）
三四（二九三）	無迹庵日誌（昭和五・六・七・八）	一点（日記）
三五（二九四）	無迹庵日誌（昭和八・九・十・十一）	一点（日記）
三六（二九五）	無迹庵日誌（昭和十二・十三・十四・十五）	一点（日記）
三七（二九六）	（無迹庵日誌（昭和十七・十八・十九・二十）（日記、タイトル無し）	一点
三八（二九七）	波多野培根伝（一）村上寅次	一点（製本原稿）
三九（二九八）	波多野培根伝（二）村上寅次	一点（製本原稿）
四〇（二九九）	波多野培根伝（三）村上寅次	一点（製本原稿）
四一（三〇〇）	波多野培根伝（四）村上寅次	一点（製本原稿）
四二（三〇一）	波多野培根伝（五）村上寅次	一点（製本原稿）
四三（三〇二）	勝山餘籟波多野培根遺文集	一点（本）、一九七七
四四（三〇三）	故高田駒次郎先生七回忌資料一九九八・九	二点（封筒に入っている）
四五（三〇四）	泉昭雄	二点
四六（三〇五）	岩根典夫	一点

番号	ファイルの名称	史料の点数と作成時
四七（三〇六）	石井康一	一点
四八（三〇七）	岩城富美子	一点
四九（三〇八）	伊藤祐之	二二点
五〇（三〇九）	伊藤俊男	一七点
五一（三一〇）	井上哲次郎	三点
五二（三一一）	條猪之彦	一〇点

一一　「一一、個人資料（日本人K～R）」

ボックス一一には、「一一、個人資料（日本人K～R）」とある。「一〇」に続き、日本人関係者の史料を保管している。

表一一　「一一、個人資料（日本人K～R）」

番号	ファイルの名称	史料の点数と作成時
一（三一二）	河合田鶴	九点
二（三一三）	スカルの水河合田鶴詩集	一点（本）
三（三一四）	河村幹雄	三点
四（三一五）	清田正喜	四点
五（三一六）	川島信義	一点
六（三一七）	河野博範	一二点（一冊の本を含む）
七（三一八）	河野貞幹	三三点
八（三一九）	河野貞幹	四点
九（三二〇）	河野貞幹	七点（ノート等を含む）
一〇（三二一）	河野貞幹先生記念文集永遠の西南	一点（本）
一一（三二二）	栗谷広次	三点
一二（三二三）	加藤弘之	四点
一三（三二四）	金山直晴	一点
一四（三二五）	古賀武夫	一〇点
一五（三二六）	近藤定次	三点
一六（三二七）	唐木田芳文	二点
一七（三二八）	木村良熙	二点
一八（三二九）	森有礼	三点
一九（三三〇）	溝口梅太郎	五点
二〇（三三一）	松井康秀	一一点
二一（三三二）	水町義夫昭和十八年～昭和十九年	一点

番号	ファイルの名称	史料の点数と作成時
二二（三三三）	水町義夫（告別式）	七点
二三（三三四）	水町義夫Ⅰ	一〇点
二四（三三五）	水町義夫Ⅱ	一二点
二五（三三六）	三串一士	一〇点
二六（三三七）	三善敏夫	九点
二七（三三八）	村上寅次	二一点
二八（三三九）	森川和子	二点
二九（三四〇）	中村保三	七点
三〇（三四一）	中村弘	六点
三一（三四二）	中沢慶之助	二点
三二（三四三）	中村栄子	一点
三三（三四四）	中川ノブ	三点
三四（三四五）	太田治雄	一点
三五（三四六）	尾崎恵子	一点
三六（三四七）	尾崎源六	三点
三七（三四八）	岡田武彦	三点
三八（三四九）	尾崎主一	六点
三九（三五〇）	大村匡	一〇点
四〇（三五一）	大森衛	三点
四一（三五二）	小野兵衛	六点（『小野兵衛教授研究資料集』を含む）
四二（三五三）	大平徳三	八点
四三（三五四）	卒業証書村上寅次先生	二点（証書入れと証書）

一二「一二、個人資料（日本人S～Z）」

ボックス一二には、「一二、個人資料（日本人S～Z）」とある。「一〇」「一一」に続き、日本人関係者の資料が保管されている。

表一二「一二、個人資料（日本人S～Z）」

番号	ファイルの名称	史料の点数と作成時
一（三五五）	島崎赤太郎	一三点
二（三五六）	杉本勝次	二〇点
三（三五七）	下瀬加守	八点
四（三五八）	佐々木賢治	一〇点
五（三五九）	斉藤惣一	二点
六（三六〇）	杉原実	一点

番号	ファイルの名称	史料の点数と作成時
七（三六一）	関谷定夫	三点
八（三六二）	菅野救爾	一六点
九（三六三）	坂本重武	二三点、一九二九～一九四〇
一〇（三六四）	坂本重武（論文）	二四点、一九二八～一九五六
一一（三六五）	坂本重武（ホーリーン）	一一点、一九五七～一九六八
一二（三六六）	佐渡谷重信（日本におけるシリーズ）	九点、一九六六～一九六九
一三（三六七）	佐渡谷重信（日本におけるシリーズ）	四点、一九七一～一九七三
一四（三六八）	佐渡谷重信	一七点、一九六一～一九七〇
一五（三六九）	澤田鉄雄	一点
一六（三七〇）	志渡澤亨	三点
一七（三七一）	斉藤惣一	一点
一八（三七二）	遠山馨	六点、一九五八～一九七二
一九（三七三）	田口欽二	二八点
二〇（三七四）	坪井正之	二点
二一（三七五）	竹中仲蔵	三点
二二（三七六）	鳥居助三	四点
二三（三七七）	高橋盾雄	三点
二四（三八〇）	田中輝雄	二点
二五（三八一）	都築頼雄	一点
二六（三八二）	上野武	一点
二七（三八三）	植村正久	四点
二八（三八四）	山本純一	二点
二九（三八五）	山路基	二点
三〇（三八六）	柳原愛祐	三点
三一（三八七）	山田豊秋	一点
三二（三八八）	熊野清樹	一一点
三三（三八九）	山中先代	一点
三四（三九〇）	その他履歴書	一四点

おわりに

日本に建てられたキリスト教系学校はいずれも歴史性を深く刻印している。それに関わった人々の精神性が込められているためである。創立百周年を迎えようとしている西南学院もその例外では決してない。したがって、学院史研究はそれを担った人々と直面し、対話し、その精神性を豊かに汲み取る作業でなければならない。同時にそれはまた、歴史学の方法論に基づいた研究的価値を有する作業でなければならない。

このような課題を負った西南学院史研究に資するため、第二節は基礎作業の一部を担う。

今回扱ったものは史料全体から見ると約三分の一にあたる。しかし、内容からすると西南学院全般を扱った史料でもあった。ボックス一三以降は大学をはじめとする各学校関連の史料となるからである。

調査した当時、これらの史料は本館Ⅱの一階に保管されていた。それが二〇〇六年八月以降には本館四階に移され、史料の並べ替えが行われた。したがって、第二章が扱った形で整理された史料を見ることはできなくなった。

第三章　西南学院百年史編纂事業の本質——建学の精神を継承する事業——

はじめに

本章は西南学院百年史編纂事業の発会式にあたって行った講演をまとめたものである。したがって、西南学院百年史の各論的な内容提示よりも総論的な、しかも百年史の中核を貫く事柄を示そうと意図した。要するに編纂事業の全体を見渡す基本的な課題に関する考察である。

ところで、「基本的」とは何を意味するのか。英語では、basic, fundamental, essential, elemental であり、日本語では「初歩的・基礎・土台・根本的・本質」を意味する。つまり、一方では「分かりやすく、基礎的」な内容であり、他方そこにおいて事業の「土台となり、根本と本質」を示す講演が求められる。

さて、歴史編纂という作業は本質的には歴史哲学に属し、具体的には宗教史学の分野において「歴史的思惟とその方法」に関わって取り組まれてきた。したがって、学問的水準を保つためには歴史的思惟とその方法に則した内容が求められる。

しかし、それだけでは「分かりやすく、基礎的」な内容にならない。そこで歴史的思惟形式に関わる事例を紹介し、そのなかでいくつかの私の経験を交えたい。そうすることによって分かりやすくなるだけでなく、生きた記述となる。実存において認識された歴史は単なる理論を越えているからである。

ただし学問性を保つために、研究上の位置づけを明確にしなければならない。歴史研究の多くをドイツ宗教史学派のE・トレルチ（Ernst Troeltsch 一八六五－一九二三）に負っている。そこで、トレルチを引用し比較検討することによって、内容の研究的位置づけを図っていきたい[1]。

第一節　歴史認識の可能性

——私たちはなぜ、またいかにして百年前の歴史的出来事を理解できるのか——

一　歴史認識をめぐる問い

百年前あるいは千年前に歴史を生きた人々、とりわけその精神性を私たちは本当に理解しているのか。もし、それが可能であるとしたら、なぜまたいかにして歴史上の人物と彼らの出来事を認識できるのか。当たり前のように理解していると思い込んでいたのは、確かに百年前の出来事なのだろうか。そもそも歴史の認識というのはどのような事柄なのか。近代の歴史学は人間の精神性を重んじたので、精神的な活動とそれが生み出す文化を重要視した。歴史を生きた人々の精神性と文化の認識に向けた問いをまず取り上げたい。

二　詩篇第四二－四三篇との運命的な出会い

歴史認識をめぐる問いに関して私自身の経験から入りたい。同志社大学経済学部に在籍していた三年生の後期から一年半、ある施設で学童保育のボランティア活動に従事した。それは差別と貧困に苦しみ、貧しい住環境の広がる地域にあった。経済学部の卒業を目前にした一九七五（昭和五十）年一月十五日に、友人の運転する軽トラックにわずかな荷物を積み施設の近くに転居した。それは差別に苦しむ地域に住み、人々と共に彼らの希望をキリスト教に求めるためであった[2]。

幸い同志社大学神学部への編入学を許された。ところが、入学時に実施された身体検査に含まれていた検尿検査で蛋白が検出され、検査結果は次第に悪化し六月には慢性腎炎と診断された。医師からは「下宿に留まるなら、絶対安静にするように！」と指示された。下宿で一日中天井だけを見上げていたときに、「希望の家」で私を待っている子供たちの顔が浮かんだのに行けなかった。あのとき病床で神を疑いはしなかったが、神の御心が分からなかった。苦悩に悶々とする日々が続いた。詩篇第四二－四三篇と出会い、感動に震えたのはそんなある日だった。詩人は神から引き離されていたが、苦悩のただなかでそれでも神に祈っていた。詩人の祈りは引き離されていても祈ることはできる真実を教え、深い共感のうちに私を救いだした。それは歴史的体験でもあった。二五〇〇年の時と地域の違いを越えて、私たちは豊かに精神性を共有していたからである。後にあの感動は何だったのかと問い、詩篇第四二－四三篇をテーマに修士論文を書いた[3]。なお六月から八月まで下宿に臥せる日を続けたが、詩篇との出会いなどがあって三ヶ月後には自宅に帰った[4]。

三　伝承の道

そこで、詩篇第四二－四三篇研究の結果である。詩篇第四二－四三篇の研究はこの詩篇を「詩一」「詩二」「編集者による付加」に分類し、それらが編集者によってまとめられた道筋を明らかにした。「詩一」「詩二」の著者と編集者は生きた時代も場所も違った。しかし、苦悩という共通した経験がもたらした伝承の道を通って、編集者は詩篇第四二－四三篇を成立させた。だが、伝承の道はそれだけで終わらなかった。一九七五（昭和五十）年夏、私は詩篇第四二－四三篇に感動したが、あのとき、神をめぐる苦悶を通して詩人の苦しみを追体験していた。この経験が詩人たちの伝承の道に私を立たせ、共感性を持って詩篇第四二－四三篇を深く理解させていたのである。

このような真実はなぜ可能なのか。そこで、歴史認識に関する命題1である。

「命題1　個人の歴史認識に関する真実」

私たちは歴史を認識し、歴史を生きた人々の精神的経験を追体験できる。それは人間が歴史性を刻印された歴史的存在であり、そのような者として共感性を媒介として歴史を追体験しつつ認識できるからである。

四　歴史的事物を認識する可能性

詩篇研究から歴史認識について検討したが、次にトレルチを見ておきたい。トレルチは類比（die Analogie）概念を歴史的事物を認識する可能性に関わる原理であるとして、「錯誤・混乱・でっちあげ・虚偽・党派心」などが歴史認識を可能にするという。[5] ここでトレルチは日常の否定的な経験を取り上げ、それらも類比として用いると歴史認識の可能性を持つとした。要するに人間は歴史的存在であり、成功と失敗・喜びと悲しみなど日ごとの経験を通して歴史的な認識をしている。そうだとしたら、西南学院の歴史は何によってふさわしく認識されるのか。

「命題1に導かれた西南学院百年史の認識に関する示唆」

西南学院百年史は、学院における日常の教育現場における出来事（チャペル・授業・クラブ活動・生徒の指導など）とそのために心を砕く教職員によって認識される。なぜなら、教育現場で打ち込む教職員の日ごとの経験こそが百年前の教育現場との類比関係を豊かに持ち認識させるからである。

ところで、この節が扱った考察は、「個人による歴史認識」という性格と限界を持つ。西南学院百年史編纂事業はその限界を越えていかなければならない。

第二節　共同体における歴史認識——西南学院百年史編纂事業の基本的性格——

一　個人から共同体の歴史認識へ

人間は個的存在であると共に様々な組織に所属し、集団を形成する。西南学院は設立以来一貫して共同体という性格を持つ。百年史編纂事業にとってこの事実は根本的な特色の一つとなる。しかも、その性格は歴史認識に関する重要な問いを投げかけている。人間は歴史的存在として歴史を認識する可能性を持っていた。同様に西南学院は共同体という性格を持つ歴史的存在であり、この特色は集団における特有の歴史認識を要請していたのではないか。そうだとしたら、共同体における歴史認識とは何であり、いかにしてそれは可能なのか。そこで、歴史認識に関わるもう一つの経験を紹介したい。

二　会員による総力を結集した教会史

かつて二教会の歴史編纂事業に詩篇第四二－四三篇研究とは全く違った雰囲気のもとで携わった経験がある。あの違いは何であったのか。一九八一（昭和五十六）年四月に日本基督教団宇和島信愛教会と伊予吉田教会の主任担任教師として赴任し、八年間在籍した。年を重ねるごとに教会の仕事は増え、たとえば火曜日・水曜日・木曜日・土曜日の午後は宇和島の各方面へ訪問に出かけた。金曜日には伊予吉田で午前中は教会に滞在し午後は夜九時過ぎまで訪問に歩いた。そのような状況で一九八四（昭和五十九）年から両教会はそれぞれに教会史編纂委員会を組織した。以来、教会の仕事を終えた午後八時頃以降は毎晩のように牧師室にこもり、教会史編纂の仕事に没頭した。こうして順次、二教会の歴史を書きあげることができた[6]。

「あとがき」（『日本キリスト教団伊予吉田教会九十年史』）は、教会史編纂事業が「会員の総力を結集できた」作業だったとしている[7]。確かに、毎晩のように私は様々な史料と格闘し、教会史を構想し、執筆するために莫大な時間を費やした。しかし、一連の作業は個人の研究とは明らかに違った雰囲気のもとにあった。あの四年間、すべての会員が知恵と力を出しあい教会史編纂のために取り組んでいた。その上で、月に一度それぞれの教会が教会史編纂委員会を開き、新しい発見やアイデアを持ち寄って集まった。協議を重ねる中で、設立期における教会員の喜びと苦労、戦時体制下に教会を支え続けた人々の苦闘と希望、戦後の盛んな時期における教会形成、ようやく安定した近年における教会活動など、折々の時代を生きた教会とそれを担った先達の労苦を私たちは深い共感を持って共に受け止めることができた[8]。

「命題2　共同体における歴史認識」
四年間の編纂事業によって教会は歴史的感覚の鋭い集団となった。共同体は歴史編纂事業などを通して、いつの時代にあっても個的存在ではなく歴史的団体である真実を認識し、その歴史を受けとめ、次の時代に継承していく意思を共有する。

三　共同体性を帯びた「建学の精神」

ここで、西南学院の共同体性について考察する。C・K・ドージャーは一九三三（昭和八）年五月三十一日に“Tell Seinan to be true to Christ.”と遺訓を残し旅立った。一年後（一九三四年六月二十日）に発行された『ドージャー院長の面影』[9]はこの教えについて興味深い記述をしている。まず表紙には“Tell Seinan to be true to Christ.”と記し、見開きの頁には「西南よ基督に真実なれ」という書を入れている。さらに水町義夫は「巻頭に序す」で「西南よ、キリストに忠実なれ」としている。しかし、どこにも建学の精神という言葉は見当たらない。

このようにドージャーの遺訓を記す三通りの表現は、それが建学の精神とされていく過程での一コマであった事実を示している。一連の過程はまた学院の共同体性を帯びることによって建学の精神が成り立ったいきさつをも語っている。ドージャーは遺訓を残し旅立ったが、あの時点でその教えは建学の精神ではなかった。遺訓は建学の精神の必要条件ではあっても、十分条件ではなかったからである。一年後に学院関係者は遺訓に注目した。しかしなお、それを建学の精神とする言葉はない。また、“be true”を「真実なれ」とする立場と「忠実なれ」とする者に分かれたように、その翻訳も確定していなかった。だがやがて西南学院は遺訓の訳語を確定し、これを建学の精神とした。

「命題2に導かれた建学の精神の共同体的性格」

一連の経過は建学の精神が西南学院の共同体性を帯びた概念である事実を語っている。要するに、学院の共同体性において建学の精神は成り立っている。したがって、建学の精神を成立させる根拠は西南学院の共同体性にある。

それにしてもなぜ、わずか一年余りの間にドージャーの遺訓は注目されたのか。ここに私学西南学院の根本的事情がある。私学は明確な教育理念のもとに立ち、それを社会に表明して存在する共同体である。この事情がドージャーの教えを建学の精神としたのである。なお、ドージャーは学院設立当初から建学の精神に表明された立場を堅持して教育活動に従事していた。この事実を西南学院は正しく認識し、百年史において記憶すべきであろう。

四　西南学院を導いた建学の精神

設立当初から重んじた教育の精神をドージャーは遺訓として残した。西南学院は一九三〇年代半ば以降にこれを建学の精神として自覚し、それ以来八〇年に及ぶ歴史を生き抜いてきた。

「命題3　建学の精神と西南学院史」

建学の精神は一貫して学院の礎として自覚され、進むべき方向を示す指針として継承されてきた。この事実は西南学院が建学の精神によって折々に自己を理解し、教職員はその精神を具体化する働き手として教育活動に従事した真実を語っている。

命題3は西南学院が時に右に揺れ、時に左に揺れた歴史を否定しない。むしろ、様々に動揺した時代のなかにあってこそ、建学の精神は意味を持つ。このようにして学院の歴史は重ねられてきた。そこにおいて建学の精神は豊かな成果を生み出し、学院の歴史的内実を実らせてきた。

「命題3に導かれた西南学院の個性」

建学の精神によってもたらされた歴史的成果、これこそが私学西南学院に譲ることのできない個性と独自性をもたらしている。

ここで、精神性が持つもう一つの側面に触れておきたい。精神性は時と所を越えて継承され、しかもその過程において時代や地域社会の要請を受け様々な文化的表現を採る。

「命題4　建学の精神とその継承」

建学の精神も時と所を越えて継承される精神性に認められる特色を示してきた。

「命題4に導かれた西南学院史の読み方」

たとえば、第六代院長E・B・ドージャーは建学の精神を「神と人とに誠と愛を」と表現し、他方学生の留学を促進するため海外の大学との協定校制度の制定を模索した。あるいは第一一代院長L・K・シィートは建学の精神を「4つのLで始まる言葉 Life, Love, Light, Liberty（生命、聖愛、光明、自由）」と言い換えて、4L教育を推進した。これらは建学の精神の展開という性格を持つ。

第三節　資料と建学の精神

一　資料との格闘

ここから歴史編纂事業の生命線となる取り組みについて述べていく。かつて二冊の教会史をまとめるため四年間の歳月を必要としたが、初めの一年間は資料の収集・分類・内容の検討に費やした。無味乾燥とも思われた一年間は、文字通り資料と格闘した日々であった[10]。しかし、資料と向き合う作業こそ歴史編纂事業のなくてはならない基礎作業である事実がやがて明らかになる。

「命題5　資料と歴史編纂事業」

資料をひたすら読み続ける作業からやがて、歴史を生きた人々の息遣いが聞こえるようになる。彼らの喜びや悲しみに共感しつつ、歴史を形成した人々の意図と忍耐が分かり、彼らと対話さえできるようになる。

歴史を形成した人々との対話、これこそ歴史編纂作業の本質である。だから、歴史編纂事業に一次史料の収集とそれを検討する時間を惜しんではならない。

いくつか、キリスト教関係者の歴史編纂に関連する文献を紹介しておこう。

- 土肥昭夫『各個教会史をどう書くか——資料収集から叙述まで[11]——』

教会史の編纂にあたって資料の収集から叙述にいたる作業内容を事細かに説明している。その上で、土肥が執筆した『京のある教会の歩み――京南・京北教会史――』を具体的事例として紹介する。この教会史は時代と地域社会の中に生きた教会を描いている。

• 神戸女学院史料室『学院史料』Vol. 23[12]

神戸女学院の学院史料室は地道に女学院関係史料の研究に取り組み、その成果を『学院史料』に公表している。これらの研究成果が折々に出版される学院史関連文献に生かされている。西南学院においてもこのように堅実な史料研究が求められている。

• 塩野和夫「西南学院史の史料（一）」[13]

西南学院が保存する学院史関連史料の全体像を明らかにしようとした試みである。完成したものではないが、史料の全体像を知ることができる。

ところで、西南学院において学院史編纂事業はどのように取り組まれてきたのか。保存された史料からの概要を捉えようとした論文（塩野和夫「西南学院史史料研究（一）　学院史編集室史」[14]）がある。「学院史編集室史」によると、「西南学院五十年史」編纂作業、「西南学院六十年史」編纂作業、そして『西南学院七十年史』出版事業において、学院関係者は誠実に作業に取り組み成果を残している。それにもかかわらず、『西南学院七十年史』の出版を含めて、いくつもの課題を残したままである。

「命題5に導かれた西南学院百年史編纂事業の基本的課題」

たとえば、「村上寅次『編集後記』（『西南学院七十年史　下巻』）は七十年史においてもなお、執筆者と学院関係者との困難な課題が残っていたことを率直に書いている。問題の根本にあるものは、西南学院史に対する基本的な理解であると思われる。そもそもキリスト教系学校とは何なのか。キリスト教系学校の歴史を、それにふさわしく表現するために何が必要なのか。このような西南学院史に関する基本的な共通理解がまず必要であったと考えられる[15]。」

これまでの歴史編纂事業において持ちこされてきた諸課題は、百年史編纂事業において何よりもまず克服されなければならない問題であろう。

二　史料批判と歴史に刻印された精神性

トレルチが近代における歴史的方法としてまず取り上げているのは、「歴史批評に対する原理的な習熟」である。それは「歴史的領域における蓋然性の判断」であり、「個々の伝承に対してもそれぞれにふさわしい蓋然性の程度が測られねばならない」とする[16]。要するに、歴史的研究は史料の持つ確かさの程度を明らかにする作業が基礎をなす。したがって、およそ歴史を研究する者は蓋然性を検討した研究成果を尊重し、それに対して謙虚であらねばならない。これが史料批判である。今日の歴史研究において史料批判は広く用いられ、認められている。そこで、百年史編纂事業においても史料の確かさを直ちに承認するのではなく、その蓋然性や相互関係などを慎重に考慮する必要がある。

史料の検討に際して、史料批判と並んであるいはそれ以上に重要な判断基準がある。それは歴史に内在する判断基準である。歴史は自然と対立する概念である。人力の及んでいない自然に人間が手を入れ、手を加え続けるときにそこに文化は生まれ歴史が誕生する。したがって、人間の日常生活や道や橋などの造作物、言語や文化、生き方や信仰などは歴史を構成する。ところで人間が歴史を形成するとき、その活動は大きく目に見える文化と目には見えない精神性に区分できる。人間の精神性は直ちに形に表現されるものではないが、その根源にあってあらゆる文化を創造するためにそこに刻印されている。近代の歴史学は精神性が様々に果たした役割を尊重している。このことは歴史の見方や叙述方法にも影響を与えている。

「命題6　歴史の判断基準としての精神性」

歴史形成にあたって多大に寄与した精神性は、歴史編纂事業において重要な判断基準となる。

三　史料と建学の精神

歴史における精神性がそうであるように、建学の精神も教育現場において直ちに形に表現されるものではない。しかし、あらゆる文化に精神性が刻印されているように、西南学院の歴史にも建学の精神は刻みこまれている。ところで、精神性はなぜ歴史的事物に対する判断基準となるのか。主体的性格を帯びた人間の精神性には軽さや重さ、浅さや深さがある。精神性の表現であるその刻印された文化にも、軽く刻印された作品もあれば深く刻み込まれたものもある。そこで、より深く精神性を刻印された事物が歴史性を豊かに持っていると判断される。このようにして、命題6は歴史研究に適用されていく。

「命題6に導かれた西南学院史の判断基準としての建学の精神」

歴史における精神性の刻印がそうであるように、建学の精神が深く刻み込まれた出来事こそ西南学院史において重要性を持つと判断できる。したがって、各時期に建学の精神をしっかりと刻印された出来事が学院史の中心におかれるにふさわしい。このような性格を備えた一連の出来事が西南学院百年史を貫き、百年史の中核となる。

四　歴史との対話

歴史叙述における枠組みについて述べる。歴史編纂事業はそれとの対話によって進められる。しかし、対話の仕方に陥りがちな注意すべき課題がある。その扱い方によって叙述は生きもすれば死にもする。間違っても歴史を窒息させてはならない。

トレルチはA・リチュル（Albrecht Ritschl　一八二二－一八八九）から歴史研究の持つ豊かな可能性を学んだが、やがて学問的立場において彼から離れていった事実は広く知られている。トレルチによるとリチュルの研究は歴史的思惟において不徹底であり、「原理的に調停主義的・教会的・実践的な教養学」であった。そのためにいびつな歴史叙述となってしまった[17]。

歴史は生きものである。だから、叙述の原則は生きものである歴史を生かす方法を求めることである。このことは、歴史研究にそれはつねに発見の旅であるという性格を与える。

「命題7　歴史と歴史的概念」

歴史を旅して発見された概念だけがそれを生かし理解させる。間違っても、歴史以外から概念を取り出し枠をはめてはならない。

第四節　多彩な関係のなかにある西南学院

一　建学の精神と関連性

史料を丹念に読み、建学の精神を主要な判断基準として西南学院百年の歴史との対話を共同作業において重ねることによって、学院史の概要は把握できるであろう。しかし、それは概要であって、多様で豊かな内容を持った西南学院百年史ではありえない。そこで、近代の歴史学が「あらゆる歴史的事象の間に生ずる関連性」の解明を要請している点に注目したい[18]。ところで、歴史的事象の間に存在する関連性とはどのような事柄なのだろうか。

二　トレルチ『キリスト教会の社会教説』における二系列の共同体概念

様々な関連性においてキリスト教史を叙述した業績によって、トレルチは新たな可能性を拓いた。それはどのような手法によるのか、『キリスト教会の社会教説[19]』で見ておこう。トレルチはキリスト教会を二系列に分類される共同体概念によって叙述している。第一系列に属する共同体概念はKirche（教会）とSekte（分派）である。この概念を用いる時、「キリスト教会の内部に自分の思惟を持ち込み、そこからキリスト教史の把握・分析・叙述」に努めている。第二系列に属する概念はGruppe（集団）、Gemeinschaft（共同体）、Gemeind（会衆）である。この概念を用いて「キリスト教史を他の社会的な諸共同体との関わりの中に位置付けようとし」、「キリスト教史と一般史に相互浸透性を与えながら、キリスト教史の叙述を進めさせている[20]」。

「命題8　関連におかれる歴史的事象」

トレルチによると、歴史的事象に「全く孤立した事柄」はありえず、「必ず幾重もの関わりあい」がある。そこで、彼はキリスト教史を様々な関わりを持つ歴史として叙述した。この方法は今日では広く採用されていて、トレルチを新たな可能性をキリスト教史研究にもたらした開拓者としている。

三　建学の精神を担う教職員、育ちゆく生徒・学生

「命題8に導かれた西南学院史の分析」

建学の精神が持つ関わりは、学院内におけるそれと学院と学外との関係に分けることができる。

「命題8に導かれた西南学院史の分析」にしたがって、まず学院内における関わりについて考察する。そこでは歴代院長や学長・校長など、学院を担い指導した人物と建学の精神との関係が重要性を持つ。そこで、彼らの教育思想および学院経営や課題への対応を分析しなければならない。一連の作業によって、各時期における学院の構造や教育環境が浮き彫りになる。これは西南学院百年史の骨格となる。その際、転換期や大きな課題を持った時期がとりわけ重要になる。したがって、従来のキリスト教系学校史ではこれらを重視してきた。確かにそれは骨格を形成している。しかし、骨格に過ぎないともいえる。

各時期における教育環境を明らかにすれば、それぞれの時期にどのような教育活動が実施されたかを検討しなければならない。ここでは教職員が検討対象になる。ところで、西南学院の目的はいうまでもなく人を育てる教育事業である。だから、教育事業を担った教職員は西南学院百年史における一方の主役となる。

「命題9　個体性と総体性」

近代の歴史学においては個体性と総体性の関連が重視される。そこで、個別具体的な事例を描き出しながら、その叙述によって総体を表現するという手法がとられる。

「命題9に導かれた西南学院百年史叙述への示唆」

西南学院史においても各時期を表現している教職員を取り上げ、具体的に描き出す方法が導かれる。彼らの叙述によって当時の学院が描き出されるだけでなく、記述内容は物語性を備え読者に訴えかける力を持つようになる。チャペルやクラス、課外活動などを取り上げることも有効である。

さらに生徒・学生の視点が必要不可欠である。教育活動の場を出現させているのはいつの時代にも教職員と生徒・学生だからである。学生の視点が欠落すると、生きた現場を叙述できない。さらにいうと育ちゆく彼らこそ西南学院の目的なのである。彼らに対して学院の教育は何であったのか。キリスト教系学校史はあまりこの点に触れていない。学生の叙述にはいくつもの困難が伴うからである。しかし、彼らは教育現場の一方の主役であるだけでなく、彼らに対する教育に西南学院のすべてがかかっている。したがって、困難を克服して西南学院百年史には学生を登場させなければならない。そして、学生の立場からチャペルの様子や彼らの意見を加えていく。あるいはクラスや課外活動、彼らの日常生活なども叙述する。さらに、西南学院における彼らの成長過程をまとめることで、豊かな教育現場が再現されるであろう。

このようにして、いくつかの観点から西南学院内部における建学の精神との関わりを分析することによって、各時期の教育現場が叙述される。

四　地域社会を生きた西南学院

「命題10　外的要因と西南学院との重層的な関わり」

政治・経済・交通事情・若者文化・地域社会など様々な外部要因は、重層的に西南学院と関わり教育活動に影響を与えた。

外的要因を西南学院百年史にすべて同等に取り上げることはできない。そこで、学院史に与えた質と量を考慮し、大きな影響や独自性を与えた要因を取り出す。ただし、外的要因の重要性は時期によって異なる。それらを総合的に判断した上で、これら外的要因との関係を生かして叙述することが望ましい。

従来のキリスト教系学校史が取り上げたのは日本の政治動向である。百年の歴史において日本の政治は大きく変化した。西南学院も時代の変化に対応して教育方針を変えた。たとえば、創立当初を風靡した大正デモクラシーから戦時体制への変化である。あのときに西南学院は政府の指導に従って教育活動を行った。そのため、政治の動向は西南学院の隅々に影響し、学院史の骨格に痕跡を残した。それは西南学院百年史に記録されなければならない。

福岡都市圏における交通事情とも意外に深い関係がある。その変化は生徒・学生の通学範囲に影響したからである。設立当初の生徒は福岡市、それも市中心部から西側の地域を生活圏としていたのではないか。戦後に交通機関の発展によって通学圏は福岡県下全域に広がり、さらに山口県・佐賀県・熊本県にまで拡大する。他方、九州全域・中国・四国からも学生は下宿するようになる。このような通学圏の拡大や下宿生の存在は、学生生活に影響したであろう。西南学院百年史に書き残しておきたい事柄である。

次いで、経済状況の変化である。経済生活は隅々にまで影響している。まず、授業料である。それは西南学院に通うことのできる生徒・学生層を決定する。そこで、各学校の授業料はどのように変化し、これが学生にどのような影響を与えたのか。さらに経済状況は学生生活にも影響する。そこで、各時期の経済的に規定された学生生活（服装や所持品・食事の内容・学生同士の交流内容・勉強の仕方・購入図書など）はどのようなものであったのか。このような生徒・学生の生活に関する叙述は、西南学院百年史の内容に具体性と親しみを与える。

様々な外部要因の中で地域社会を挙げておきたい。具体的には立地している西新を中心とした福岡市西部地域である。生徒・学生の生活は学校においてだけでなく、地域社会においても営まれているからである。百道海岸で泳いだ思い出や水泳後に飲んだ冷やし飴、放課後に友達と食べた饅頭の味と話し合った内容、部活後に仲間と通ったラーメン屋のおばちゃんとの会話やラーメンの味、喫茶店で時を忘れて話し合ったひととき、これらは学生生活に彩りを添える。このような側面も在学中の重要な生活の一部であって、書き残す価値を有する。地域社会は意外に深く生徒・学生の生活に影響し、西南学院百年史に個性を添えている。

おわりに

本章が「編纂事業の基本的な課題に関するもの」（はじめに）となっていたかどうかは読者に判断いただきたい。その上で、一つだけ加えておく。

一九九六（平成八）年度後期（受講者二〇名弱）と一九九七（平成九）年度後期（受講者四〇名程度）において、二度にわたってキリスト教人間学Bで「西南学院史」を扱ったときの印象である。クラスの概要は以下の通りであった。

一　西南学院史を考える（総論）
二　創設期の教育者
三　継承期の教育者
四　これからの西南学院を語る

なお、講義に基づいて一九九七（平成九）年七月二十三日〜二十四日に職員夏期研修会で講演した。

全体テーマ「西南学院の教育者群像――「与える幸い」を継承した人々――」
第一回テーマ「西南学院の教育者群像とその時期（総論）」
第二回テーマ「西南学院の教育者群像（各論）」

さて、キリスト教人間学Bのクラスには忘れがたい印象がある。あのとき、受講者は熱心に講義に耳を傾け、ディスカッションも白熱した。「なぜ、このクラスを採ったのか」という問いに、多くの学生は「四年間学んだ西南学院についてもっと知っておきたかったから」と答えた。白熱する講義の中で感じたのは、学生の意外に強い帰属意識である。だから、彼らと私は西南学院史に継承されてきた教育精神を共有していると実感できた。また、西南学院史には宝物がいっぱい埋もれていて、発掘されるのを待っていると感じた。

そこでイメージする西南学院百年史編纂事業の本質とは、教育に情熱を込めた人々すなわち西南学院の宝物の発掘なのである。埋もれてしまっている多くの宝物を発掘して喜びを共にする。誠実に教育に打ち込んだ人々の掛け替えのない業績が西南学院史には多くあると確信している。だから、百年史編纂事業における数々の発見で喜びを共にするとき、そこにおいて建学の精神は継承されており、明日の西南学院に引き渡されていく。したがって、西南学院百年史編纂事業の本質は建学の精神の継承だといえるのである。

付記

西南学院は「百年史編纂の部会発足会及び記念講演」を二〇一一（平成二十三）年五月十三日に大学チャペルで行った。本稿はそのときの内容を元に若干補足したものであり、講演会の様子を残すように試みた。随所に講演会風の体裁を残したのはそのためである。

注

（1）トレルチの歴史的思惟とその方法に関しては、以下を参照。「トレルチ初期の歴史的思惟――歴史的思惟とリチュル的なもの」（塩野和夫『日本組合基督教会史研究序説』一二三―一二八頁）

（2）地域には住環境の劣悪なスラムが何ヶ所かあった。土手にあって当時〇番地と呼ばれていたスラムもその一つであった。地域での生活を始めて数日後から毎朝〇番地の前に行き、祈った。祈り始めて三日目だっただろうか、一人のおばさんが来られて「お兄ちゃん寒いやろ、あたっていきいな」と小さな焚火をたいて下さった。それは筆者が病気に倒れるまで毎日続いた。「君は天使を見たか」はそのときの経験を記している。参照、「君は天使を見たか」（塩野和夫『一人の人間に』一―六頁）

（3）参照、「詩篇第四二―四三篇研究」（『国際文化論集』第二四巻第二号、一四七―二一一頁）

（4）詩篇第四二―四三篇との出会いなどがあって、病床に臥してから三ヶ月後に自宅に帰ることができた。あのとき、苦悩に変えて生かされている幸に私の魂は満たされていた。その感動を「この確かな生を」に表現した。参照、「この確かな生を」（塩野和夫『一人の人間に』四〇―四六頁）

（5）参照、「トレルチ初期の歴史的思惟――歴史的思惟とリチュル的なもの」（塩野和夫『日本組合基督教会史研究序説』一二七頁）

（6）次の二冊である。塩野和夫編『日本キリスト教団伊予吉田教会九十年史』一九八七年、宇和島信愛教会創立百周年委員会編『宇和島信愛教会百年史』一九八八年。なお、「あとがき」（塩野和夫編『日本キリスト教団伊予吉田教会九十年史』一四五―一四八頁）

が教会史編纂作業の様子をよく伝えている。

（7）「『伊予吉田教会九十年史』作成ですばらしかったことは、会員の総力を結集できたことです。」（塩野和夫編『日本キリスト教団伊予吉田教会九十年史』一四七頁）

（8）「教会史執筆の過程で、一体どれだけの時間を教会史に登場してくる人たちと真向かいになったか分かりません。真向かいになる中で、吉田の町に対する愛着が深まっていくことを私は覚えていました。いつ倒れるとも分からない小さな教会の歴史が人事ではなくなっていきました。愛とは一人と真向かいになることから生じてくる人間の真実でした。今にして、これで良かったのだと思います。貴重な時間を注ぎ、己を注ぎ、愛を深めていくに優ることはなかったのだと今にして思います。」（塩野和夫編、前掲書、一四六頁）

「教会の歴史に即することとは、生きた教会の歴史を受け止め表現することです。教会を生み、立て、活動してきた根本動機に共鳴しながら、共鳴する心で表現することです。そのように教会の歴史に即して執筆される時、教会史は教会の信仰の歴史を引き受け、明日の教会に引き継いでいく貴重な資料となります。およそ、教会史と呼ばれる書物は生きた教会の歴史を継承させる重要な手段です。」（塩野和夫編、前掲書、一四七頁）

（9）『ドージャー院長の面影』ドージャー先生追憶記念事業出版部、一九三四年

（10）「こつこつと作業を進め、『伊予吉田教会九十年史』の完成を見るのにまる四年の歳月を要しました。大ざっぱに言って、四年の歳月は三期に区分できます。一九八四年四月から教会保存資料の調査にあたったのが第一期です。第一期には一年かけて教会保存資料を分類し、内容を調査し、資料として整理しました。無牧や兼牧の時代が長く、資料が整理されることのなかった教会ですから、資料はごくわずかしか残されていませんでした。その上、比較的資料の保存されている時代があるかと思えば、資料がなく見当のつかない時代に途方に暮れたこともありました。それでも、会員原簿や会計資料から貴重な手掛かりを得ることができました。」（塩野和夫編『日本キリスト教団伊予吉田教会九十年史』一四五頁）

（11）土肥昭夫『各個教会史をどう書くか――資料収集から叙述まで――』教文館、二〇一〇年

（12）神戸女学院史料室篇『学院史料』Vol. 23、二〇〇九年

（13）塩野和夫「西南学院の史料（一）」（西南学院百年史編纂諮問委員会編『西南学院史紀要』Vol. 1、二〇〇六、六〇－七七頁）

（14）塩野和夫「西南学院史史料研究（一）　学院史編集室史」（西南学院百年史編纂諮問委員会編『西南学院史紀要』Vol. 1、二〇〇六、一六－三九頁）

（15）塩野和夫、前掲書、三八頁

（16）塩野和夫「トレルチ初期の歴史的思惟――歴史的思惟とリチュル的なもの」（『日本組合基督教会史研究序説』一二七頁）

（17）塩野和夫、前掲書、一二四－一二五頁

（18）塩野和夫、前掲書、一二七頁

（19）Troeltsch, Ernst, *Die Sosiallehren der der Chrostlichen und Gruppen.* G. S. 1., Tübingen, 1912

（20）塩野和夫「キリスト教会の認識と共同体概念」（『日本組合基督教会史研究序説』一五一－一五五頁）

第四章　日本キリスト教史研究の現在

はじめに

西南学院が『西南学院七十年史　上巻・下巻』[1]を刊行して、三〇年近い月日が流れた。学院はいま、創立百周年記念事業の一環として『西南学院百年史』編纂事業に取り組んでいる。ところで、『西南学院百年史』を単純に『西南学院七十年史』の延長上に構想することはできない。この三〇年間に日本キリスト教史研究の分野で着実な展開が認められるからである。研究教育機関である学院が研究動向に無関心であるわけにはいかず、『西南学院百年史』は現在の研究状況を反映した新しい構想のもとに執筆されなければならない。

そこで、まず三〇年前と近年の日本キリスト教史研究における動向を概観する。その上で、問題意識・研究対象・方法論・叙述内容などの変化について考察する。

第一節　一九八〇年代のキリスト教史研究
――土肥昭夫『日本プロテスタント・キリスト教史』をめぐって――

一九八〇年代の日本キリスト教史の研究状況を的確に表現し、その後の研究活動を指導した業績がある。土肥昭夫『日本プロテスタント・キリスト教史』[2]（以下、『日本プロテスタント史』と略記する）である。ところで、長くこの分野の研究を指導した土肥の研究を、『日本プロテスタント史』だけで全容把握することは到底できない。そこで、まず彼の研究成果を概観する。その上で、土肥の研究業績の中に『日本プロテスタント史』を位置づけ、一九八〇年代の日本キリスト教史研究における意味を考察する。

一　土肥昭夫の日本キリスト教史研究

土肥昭夫（一九二七―二〇〇八）はアメリカ留学中に日本への学問的関心を触発されて、『内村鑑三』[3]を著した。この著作は土肥が最初にまとめた日本人キリスト教思想家に関する研究成果である。しかし、後に彼が取り組む一連の日本キリスト教史研究との関連からすると、その成果としてまず位置づけられる著作は『日本プロテスタント教会の成立と展開』[4]（以下、『成立と展開』と略記する）である。

土肥は一九六〇年代以降日本キリスト教史研究に関わり続けたが、彼の問題意識や研究対象、基本的な方法論はすでに『成立と展開』で示している。楕円形に二つの中心があるように、土肥の研究には一貫して中核となる二つの問題意識があった。一方にあるのが、キリスト教を現実に担ってきたキリスト教会である。他方、『成立と展開』で取り上げた「戦争責任の告白」「靖国神社法案阻止の運動」などの背後には、日本社会の動向とそのなかで行動したキリスト教への関心がある。これがもう一つの中核となっている。これらの問題意識から研究活動に着手するとき、彼は教会に対する関心からは教派を研究対象とし、キリスト教神学を方法として用いる。もう一つの教会の社会的活動に関しては、教派を時代の中に置き社会科学的方法を駆使して検討している。単純に捉えるならば、『成立と展開』に認められる問題意識から日本プロテスタント史研究を集大成し、全体像を提示したのが『日本プロテスタント史』である。確かに、『成立と展開』の研究方法だけで『日本プロテスタント史』を執筆することはできない。問題意識・研究対象・方法論のいずれをとっても、『日本プロテスタント史』はそれらを深化させ拡大している。それにもかかわらず、『日本プロテスタント史』は『成立と展開』の延長上にあるので、全く新しい研究内容とはいえない。したがって、『成立と展開』と『日本プロテスタント史』は土肥の日本キリスト教史研究における初期に属する。

『日本プロテスタント史』は一つの頂点である。著作時期は初期に属するが、これに代わる日本プロテスタント史の全貌を論じた著作はない。ところで、『日本プロテスタント史』によって新たな問題意識が生じ、日本キリスト教史研究に中期をもたらした。この時期の著作として、『京のある教会の歩み――京南・京北教会史――』[5]（以下、『京北教会史』と略記する）と『日本プロテスタント・キリスト教史論』[6]（以下、『プロテスタント史論』と略記する）がある。なお、『京北教会史』の研究方法はほぼ『プロテスタント史論』で補うことができる。そこで、『プロテスタント史論』によって中期の研究活動を概観したい。初期の問題意識に二つの中心があったように、中期の研究にも二つの中核がある。民衆と天皇制である。ただし、中期に初めて民衆が自覚的に意識されたのに対して、天皇制は初期においても認められる。ところが、民衆が天皇制と対峙する概念として登場したことによって、権力構造としての天皇制はさらに鮮明にされている。

長年の研究活動を経て、後期の土肥に認められる意識がある。現在と未来のキリスト教に向けて、日本キリスト教史研究から提言を引き出すことである。このような問題意識から、『歴史の証言――日本プロテスタント・キリスト教史より[7]――』（以下、『歴史の証言』と略記する）と『思想の社――日本プロテスタント・キリスト教史より[8]――』（以下、『思想の社』と略記する）は編纂された。ただし、『歴史の証言』は「提言の志向」という傾向を強く持つ。それに対して、『思想の社』は著者の心を捉えた人物や出来事をまとめた「歴史の証人」という性格がある。

二　『日本プロテスタント史』の位置づけと意味

土肥昭夫は日本キリスト教史研究者として、初期から後期に至るまで着実な成長を遂げた。したがって、初期・中期・後期と区分される活動は研究者として辿った足跡を刻んでいる。それにもかかわらず、初期の業績『日本プロテスタント史』は現在も彼の代表的著作として高く評価されている。

そこで、一九八〇年代の日本キリスト教史研究における『日本プロテスタント史』の意味をまとめておきたい[9]。第一に日本プロテスタント史先行研究の徹底した検証がある。同様に欧米におけるキリスト教史研究の状況も的確に踏まえて、それを適用した。教派（denomination）への着目はその一例である。第二に史料の収集・分析・評価に対する地道で確かな取り組みがある。このような史料批判は彼の研究に確かな基盤を与えた。その上で、第三に史料の考察におけるキリスト教神学と社会科学を中心とした歴史的な方法論の採用である。このように複数の方法を駆使することによって、歴史を生きたキリスト教により即した考察が可能になった。第四の特色として研究者としての実践的性格がある。土肥は単なる学究の人ではなく、社会に生じている課題を担いながら研究活動を続けた。この実践的性格が彼のキリスト教史研究に刺激を与えた。こうして、『日本プロテスタント史』は一九八〇年代の日本キリスト教史研究に新しい地平を開いた。

ところで、今も土肥の『日本プロテスタント史』は高く評価されている。この事実は何を語っているのか。それは彼の著作が日本キリスト教史研究の過去に忘れられたのではなく、現在もこの分野における基層的研究成果として認められている現実である。

第二節　現代のキリスト教史研究
――竹中正夫『美と真実――近代日本の美術とキリスト教――』をめぐって――

日本キリスト教史研究に新しいうねりが出現している。キリスト教の文化的表現である。この流れを受けて竹中正夫『美と真実――近代日本の美術とキリスト教[10]――』（以下、『美と真実』と略記する）は著された。近代日本におけるキリスト教美術を総合した『美と真実』は新しい可能性を提示している。

一　竹中正夫の日本キリスト教史研究概説

アメリカ・コネティカット州にあるイエール大学で学位を取得した竹中正夫（一九二五―二〇〇六）は、指導教授H・リチャード・ニーバーから日本におけるキリスト教研究の責任を助言される。これを一つのきっかけとして一九五〇年代から着手した竹中の日本キリスト教史研究には明らかな特色がある。地域社会とそこで生活する人々に着目し、宗教社会学的方法を用いて分析するのである。初期の研究を集大成した業績が竹中正夫『倉敷の文化とキリスト教[11]』（以下、『倉敷の文化』と略記する）である。

『倉敷の文化』（一九七九年十一月）に四ヶ月先立って出版した『天寵の旅人――画家宮芳平の生涯と作品[12]――』（以下、『天寵の旅人』と略記する）は、中期の研究対象と内容をよく語っている。絵画を中心とした芸術作品にキリスト教と出会った日本人の魂と生の軌跡を読み取ろうと試み、それを日本キリスト教史に位置づけたのである。このようにして、『良寛とキリスト――大宮季貞の生涯をたどって[13]――』、『和服のキリスト者――木月道人遊行記[14]――』などが著された。なお、『ゆくてはるかに――神戸女子神学校物語[15]――』には、周辺に生きた人々を掘り起こして歴史のなかに生かしていく温かいまなざしが認められる。

竹中による日本キリスト教史研究の集大成が『美と真実』である。この著作は近代日本におけるキリスト教美術研究書という基本的性格を持つ。しかし、芸術家（五一名）の作品を彼らの生き方やキリスト教との関わりから分析し、あるいは「第八章　戦争を経験して」に見られるように近代日本史を背景として読み解く方法は彼のキリスト教史研究で駆使されていた。さらに、芸術家をハリストス教会（山下りんなど二名）、カトリック教会（佐々木松次郎など八名）、プロテスタント教会（大熊氏廣など二八名）、無教会・単立教会（石河光哉など五名）、キリスト教徒でない人々（高村光太郎など八名）に分類し、大まかではあるが彼らを日本キリスト教史に位置づけている。したがって、竹中の日本キリスト教史研究後期の研究成果として『美と真実』を評価できる。それだけでなく、研究史の脈略に置くと新しい地平が開けてくるのである。

二　『美と真実』の位置づけと意味

竹中正夫の日本キリスト教史研究における『美と真実』の位置づけは、土肥昭夫『日本プロテスタント史』とは対照的である。土肥は研究初期に代表作を完成し、そこを起点に研究活動を続けた。それに対して竹中は初期・中期に蓄積した多くの業績を踏まえて、晩年に代表作を書きあげた。竹中は『美と真実』に研究活動の真髄を注ぎ、それゆえにこの著作は彼の日本キリスト教史研究の頂点をなしている。

ところで、竹中が研究対象とした美術とは人間にとって何なのか。彼は「はじめに[16]」で美術における感性と霊性について論じ、霊性において人間は「宗教的な世界に対応」しているとする。しかも、竹中が取り上げた芸術家はすべて近代日本でキリスト教と出会い、刺激を受けて活動に没頭した。したがって、『美と真実』第三章のタイトルである「生命の芸術」に表現されているように、彼らの作品にはキリスト教に触発された日本人の魂が深く刻み込まれている。

そこで、近代日本を生きた人々の魂を刻んだ芸術作品の意味を問い直さなければならない。三〇年前、これらの作品はキリスト教美術において価値を認められても、日本キリスト教史とは関係を持たなかった。しかし、この三〇年間に研究環境は激変した。歴史研究はこの舞台を生きた人間を積極的に取り上げ、彼らの魂の表現を位置づけるようになった。従来の研究はもちろん意味を持ち続けているが、それは歴史の骨格を形成する。歴史の内容としては文化的活動を組み込むことによって、人間の息吹と魂の鼓動が聞き取れる叙述としている。

このような研究史の文脈において、竹中の『美と真実』は日本キリスト教史研究に新たな可能性を与えている。

第三節　キリスト教史研究の現在

三〇年余り前、「世界宗教史叢書」全一三巻を刊行した山川出版社は、装いも新たに近年「宗教の世界史」全一三巻を出版している。これらの全集は日本キリスト教史を世界と日本の宗教史に位置づけて掲載し、それらは出版時の学問的傾向を示している。そこでまずそれぞれの日本キリスト教史を比較し、その上で近年におけるキリスト教史研究の特色を考察する。

一　目次に見る枠組みの比較

「世界宗教史叢書」は第一二巻になる『日本宗教史Ⅱ』[17]の「第三部　近世の社会と宗教」と「第四部　近代化の社

会と宗教」に日本キリスト教史を載せている。執筆者と目次は以下の通りである。

第三部　第二章　体制宗教と地下信仰

六　キリスト教の展開とカクレキリシタン　大濱徹也

（一）日本布教への模索

ザビエルの旅　トルレスの働き　カブラルとオルガンティノ　巡察使ヴァリニアーノの来日

（二）日本人信徒の動向

ヴァリニアーノの改革　教線の展開　ポロシネ（隣人）としての働き　デウスをめぐる確執

（三）禁教下のキリシタン

殉教の血潮　「隠れ」住むもの　キリシタン農民の世界　「はなれ」住むもの

第四部　第二章　キリスト教と近代社会　大濱徹也

一　カトリック教会の再布教

昭和四年の新旧教勢比較　日本再布教への途　復活キリシタンと旅　凱旋信徒の足跡　展開する教線と教階制の実施　修道会の諸活動

二　ハリストス正教会の日本伝教

ニコライと北海道開教　各地における教会の形成　日露戦争と正教会　ロシア革命の影響

三　プロテスタンティズムの伝来と発展　森岡清美

宣教師の渡来と信者の出現　集団レベルのキリスト教受容　キリスト教の革命的性格　キリスト教入信の契機　入信の主体的条件　文明開化の一契機　リバイバルが果たした役割　日本プロテスタントの社会的性格　プロテスタント諸教派の現状

「宗教の世界史」で第九巻になる『キリスト教の歴史2』[18]（以下、『教史2』と略記する）は、「第五章　アジアとアフリカのキリスト教」の「三　日本とアジア諸国のキリスト教」で日本キリスト教史を載せている。目次から日本関連の叙述だけを抽出すると、以下の通りである。執筆者は筆者である。

- イエズス会の日本宣教
- キリシタンの信仰生活と南蛮文化
- 禁教政策と潜伏キリシタン
- キリシタンの復活とカクレキリシタン
- キリスト教各派の宣教活動
- キリスト教の社会活動
- 植民地化、戦時体制下のキリスト教
- 戦後民主主義社会におけるキリスト教
- 転換期に立つキリスト教
- コラム「天皇制確立期とキリスト教」

二つのキリスト教史を目次で見る限り、その枠組みに大きな変化はない。いずれも、折々の政治状況とそれに対応するキリスト教の組織と活動内容で輪郭を作っている。要するに日本キリスト教史の枠組みは社会的出来事の中にキリスト教を把え、史料批判を経た後にキリスト教神学と社会科学的方法による分析を加え叙述している。

舘浦黒田家所蔵お掛け絵「受胎告知」
提供：黒田賀久

二　近年のキリスト教史叙述の特色

枠組みに認められなかった変化とは対照的に、『教史2』に掲載された図像は従来にはなかった新しい傾向を示している。

五つの図像は工芸品（葡萄蒔絵螺旋錠聖餅箱）、絵画（お掛け絵「受胎告知」、「基地のキリスト」）、建築物（石の会堂、カトリック町田教会）に分類できる。これらはキリスト教の文化的表現であり、制作過程において歴史を生きた人々の祈りが込められている。すなわち近代の日本キリスト教史は歴史に人間の息吹を吹き込もうとし、叙述方法として文化的表現を用いるのである。

おわりに

キリスト教を社会との関わりから捉え史料を分析したうえで、キリスト教神学と社会学的方法によって考察する方法は、土肥昭夫『日本プロテスタント史』に顕著であった。このような手法は今日も日本キリスト教史研究を基礎付けている。その上で竹中正夫『美と真実』が示していたように、キリスト教に触発された魂の発露を歴史の中に組み入れる。このようにして、日本キリスト教史は構造と内容において歴史に即した叙述となる。

『西南学院百年史』編纂事業が現代のキリスト教史研究から多くを学び、優れた構造と内容を持つ百年史となることを期待されている。

注

(1) 西南学院学院史企画委員会編『西南学院七十年史　上巻・下巻』一九八六

(2) 土肥昭夫『日本プロテスタント・キリスト教史』新教出版社、一九八〇

(3) 土肥昭夫『内村鑑三』日本基督教団出版局、一九六二。土肥はその後も内村への関心を持ち続け、日本キリスト教史研究に位置づけた論考を発表している。

(4) 土肥昭夫『日本プロテスタント教会の成立と展開』日本基督教団出版局、一九七五

(5) 土肥昭夫『京のある教会の歩み――京南・京北教会史――』京北教会、一九八四

(6) 土肥昭夫『日本プロテスタント・キリスト教史論』教文館、一九八七

(7) 土肥昭夫『歴史の証言――日本プロテスタント・キリスト教史より――』教文館、二〇〇四

(8) 土肥昭夫『思想の社――日本プロテスタント・キリスト教史より――』新教出版社、二〇〇六

(9) 参照、塩野和夫「現代歴史神学の意義――土肥昭夫の場合――」(『日本組合基督教会史研究序説』八八－九二頁)

(10) 竹中正夫『美と真実――近代日本の美術とキリスト教――』新教出版社、二〇〇六

(11) 竹中正夫『倉敷の文化とキリスト教』日本基督教団出版局、一九七九

(12) 竹中正夫『天寵の旅人――画家宮芳平の生涯と作品――』ＹＭＣＡ出版、一九七九

(13) 竹中正夫『良寛とキリスト――大宮季貞の生涯をたどって――』考古堂書店、一九九六

(14) 竹中正夫『和服のキリスト者――木月道人遊行記――』日本基督教団出版局、二〇〇一

(15) 竹中正夫『ゆくてはるかに――神戸女子神学校物語――』教文館、二〇〇〇
(16)「はじめに」(『美と真実――近代日本の美術とキリスト教――』九－一四頁)
(17)『日本宗教史Ⅱ』山川出版社、一九七七
(18)『キリスト教の歴史2』山川出版社、二〇〇九

第二部　キリスト教教育の継承

——村上寅次『波多野培根伝』の研究——

私学西南学院の拠って立つ存在理由とは何であろうか。

「第一部　西南学院史研究」は、これについていくつかの角度から研究していた。たとえば、「第一章　西南学院の教育者群像――「与える幸い」を継承した人たち――」は西南学院を特色づけてきたキリスト教の教育精神を教育者を中心に研究していた。「第三章　西南学院百年史編纂事業の本質――建学の精神を継承する事業――」は建学の精神を取り上げ、それが編纂事業において持つ可能性を検討した。このように第一部はすでに、学院史の底流に存在するキリスト教教育の精神性に触れていた。それにもかかわらず、なぜ第一部に対応する名称は副題になるのであろうか。

初めに本書を構想した際に、対象としていたのは第一部だけである。それであれば現在の副題を題目として差し障りがなかった。ところが、第一部は学院の存在理由であるキリスト教教育についての研究成果であった。つまり、学院史の根幹にある「そのもの」の研究ではなかった。言ってみれば預言者のように使信の中心にあるものを示しながら、第一部はそれ自身ではありえなかった。そのために第一部に対応する「西南学院創立百周年に寄せて」を副題とした。同時に、本書の中心に置くべき研究成果とそれにふさわしい題目を求めざるを得なくなった。

そこで注目したのが、「村上寅次『波多野培根伝』の研究」である。村上寅次がまとめた『波多野培根伝』（四巻）は、西南学院における波多野の教育活動を研究対象としていた。しかも、村上は波多野の教え子であり、彼も生涯をかけて西南学院で教えた。したがって、「村上寅次『波多野培根伝』の研究」は、西南学院において波多野から村上へと継承されたキリスト教教育の全体像を浮き彫りにする。そこで、これを「第二部　キリスト教教育の継承――村上寅次『波多野培根伝』の研究――」に置いた。本書のタイトルも「継承されるキリスト教教育」とした。

第一章　村上寅次『波多野培根伝』稿本の文献研究

はじめに

村上用箋（一枚二百字）一、二五四枚に直筆で書かれた村上寅次[1]『波多野培根伝』（以下、村上『波多野伝』稿本と記す）が、製本されて四巻で保存されている。目次は次の通りである。ところで、それぞれの巻を目次では部としている。すなわち、第一巻は第一部、第二巻は第二部、第三巻は第三部、第四巻は第四部である[2]。なお、部には題目がないので、便宜的に内容に対応した名称を（　）内に記しておいた[3]。

第一部（思想の形成）

一、戦国武将の裔

二、藩儒の家

三、少年期の環境

四、澤潟塾の教育
五、同志社へ
六、新島襄と創業期の同志社
七、同志社学生生活（一）
八、同志社学生生活（二）[4]

第二部（天職を求めて）

一〇、予備学校教師時代
一一、遍歴（一）
一二、遍歴（二）
一三、同志社に帰る
一四、Bonus Pastor
一五、自由主義
一六、増野悦興の死

第三部（新島襄の教育精神継承と同志社辞職）

一七、同志社大学設立運動
一八、「続同志社大学設立趣意書」
一九、自由と規律
二〇、紛擾の予兆

二一、カーライルへの傾倒
二二、紛擾（一）
二三、紛擾（二）同志社辞職

第四部（西南学院における日々）

二四、辞職後の日々
二五、柏木義円と「上毛教界月報」
二六、原田総長の退任
二七、愚公移山への決意
二八、バプテスト文書伝道への協力
二九、その後の同志社、海老名総長の就任
三〇、西南学院へ
三一、斯文会－独逸語研究会
三二、海老名総長との対決
三三、水町事件
三四、日曜日問題とドージャー院長排斥事件
三五、ボールデン院長留任事件

村上『波多野伝』稿本には「序」や「あとがき」がない。したがって、著者の執筆意図や目的を稿本から知ることはできない。奥付もないため執筆年さえ分からない。さらに、稿本について記してある文献もほとんどない。要

するに村上『波多野伝』稿本を研究する手がかりは、『勝山餘籟――波多野培根先生遺文集――』を除いて周辺にも見当たらない。このような事情を反映して百年史編纂事業が進む西南学院において、関係者にさえその存在と価値はほとんど知られていない。

そのために、村上『波多野伝』稿本の研究はそのものの検討から始めるしかない。そこで、まず稿本の綿密な分析から始めたい。次いで、それぞれの部の内容をまとめる。その上で、村上『波多野伝』稿本の執筆年・執筆の意図・研究方法などを考察する。その後に、『勝山餘籟――波多野培根先生遺文集――』における関連記事との比較検討を行なう。これらの作業によって明らかになった事柄を踏まえて、最後にキリスト教教育者波多野培根に迫る。なお、村上が執筆していた時期における西南学院史研究の中に培根を置き、稿本の意味を考察する作業が残っている。この課題には今回手を付けることができなかった。

ところで、村上『波多野伝』稿本をそれ自体から研究するに際し、どこに手がかりを求めればよいのだろうか。稿本の基本的な性格は波多野培根の伝記である。したがって、各部は折々における培根の思想と行動を中核として描き出している。しかし、稿本の内容はそれだけでは説明できない。たとえば、「第一部　思想の形成」[5]で村上は近代日本における教育史を山口県の場合を中心に検討し、その中に培根を置いている。同じことが第二部・第三部・第四部でもいえる。つまり、彼が思想し行動した場を綿密に検討した上で、そこに培根を置き考察するのである。その際に、多くの文献や一次史料[6]（以下、一次史料を含めて作品と表記する）を用いている。ここに顕著な特質があり、学問的価値を高めている。そこで、多くの作品を駆使した研究書という性格を踏まえて、まず部ごとに使用されている作品の一覧表を作成する。その上で、それぞれの部において研究方法を検討する。これらの作業から村上『波多野伝』稿本研究の手がかりを求めたい。

第一節　「第一部　思想の形成」の文献研究

一　第一部の文献一覧

波多野培根は一八六八（明治元）年に現在の島根県津和野市に生まれた。父の波多野達枝は一八八〇（明治十三）年に漢学私塾「淡水舎」を開設したが、一八八二（明治十五）年八月に死去する。時に培根十五歳であった。翌年九月より培根は山口県岩国市にあった澤潟塾に入門する。しかし、一年半後の一八八五（明治十八）年三月に澤潟塾は閉鎖された。そこで、同年九月に京都の同志社英学校に入学し、一八九〇（明治二十三）年一月には新島襄との死別を経験した。第一部はこの間における思想形成を主要なテーマとする。

表一　「第一部　思想の形成」における作品[7]

一、**波多野培根の文献**

（一）一次史料

「磯江景亮略歴」

「波多野家略史」昭和八（一九三三）年正月

（漢詩）

「孤丘抜地」昭和十三（一九三八）年七月

「挙兵殉義」昭和十三（一九三八）年七月

「述志」昭和二十（一九四五）年五月

二、近代日本の教育史関連文献

東啓治『澤潟先生傳』東京陽明学会、明治三十四（一九〇一）年
「澤潟雑稿」（『澤潟先生全集』下巻、大正八［一九一九］年）
大岡昇「東沢潟の生涯」（『山口県地方史研究』十八号、昭和四十二［一九六七］年）
桂芳樹『東沢潟』岩国徴古館、昭和四十八（一九七三）年
海原徹「山口県の中等教育」（本山幸彦編『明治前期学校成立史』昭和四十［一九六五］年）
「旧津和野藩学制」（『日本教育史資料』第二巻、昭和四十四［一九六九］年）
『明治以降教育制度発達史』第二巻、昭和十三（一九三八）年
高野澄「養老館－津和野藩」（奈良本辰也編『日本の藩校』昭和四十五［一九七〇］年）
「島根県私塾の報告書」（『日本教育史資料』第九巻、昭和四十五［一九七〇］年）
「教育」（『岩国市史』第三部第四編、昭和四十五［一九七〇］年）
『津和野町史』第一巻、津和野町史刊行会、昭和四十五（一九七〇）年
「中国・四国の諸藩」（『物語藩史』第六巻、昭和四十［一九七〇］年）
海後宗臣『明治初年の教育』昭和四十八（一九六三）年
岡田武彦「幕末の陽明学と朱子学」（『陽明学体系』第十巻）
岡田武彦「陽明学者五子略伝」（『陽明学体系』第十一巻）
森鷗外『西周伝』（『鷗外全集』第八巻、昭和四十六［一九七一］年）
井上清『日本の歴史』中、昭和三十八（一九六三）年

三、キリスト教関連文献

（一）一次史料

「津和野日本基督教会略史」（手稿）

（二）文献

山本秀煌『日本基督教会史』昭和四（一九二九）年

山路愛山『現代日本教会史論』
山路愛山『キリスト教評論』明治三十九（一九〇六）年
工藤英一『日本社会とプロテスタント史――明治期プロテスタント史の社会経済史的研究』昭和三十四（一九五九）年
内田守編『ユーカリの実るを待って――リデルとライトの生涯――』昭和五十一（一九七六）年
青山四郎『土器と黎明』キリスト新聞社、昭和五十一（一九七六）年五月・六月号連載
岡田恒輔「増野悦興先生伝」（故増野悦興先生著、岡田恒輔編『筆華舌英』大正九［一九二〇］年）
安部磯雄「増野悦興君を憶う」（故増野悦興先生著、岡田恒輔編『筆華舌英』大正九［一九二〇］年）

四、同志社関連文献

（一）一次史料
新島襄、波多野培根宛書簡、一八八八年十一月一日
新島襄、波多野培根宛遺言、明治二十三（一八九〇）年一月二十一日
ラーネッド、波多野培根宛書簡、一九三六年九月十七日

（二）新島襄関連文献
「新島先生詳年譜」昭和三十四（一九五九）年
和田洋一『新島襄』（人と思想シリーズ）昭和四十九（一九七四）年
渡辺実『新島襄』昭和三十四（一九五九）年
『新島先生書簡集』岩波文庫、昭和二十九（一九五四）年
池本吉治編『新島先生就眠始末』明治二十三（一八九〇）年
安部磯雄「其時代の先生と学生生活」（『新島記念集』昭和十五［一九四〇］年）
波多野培根「新島先生の生涯の意義」（『新島記念集』昭和十五［一九四〇］年）

（三）同志社関連文献
『同志社五十年史』昭和五（一九三〇）年
手塚竜麿「同志社英学校と東京の私学」（手塚竜麿『英語史の周辺』昭和四十三［一九六八］年）

松浦政泰『同志社ローマンス』大正七（一九一八）年
『同志社九十年小史』昭和四十（一九六五）年
瀬口彰「同志社とスポーツ」（同志社百周年記念出版『日本の近代化と同志社』昭和五十［一九七五］年）
徳冨蘆花『黒い目と茶色の目』岩波文庫、大正三（一九一四）年
小崎弘道『七十年の回顧』警醒社書店、昭和二（一九二七）年
渡瀬常吉『海老名弾正先生』昭和十三（一九三八）年
住谷悦治『日本経済学の源流――ラーネッド博士の人と思想』昭和四十四（一九六九）年
住谷悦治『ラーネッド博士伝』昭和四十八（一九七三）年

五、西南学院関連

波多野培根「アルプス国民への感謝」（『西南』昭和三［一九二八］年）
波多野培根「京都同志社に就て」（『西南学院新聞』昭和十一［一九三六］年二月十五日号）
波多野培根「教育瑣言」（『西南学院新聞』昭和十一［一九三六］年五月）

項目ごとの作品の並べ方は、おおよその内容によって分類した上で、稿本における順序を尊重している。

二　第一部における文献の用法

波多野培根が誕生した一八六八（明治元）年から同志社を卒業する一八九〇（明治二十三）年までを対象とした第一部執筆のために、村上は多岐にわたる作品を用いている。これらの使用法をどのようにして考察できるのだろうか。そこで第一部が培根の思想形成に関する叙述を主要な課題としたことを踏まえ、表一と対応したいくつかの類型を考える。この作業によって提示できたのが次の四類型である。

第一類型「真情を表現する」文献

第二類型「伝記および歴史を記述する」文献
第三類型「明治・大正期の教育制度に関連する」文献
第四類型「明治・大正期の同志社を描く」文献

第一類型「真情を表現する」文献はいずれも一次史料であり、波多野培根の漢詩三編と新島襄の波多野宛書簡と遺言がこれにあたる。村上はこれらの叙述に際して多くの解説を付けない。むしろそれぞれを読み手の前に置いている。こうした手法によって読者がこれら一次史料に込められた真情に触れることを期待したと思われる。

第二類型「伝記および歴史を叙述する」文献には培根の漢詩以外の一次史料と「三、キリスト教関連文献」のほとんど、それと「四、(二) 新島襄関連文献」の多くがこれに該当する。村上はこれらから引用し参照して伝記を書き進める。たとえば、波多野家の由来を記述するために「波多野家略史」からしばしば引用している。

それに対して、第三類型「明治・大正期の教育制度に関連する」文献の場合は、引用や参考に留まらない。第三類型に属するのはいずれも「二、近代日本の教育史関連文献」である。たとえば、その中に東澤潟に関する研究文献がある。村上はこれらを用いて明治初期教育活動の中に澤潟塾を位置づけ、その特色を明らかにしている。

第四類型「明治・大正期の同志社を描く」文献も、用法としては第三類型の場合に類似する。「四、(三) 同志社関連文献」を用いて、村上は培根の人格形成に影響を与えた同志社を描く。澤潟塾の叙述においても培根の人格形成への影響を重視していた。

第二節　「第二部　天職を求めて」の文献研究

一　第二部の文献一覧

一八九〇（明治二十三）年六月に同志社普通学部を卒業した波多野培根は、同年九月より同志社予備校の教師となった。培根二十三歳のときである。しかし二年足らずで伝道への志を立てると同志社を退職した。こうして、一八九二（明治二十五）年八月より山形県酒田で、翌年十二月からは宮城県涌谷で、一八九四（明治二十七）年にはしばらく仙台に滞在した後に福島県白河町で伝道活動に従事した。一八九五（明治二十八）年三月に宮城教会伝道師に就任すると丸山貞と結婚し、津和野から母と弟を呼び寄せている。ところが一八九六（明治二十九）年十二月に宮城教会を辞任すると伝道界を退き、教育界に移っている。すなわち、一八九七（明治三十）年一月から仙台の尚絅女学校で、翌年四月からは北海道の函館中学校で、一九〇一（明治三十四）年四月からは奈良県の畝傍中学校で教えている。なおこの間、妻の貞が一八九八年に死去する。一九〇一年に藤田貞子と再婚している。やがて培根三十七歳のとき、一九〇四（明治三十七）年九月に同志社普通学校の教員として復帰すると同志社の教育に邁進した。一九〇七（明治四十）年一月に同志社社長として原田助を迎えている。伝道界と学校を転々とした動機として、天職を求めずにおれなかった培根の心情が考えられる。

表二　「第二部　天職を求めて」における作品

一、波多野培根の文献

（一）一次史料

（覚書）

「同志社勤務控」明治二十五（一八九二）年六月

「(Evangelist)」明治二十五（一八九二）年頃

「五年間の沈黙」明治三十八（一九〇五）年

（書簡）

河野貞幹宛書簡、昭和二十（一九四五）年六月十二日

（提出書類）

「明治三十八年九月以来、力ヲ尽シテ矯正整理シタル点」明治四十（一九〇七）年頃

「同志社普通学校整理案　第一号」明治四十（一九〇七）年二月二十五日

「整理案　第二号」明治四十（一九〇七）年七月八日

「犯則ニ対スル制裁」明治四十一（一九〇八）年七月二十九日

（二）著作

『眞道指鉄』大阪・福音社、明治二十六（一八九三）年

（三）論説

「『韓国合併』を報ぜる新聞の号外を読みて、平素、強く之を主張せる某氏へ」明治四十三（一九一〇）年八月二十三日

「同志社普通部の回顧十年」（『同志社時報』六六号、明治四十三［一九一〇］年）

「（再び母校に帰りし）」（『同志社時報』九四号、大正元［一九一二］年十二月二十五日）

「ラルネド老博士を送る」昭和三（一九二八）年

（四）その他

吉岡義睦「（波多野先生）」明治四十四（一九一一）年頃

本多虎雄「波多野先生の思い出」（『同志社時報』八八号、昭和三十七［一九六二］年）
加藤延雄「波多野培根」（『同志社時報』二二号、昭和四十一［一九六六］年）

二、近代日本の教育史関連文献

海老名弾正「日韓合同論」（『新人』五巻八号、明治三十七［一九〇四］年）
海老名弾正「国民教育主義の発展」（『新人』六巻五号、明治三十八［一九〇五］年）
海老名弾正「韓国の教育方針」（『新人』六巻五号、明治三十八［一九〇五］年）
海老名弾正「日韓合併論を視す」（『新人』一一巻九号、明治四十三［一九一〇］年）
山辺健太郎『日韓併合小史』岩波新書、昭和四十一（一九六六）年
土肥昭夫「海老名弾正－思想と行動」（和田洋一編『同志社の思想家たち』昭和四十［一九六五］年）
大久保利謙『日本の大学』昭和十八（一九四三）年

三、キリスト教関連文献

（一）一次史料

「津和野基督教会略史」
ブゼル、波多野宛書簡、明治三十一（一八九八）年四月二日
岸本能武太、波多野宛書簡、明治三十四（一九〇一）年一月十日

（二）文献

増野悦興『英国清教徒記事』大阪・福音館、明治二十二（一八八九）年
増野悦興『教理講要』第一集、明治二十七（一八九五）年
増野悦興『清教徒の英傑ビーチョル伝』東京警醒社、明治二十九（一八九六）年
中島徳蔵「雷軒増野悦興君小伝」（『丁酉倫理講演集』明治四十四［一九一一］年、所収）
岸本能武太「増野悦興君を弔す」（『丁酉倫理講演集』明治四十四［一九一一］年、所収）
竹越三叉「読画楼閑話」（『日本新聞』明治四十四［一九一一］年十月二十四日号）
故増野悦興先生著、岡田恒輔編『筆華舌英』大正九（一九二〇）年

岡田恒輔「増野悦興先生伝」（故増野悦興先生著、岡田恒輔編『筆華舌英』大正九［一九二〇］年）

安部磯雄「増野悦興君を憶う」（故増野悦興先生著、岡田恒輔編『筆華舌英』大正九［一九二〇］年）

『霊南坂基督教会略史』大正六（一九一七）年

増野肇「キリスト教ユニバーサリストの渡来」（『早稲田大学商学』二三二号、昭和四十七［一九七二］年）

増野肇「新神学の消長」（『早稲田大学商学』二三七号、昭和四十八［一九七三］年）

徳永規矩『逆境の恩寵』大正十三（一九二四）年

徳冨蘆花『竹崎順子』大正十二（一九二三）年

中野好夫『蘆花徳冨健次郎』昭和四十七（一九七二）年

海老名弾正「聖書の戦争主義」（『新人』五巻四号、明治三十七［一九〇四］年）

山本泰次郎訳補『内村鑑三、ベルにおくった自叙伝的書簡』

小沢三郎『内村鑑三不敬事件』新教出版社、昭和三十六（一九六一）年

『尚絅七十年史』昭和三十七（一九六二）年

土肥昭夫『日本プロテスタント・キリスト教史』昭和五十五（一九八〇）年

四、同志社関連文献

（一）一次史料

「同志社明治二十四年度報告」（『同志社九十年小史』昭和四十［一九六五］年）

大塚節治「覚書」明治三十八（一九〇五）年十月十二日

原田助「日記」明治三十八（一九〇五）年七月二十五日、明治三十九（一九〇六）年十月二十三日（『原田助遺集』）

（二）同志社関連文献

海老名弾正「同志社は果たして存在の価値ありや」（『新人』六巻七号、明治三十八［一九〇五］年）

品川義助『野人野語』昭和四（一九二九）年

大隈重信「現代国民の覚悟」（『同志社時報』明治四十三［一九一〇］年）

石川芳次郎「私の学生時代」（『同志社時報』四七号、昭和三十七［一九六二］年）

『同志社九十年小史』昭和四十（一九六五）年

『同志社百年史　通史編』昭和五十四（一九七九）年

（四）関連文献

小崎弘道『七十年の回顧』警醒社書店、昭和二（一九二七）年

渡瀬常吉『海老名弾正先生』昭和十三（一九三八）年

柏木義円「海老名先生と私」（伊谷隆一編『柏木義円集』第二巻、未来社、昭和四十五［一九七〇］年）

武田清子「柏木義円の臣民教育批判」（『人間観の相克』弘文堂、昭和三十四［一九五九］年）

伊谷隆一『非戦の思想』紀伊國屋書店、昭和四十二（一九六七）年

笠原芳光「柏木義円」（和田洋一編『同志社の思想家たち』同志社大学生協出版部、昭和四十［一九六五］年）

高橋虔「日本組合基督教会年表（三）」（同志社大学人文科学研究所編『キリスト教社会問題研究』二十号、昭和四十九［一九七四］年）

『原田助遺集』昭和四十六（一九七一）年

二　第二部における文献の用法

第二部における用法も四種類に大別できる。ただし、第一部にあった第三類型「明治・大正期の教育制度に関連する」文献はない。それに代わって第五類型「主張を訴える」文献が認められる。したがって、第二部における用法の四類型は次の通りである。

第一類型「真情を表現する」文献

第二類型「伝記および歴史を記述する」文献

第四類型「明治・大正期の同志社を描く」文献

第五類型「主張を訴える」文献

第一類型「真情を表現する」文献には、培根による「一、波多野培根の文献（一）一次史料」から「Evangelist」「五年間の沈黙」、「一、（三）論説」から「ラルネド老博士を送る」と「三、キリスト教関連文献（一）一次史料」の「ブゼル、波多野宛書簡」がある。村上はこれらの場合でも多くの説明を付けていない。

第二類型「伝記および歴史を記述する」文献は多くなっている。すなわち、人物では「一、（四）その他」で波多野培根、「二、近代日本の教育史関連文献」で海老名弾正、「三、（二）文献」で増野悦興・徳永規矩・竹崎順子・徳冨健次郎・内村鑑三、「四、同志社関連文献（四）関連文献」で柏木義円を取り上げている。歴史記述としては「二、」で日韓併合、「三、（二）」で津和野教会略史、「三、（二）」で霊南坂教会略史と内村鑑三不敬事件を扱っている。第二部の場合、第二類型の多くは第五類型「主張を訴える」文献の背景を説明している。

第四類型「明治・大正期の同志社を描く」文献のほとんどは、「四、同志社関連文献（三）同志社関連文献」と「四、（四）」にある。これらも第五類型で取り上げる論争の背景を描き出している。

したがって、第二部において緊張感を込めて扱っているのは第五類型「主張を訴える」文献である。取り上げた主張はいずれも対立する立場を前提している。まず、社会的出来事において「主張を訴える」文献である。日韓併合に賛成し推進する立場から「二、」に海老名の四本の論説を置いている。これに反対する立場からは「一、（三）」における波多野、「四、（四）」における柏木の論説を対峙させている。戦争に関しては必要性を認める立場から「三、（二）」で海老名「聖書の戦争主義」を、反対する立場から「四、（四）」で武田「柏木義円の臣民教育批判」や伊谷『非戦の思想』を取り上げている。同志社の教育行政に関しては「一、（二）」で培根の方針と実践を彼の一次史料を使って克明に記している。培根はこれらの立場から原田助や海老名弾正と対立していくことになった。

村上が第二部で用いた作品と使用法を検証すると、第五類型の重要性は明らかである。この事実は何を意味するのか。長い探究の後に培根は天職を生きる場として同志社の教育現場に辿りついた。しかし、天職を生きる場は安住の地を意味しなかった。むしろ幾重にも重なりあう対立の間をぬって、培根は天職を生きたのである。

第三節　「第三部　新島襄の教育精神継承と同志社辞職」の文献研究

一　第三部の文献一覧

原田助が同志社社長に就任した一九〇七（明治四十）年頃から、専門学校令による大学昇格を目指す運動が内外で盛んになる。文部省より一九一二（明治四十五）年二月二十四日付で認可を受け専門学校と神学校を合併して同志社大学と改称した同志社は、五月二十日に大学開学式を行った。原田助が大学学長を兼務する。大学昇格運動が高揚する中で、波多野培根は拙速な大学開設の動きに反対した。普通学部の充実強化が当面の課題であり、その上に同志社大学は開設されるべきであった。ところで、大学開設後、原田社長の指導力に対する批判が高まる。これを受けて原田は一九一七（大正六）年九月に開催された理事会に辞表を提出した。辞表を受け一九一八（大正七）年一月に開いた理事会は、原田社長の留任を決議する。一連の騒動の中で培根は同年一月三十一日付で同志社を退職する。

表三　「第三部　新島襄の教育精神継承と同志社辞職」における作品

一、**波多野培根の文献**

（一）一次史料

（漢詩）

「書懐」明治四十二（一九〇九）年十一月

「（欲披棒奔）」大正七（一九一八）年一月十五日

「（望明楼外）」大正七（一九一八）年一月二十三日

（書簡）

「浦口文治宛書簡」明治四十三（一九一〇）年二月二十八日

（覚書）

「同志社普通学部の整理（完成）」大正二（一九一三）年十一月十八日

（日記）

「無迹庵日誌」大正六（一九一七）年二月五日・八月十一日・十二月二十日・二十一日・二十二日・二十三日・三十日・三十一日、大正七（一九一八）年一月六日・十一日・十二日・十五日・十六日・二十三日・二月五日・七日・九日・十二日

（二）論説

「附記」明治四十二（一九〇九）年八月十四日

「同志社創立ノ二大主張」明治四十二（一九〇九）年

「同志社普通学部の回顧十年」（『同志社時報』六六号、明治四十三［一九一〇］年十一月十八日）

「続同志社大学設立趣意書」（『同志社時報』一〇三号、大正二（一九一三）年十月二十五日）

「四十而不迷」（『同志社時報』一〇九号、大正三（一九一四）年四月二十日）

「因信而望有」（『同志社時報』一二〇号、大正四（一九一五）年五月一日）

「大正六七年同志社紛擾顛末」大正七（一九一八）年八月二十七日

「宣言」大正七（一九一八）年二月十日

「余の辞職の理由」大正七（一九一八）年

(三) その他

本多虎雄「波多野先生の思い出」（『同志社時報』八八号、昭和三十七［一九六二］年）

二、近代日本の教育史関連文献

大久保利謙『日本の大学』昭和十八（一九四三）年

四、同志社関連文献

(一) 一次史料

原田助「日記」明治四十三（一九一〇）年四月十二日、明治四十四（一九一一）年四月二十日（『原田助遺集』昭和四十六［一九七一］年）

(三) 同志社関連文献

原田助「社長辞任問題に関する理事会の経過と希望」（『同志社時報』一五〇号、大正七［一九一八］年二月一日）

「(定期理事会)」（『同志社時報』大正七［一九一八］年二月）

小崎弘道『七十年の回顧』警醒社書店、昭和二（一九二七）年

荒木智夫「大正初期の同志社普通部点描」（『同志社時報』八八号、昭和三十七［一九六二］年十一月）

大塚節治「大学開設運動における二三のピーク」（『同志社時報』十六号、昭和四十［一九六五］年）

田中良一「同志社初期の学風」（住谷悦治編『日本におけるキリスト教と社会問題』）

『同志社九十年小史』昭和四十（一九六五）年

『同志社百年史　通史編』昭和五十四（一九七九）年

五、西南学院関連文献

波多野培根「アブラハムと星の教訓」（『バプテスト』一〇三号、昭和十三［一九三八］年十二月一日）

波多野培根「トマス・カーライルの英雄崇拝論に就て」（西南学院高等学校チャペル講演、昭和十五［一九四〇］年四月十八日）

二　第三部における文献の用法

第三部における作品は五種類に分類できる。ただし類型によって頻度は大きく異なる。五類型は次の通りである。

第一類型「真情を表現する」文献
第二類型「伝記および歴史を記述する」文献
第三類型「明治・大正期の教育制度に関連する」文献
第四類型「明治・大正期の同志社を描く」文献
第五類型「主張を訴える」文献

第一類型「真情を表現する」文献は直接には「一、波多野培根の文献（一）一次資料」にある漢詩三編である。培根は折々に漢詩を創作して自らの真情を表現した。村上はこの事実を重んじて彼を理解するために多くの漢詩を適切な箇所に置いている。

第二類型「伝記および歴史を記述する」文献は多い。それらのほとんどは一九一七－一八年に起こった同志社の紛争に関連している。これに関して波多野側文献として「一、(二)」の「日記」、「一、(二) 論説」の「同志社普通学部の回顧十年」「大正六七年同志社紛擾顚末」がある。原田側の文献として「四、同志社関連文献（一）一次史料」にある原田「日記」、「四、(三) 同志社関連文献」の原田「社長辞任問題に関する理事会の経過と希望」がある。いずれの立場にも属さないものに「一、(三) その他」の本多「波多野先生の思い出」、「四、(三)」の「(定期理事会)」、小崎『七十年の回顧』がある。このように村上は歴史的出来事を叙述する際に一方に偏した作品への偏りを避け、客観的な記述を心がけている。

第三類型「明治・大正期の教育制度に関連する」文献は「二、近代日本の教育史関連文献」の一冊だけである。大久保『日本の大学』は専門学校令による私立学校の大学が認可されていく過程を記している。

第四類型「明治・大正期の同志社を描く」文献も多くはない。同志社を直接扱っているのは、いずれも「四、(三)」に属する荒木「大正初期の同志社普通部点描」、大塚「大学開設運動における二三のピーク」、田中「同志社初期の学風」の三本である。これらは内容的には第二類型と重なっている。

第二類型と並んで多いのが第五類型「主張を訴える」文献である。これに属するのは、「一、(一)」の(書簡)「浦口文治宛書簡」、(覚書)「同志社普通学部の整理(完成)」、「一、(二)」の「附記」「同志社創立ノ二大主張」「続同志社大学設立趣意書」「四十而不迷」「因信而望有」「宣言」「余の辞職の理由」であり、いずれも培根による作品である。それに対して、大学昇格を推進した側の文献はない。客観的な記述を心がけてきた村上がこのように一方的な文献だけを並べることはなかった。したがって、第三部の第五類型において明らかに従来とは違った並べ方をしている。

第三部で多かった作品は、第二類型「伝記および歴史を記述する」文献と第五類型「主張を訴える」文献である。これらはいずれも同志社における一九一八－一九年の紛争を背景にしていた。これに関して村上は第二類型による叙述では波多野側・原田側・中間的立場の文献を用いて、複眼的視点から捉え客観性を確保していた。それに対して第五類型の場合では、一方的に波多野側の主張だけを取り上げている。これまでの方針を変更して、なぜこのような叙述を試みたのか。それは稿本が波多野の伝記であるという短絡的な理由によるのではないだろう。そうではなく、同志社紛争時における培根の主張には一貫した教育精神が内在している。この精神性が「第四部　西南学院における日々」においても教育者波多野に内在し展開した。したがって、培根の主張の底流にある精神性を理解しないことにはその後の展開を理解することもできない。あえて、一方的な叙述になることも承知の上で、村上が第五類型では培根だけを取り上げた一つの理由はここにあると考えられる。

第四節　「第四部　西南学院における日々」の文献研究

一　第四部の文献一覧

同志社を辞職した波多野培根は五十歳になっていた。しばらく静養して「静思及び読書」の時を過ごし、「余が辞職の理由」の印刷配布などしながら進むべき道を考えた。この頃、柏木義円は『上毛教界月報』で同志社における原田助社長の責任を問い、原田は一九一九（大正八）年一月十七日に辞任した。将来は「通俗的基督教文学の普及」に努めようと考えていた培根に、南部バプテスト連盟の宣教師ワーンから要請が来る。そこで、一九一九（大正八）年九月に下関に移り福音書店の出版事業を応援する。一九二〇（大正九）年九月には西南学院に教師として赴任した。それ以来、生徒の寄宿舎に住み生活を共にしながら、培根は教育と研究に打ち込む日々を続けた。この間役職には就かなかったが、生徒教師からの人望は厚く日曜日問題などの難局にあたっては重要な役割を担った。

表四　「第四部　西南学院における日々」における作品

一、波多野培根の文献

（一）一次史料

（日記）

「無迹庵日誌」大正七（一九一八）年三月末頃・四月二十七日・五月四日・十一月十二日・十二月十九日、大正十五（一九二六）年七月二十三日・七月二十五日、昭和五（一九三〇）年三月・六月八日・六月十一日・七月九日・九月十五日、昭和六（一九三一）年五月十一日、昭和七（一九三二）年五月三日・六月二十四日・六月二十五日・六月二十六日・七月一日、昭和七（一九三二）年一月十七日・三月九日

（記録・メモ）

「メモ」大正七（一九一八）年五月二十七日

「研究題目」大正八（一九一九）年三月三十一日

「余の今後の大目的」大正八（一九一九）年五月五日

「三事」大正十四（一九二五）年九月二十八日

「覚書」昭和二（一九二七）年九月六日

「斯文会記録」大正十一（一九二二）年‐昭和七（一九三二）年

「所感」昭和六（一九三一）年六月十九日

「道学及び其精神」昭和六（一九三一）年八月二十九日

「覚書」昭和七（一九三二）年

（漢詩）

「贈　浅野君」大正七（一九一八）年十二月二日

「(暗霧濛々)」大正七（一九一八）年十一月十六日

「憶同志」大正八（一九一九）年二月十三日

「偶成（一）」大正八（一九一九）年二月九日

「(黒白多顛倒)」大正八（一九一九）年二月二十二日

「立志書懐」大正八（一九一九）年三月七日
「探春二種（一）」大正八（一九一九）年三月九日
「探春二種（二）」大正八（一九一九）年三月九日
「（逍遥名利外）」大正八（一九一九）年三月九日
「題北山愚公移山図」大正八（一九一九）年三月
「書懐（一）」大正八（一九一九）年三月十三日
「書懐（二）」大正八（一九一九）年三月十三日
「（弘文開世務）」大正八（一九一九）年五月五日
「入　下関（一）」大正八（一九一九）年十二月
「入　下関（二）」大正八（一九一九）年十二月
「壇浦所見」大正八（一九一九）年十二月
「師教」大正九（一九二〇）年一月二十三日
「聞海老名某同志社総長就任之報」大正九（一九二〇）年三月八日
「偶成（二）」大正十三（一九二四）年六月二十日
「偶成（三）」大正十三（一九二四）年九月二十八日
「偶成（四）」大正十四（一九二五）年五月五日
（書簡）
加藤延年宛書簡、大正八（一九一九）年九月二十一日
ワーン夫人宛書簡、一九三六年十二月九日

（二）著作

波多野培根先生遺文集刊行会編『勝山餘籟――波多野培根先生遺文集――』昭和五十二（一九七七）年十二月十七日

（三）論説

「来朝前のデビス先生」（『同志社時報』大正六［一九一七］年十月一日）

「一周年に際して湯浅治朗翁を憶ふ」（『上毛教界月報』二五号、昭和八［一九二八］年六月二十日）

三、キリスト教関連文献

栗原基『ブゼル先生伝』昭和十五（一九四〇）年

栗原基「ウオズウオスの宗教思想」（講演）大正三（一九一四）年五月

栗原基「英文学に就て」（講演）大正六（一九一七）年五月

四、同志社関連文献

(三) 同志社関連

柏木義円「同志社々長たり組合教会理事たる原田助君に与ふる書」（『上毛教界月報』二三七号、大正七［一九一八］年八月十五日）

柏木義円「原田助君に与ふる第二公開状」（『上毛教界月報』二三八号、大正七［一九一八］年九月二十六日）

柏木義円「敢て同志社理事諸氏に訴ふ」（『上毛教界月報』二三九号、大正七［一九一八］年十月十五日）

柏木義円「再び原田助君に」（『上毛教界月報』二三九号、大正七［一九一八］年十月十五日）

海老名弾正「総長就任の辞」大正九（一九二〇）年四月十六日

『同志社五十年史』大正十五（一九二五）年

『同志社九十年小史』昭和四十（一九六五）年

『同志社百年史　通史編』昭和五十四（一九七九）年

五、西南学院関連文献

(一) 一次史料

波多野培根、C・K・ドージャー宛書簡、昭和二（一九二七）年四月二日

理事会「理事会の回答」昭和三（一九二八）年二月十七日

理事会「神学生に手渡す文書」昭和三（一九二八）年二月十七日

波多野培根「覚書」昭和三（一九二八）年二月

C・K・ドージャー「日記」昭和四（一九二九）年六月二十日

理事会「理事会記録」昭和四（一九二九）年十二月

波多野培根「理由書」昭和五（一九三〇）年五月
学生大会「学生大会の決議書」昭和七（一九三二）年六月
学生大会「聲明書」昭和七（一九三二）年六月二十一日
波多野培根「ボールデン院長留任紛擾事件」昭和七（一九三二）年
波多野培根「ボルデン院長留任問題に対する教師一同の立場」昭和七（一九三二）年六月三十日
波多野培根「日曜日競技許否の問題に関する教師一般の意見」昭和七（一九三二）年七月
波多野培根「予が十六年間勤続中聊か西南学院のために盡くしたりと思う点」昭和十一（一九三六）年五月十一日

（二）論説

波多野培根「健全なる学風の養成」（『中学部学友会会報』四号）大正十（一九二一）年七月
三串一士「痛ましい思い出」（第一部）（『西南学院大学広報』二七号、昭和四十九［一九七四］年二月六日）
伊藤祐之『忘れ得ぬ人びと』
西南学院学院史企画委員会『西南学院七十年史　上巻』昭和六十一（一九八五）年四月十一日

二　第四部における文献の用法

第四部における文献の種類と用法には、第三部までと比べると顕著な違いがある。まず一次史料が非常に多くなっている。用法は三種類の類型に限定されている。このような特色にはいくつかの理由があると思われる。三類型は次の通りである。

第一類型「真情を表現する」文献
第二類型「伝記および歴史を記述する」文献

第五類型「主張を訴える」文献

第一類型の「真情を表現する」文献は、「一、波多野培根の文献（一）一次史料」におけるほとんどと「五、西南学院関連文献（一）一次史料」にある波多野「ドージャー宛書簡」、ドージャー「日記」、波多野「予が十六年間勤続中聊か西南学院のために盡くしたりと思う点」、「五、（二）論説」にある波多野「健全なる学風の養成」がある。培根の一次史料は二種類に大別できる。（漢詩）の多くは折々の彼の真情そのものを表現している。それに対して（記録・メモ）は直接には培根による記録や計画であるが、そこから彼の人柄や性格さらに真情さえも窺われる。村上は「第四部　西南学院における日々」では、培根の一次史料を多く用い彼自身の言葉でその実像に迫っている。

第二類型「伝記および歴史を記述する」文献で重要なのは、「五、（一）」における「理事会の回答」、「神学生に手渡す文書」、波多野「覚書」、「学生大会の決議書」、「聲明書」、波多野「ボールデン院長留任紛擾事件」と「五、（二）」にある三串「痛ましい思い出」である。これらはいずれも日曜日問題を扱っていて、理事会側・学生側・間に立つ培根による一次史料である。

第五類型「主張を訴える」文献は「四、同志社関連文献（三）同志社関連」における柏木の四本の論説と「五、（一）」にある波多野「ボルデン院長留任問題に対する教師一同の立場」、波多野「日曜日競技許否の問題に関する教師一般の意見」である。柏木の主張に関しては、背景を『同志社五十年史』などで述べているものの、批判者の側から一方的に叙述している。同様に日曜日問題の全体像は「五、（一）」によって明らかにしているが、それに関する主張は培根のものだけを扱っている。要するに日曜日問題についても一方の意見に片寄っている。

村上『波多野伝』稿本で第四部の文献とその用法に際立った特色がある。一次史料の多さという特色は波多野の伝記という性格から生じたのかもしれない。しかしたとえば第一部と比べると文献の使い方に未整理な印象をぬぐえない。時間的な制約が推測される。さらに同志社紛擾における柏木にしても日曜日問題に対する培根にしても、一方的な主張の記述となっていて客観的な叙述を重んじたそれまでの手法とは明らかに違っている。

注

（1）村上寅次（一九一三－一九九六）西南学院短期大学部助教授・西南学院大学教授を務めた後、西南学院大学長・西南学院院長・西南学院理事長を歴任した。

（2）それぞれの部には題目がない。内容にしても部ごとにまとまっているとは必ずしもいえない。したがって、全体をほぼ四等分した上で、第一部・第二部・第三部・第四部としたのかもしれない。ただし、内容に即してタイトルを付けるとすると、次のようになる。以下、本書ではこのタイトルを使用する。

第一部　思想の形成
第二部　天職を求めて
第三部　新島襄の教育精神継承と同志社辞職
第四部　西南学院における日々

（3）漢詩や論説で標題が分からない場合がある。このような場合でも初めにある言葉などによって仮標題をつけた。その際に仮標題には括弧を付けた。

（4）村上『波多野伝』稿本の目次には「九」が欠けている。そこで、この目次にも「九」は欠落したままにしている。

（5）各部の題目が原稿にはないため、内容に応じて付け括弧の中に入れた事実はすでに指摘した。そこで、二回目からは各部タイトルの括弧を外している。

（6）自筆史料やそれに準じるものを一次史料とした。それに対して印刷された論説や分担執筆、著作などは文献とした。

（7）本文では西暦に基づく年号を主として用い必要に応じて元号による年を（　）内に入れた。それに対して、文献表では村上寅次の用法を尊重してまず元号で表記し、（　）内に西暦年号を入れた。

第二章　村上寅次『波多野培根伝』稿本の概説

村上『波多野伝』稿本の研究に際し、手がかりは周辺からもほとんど得られなかった。そのため、稿本そのものから始めるしかなかった。そこで最初に注目したのは、多くの一次史料と関連文献が用いられていた事実である。村上はどのような文献を使い、どのような方法を駆使して執筆したのか。このような分析を各部ごとに行ったのが、「第一章　村上寅次『波多野培根伝』稿本の文献研究」である。

ところで、稿本から取り組む基本的な研究方法がもう一つある。村上『波多野伝』稿本を概観する作業である。そこで、第二章では各部の内容を概説する。

第一節　「第一部　思想の形成」の概説

この部は八つの章から構成されているが、前半と後半で内容は異なる。すなわち、前半の四つの章では出生から始めて儒教教育で育てられる培根を叙述する。後半の四章は同志社においてキリスト教教育で思想を形成する培根を対象としている。まず前半四章を概観する。

一　儒教教育による思想形成――第一部前半――

「一、戦国武将の裔[1]」は、波多野培根「波多野家略史」を主要な史料とした波多野家の由来である。「波多野家略史」で培根が行を改めて書き入れている「勝山城の戦[2]」を引用し、村上は「培根が戦国武将として義に殉じた先祖の行蔵に感激し、その末裔であることを誇りとしていたことがうかがえる。彼はまた、生涯、筆名として『勝山学人』の号を用いている。……それが右の事蹟に由来するものであることはいうまでもない[3]」とする。さらに培根が世を去る六ヶ月前に書き残した漢詩「述志」において、「遠い戦国武将の生き方（あるいは死に方）が、彼の信仰の生涯に重なっているのをみる[4]」と言う。

「二、藩儒の家[5]」は波多野矢柄と節の間に生まれた三人の男子、達枝（一八三八年出生）・貞吉（一八四二年出生、後の増野貞吉）・景亮（一八四五年出生、後の磯江景亮）の生涯によって、培根が生まれた時代を描いている。波多野達枝は一八六〇年に津和野藩藩校の養老館で生徒の生活指導にあたる塾頭に任命される。一八六五年には井関威《みな》と結婚し、翌年に女子の強が一八六八（明治元）年には培根が生まれている。培根誕生の年に達枝は養老館の助教に昇進する。しかし、一八七一（明治四）年頃に養老館が閉鎖され、彼は社会的な活動の場を失っている。

増野貞吉は秀才で江戸に遊学し昌平学に学んだ。その後堀氏の養女と結婚し、彼女は一八六五年に悦興を生んだ。磯江景亮は一八六三年に津和野藩から京都に派遣された一〇名に選抜され、一八六六年の第二回長州征伐では津和野藩兵を率いて出兵した。

このように培根が生まれた一八六八年頃の津和野藩は時局に翻弄されており、父や二人の叔父は中国地方の小藩にあってそれぞれの生き方を探っていた。

「三、少年期の環境」[6] は父達枝や従兄増野悦興の生き方を描きながら、少年期の培根を描写している。明治政府の教育政策に基づき津和野にも小学校が設立された。培根は一八七五（明治八）年一月に広小路小学校に入学する。その頃、叔父増野貞吉は東京にいたが、悦興は津和野で祖母に預けられていた。彼は一八七七（明治十）年十二月に津和野小学校を卒業すると、翌年には山口にあった岡村圭三の私塾に入りキリスト教と出会う。そこで一八八〇（明治十三）年にキリスト教系の築地大学校に入学したが、翌年九月には同志社英学校に移っている。波多野達枝は一八七九（明治十二）年十月に島根県師範学校津和野分校の漢学教師に任命されたが、一年後に分校は廃止されて失職する。そのため一八八〇（明治十三）年七月に自宅を開放して漢学私塾「淡水舎」を設立した。このようないきさつで小学校を終えた培根は自宅で父から漢学の手ほどきを受けることになる。ところが、開塾二年目の一八八二（明治十五）年八月に達枝は突然に世を去る。

「四、澤瀉塾の教育」[7] は、明治期教育機関の中に位置づけた上で澤瀉塾で学んだ培根を扱っている。培根は「明治十六年九月（父の没翌年）十六歳の時、志を立て笈を負いて山口県周防国玖珂郡保津村の澤瀉塾に赴き東崇一先生（陽明学者）の門に入り、明治十八年三月まで在塾して漢学を修む。在塾一年半」[8]。通称を崇一といった東澤瀉（一八三二－一八九一）は一八七〇（明治三）年秋に保津村に移り、私塾「澤瀉塾」を開いた。「彼はどこまでも古い漢学塾の精神に立って気節ある国士的人物の養成をもって学舎の存在の意義と考え」、「専ら漢学教育に力を注い」だ[9]。村上は東澤瀉の教育が若い波多野培根の精神形成に影響したと考え、終生培根が好んだ語を解説している。

後年、培根は人から書を求められると、好んで明朝末期の儒学者方孝孺（方正学）の語、

国家使数十年無才智士　　国家数十年才智の士無からしむるも
国家不可一日無気節士　　国家一日も気節の士無かるべからず

を選んで記した。「人物になれ」との澤潟の教育精神は、後述する同志社における新島襄との出会いとともに、若い培根の精神形成にその痕跡をとどめたというべきであろう。[10]

二　キリスト教教育による思想形成——第一部後半——

第一部後半の四つの章は波多野培根が新島襄と同志社に関心を持つきっかけから始めて、同志社のキリスト教教育から受けた人格的影響を描いている。

「五、同志社へ」[11]は津和野に帰った培根が、約六ヶ月後の一八八五（明治十八）年九月に同志社英学校への入学を目指し津和野を発ったいきさつと理由を考察している。[12]東澤潟のキリスト教理解は「切支丹邪宗観」であった。しかし、培根は師の尊王愛国の思想を継承したが、切支丹邪宗観は受け継がなかったと村上は見る。むしろ、津和野で彼が接したのはキリスト教に好意的な周辺の雰囲気であった。一八八一（明治十四）年春に叔父増野貞吉が津和野にキリスト教伝道者を斡旋している。一八八五（明治十八）年には叔父磯江景亮夫妻が山口で洗礼を受けている。さらにこの年の七月に同志社で学ぶ増野悦興が津和野に帰省していた。培根が同志社英学校への進学を決意した直接のきっかけは悦興の熱心な勧めである。

彼は培根に会い、培根の近況を聞くとともに彼が現在学んでいる同志社英学校の充実した学習の生活や、彼が傾倒する校長新島襄の人格と思想について語り、入学を奨めた。こうして培根は、従兄の熱心な奨めに動かされて同志社において英学を学ぼうと決意した。母皆子も培根の決意に賛成し、彼の京都遊学を励ましたであろう。[13]

「六、新島襄と創業期の同志社」[14]は、新島襄の人物と培根が入学した当時の同志社を描いている。村上は山路愛山の指摘を踏まえて、「新島の特色は、『成功したる吉田松陰』として、純乎たる素質の日本武士が米国の自由・民政の精神を体得したる熱烈なる耶蘇教徒として帰朝した点である」[15]としている。一八七五（明治八）年十一月に同志社英学校を設立した新島は、「教育と伝道の二面を総合し、その二面の力を相互に補充し合うような方向に向けて」指導した[16]。一八七九（明治十二）年九月に入学した安部磯雄は当時の新島について記している。「先生は旅行其の他の故障なき限り殆んど毎日学校に出席した。学校では毎日始業前三十分を礼拝に費すことになって居たのであるが、礼拝は僅に十分位で、他の二十分は教師の修養講話に宛てられて居た。先生は殆んど教場に於て教授することはなかったけれども差支のない限り朝の礼拝には必ず出席した[17]」。卒業生の活発な活動は「独立自由の人材養成を目ざす同志社教育の成果を示すものとして、時あたかも自由民権運動の高揚の時期にあって、同志社と新島の名を広く社会に知らせることとなった[18]」。

「七、同志社学生生活（一）[19]」は、一八八五（明治十八）年九月に入学した培根の前半約二年間の学生生活を対象としている。村上は明治十八（一八八五）年の「英学校規則」にある五年間の学科課程表から次の通り記している。

> この学科課程表からうかがうことのできる第一の重点は、いうまでもなく英語の学習である。リーダー、発音から始まって文法、作文、修辞学、会話等に毎週四～五時間があてられている。現在の大学の英語学科に相当する内容である。第二の学習の重点は一般教養（リベラル・アーツ）の諸科目で、これは新島が卒業した北米マサチューセッツ州のアマースト・カレッジ（Amhurst College）の学科に準じていると考えられる。そのうち自然科学系の諸科目、とくに数学関係が相当に重視されているのが目立つ。人文関係では歴史・地理の他に経済学、政治学などが珍しい[20]。

培根が入学して四ヶ月を経た一八八五（明治十八）年十二月十七日に、新島襄は再度の欧米巡遊の旅行から帰国した。このとき同志社関係者は京都駅で彼を迎えたが、これは培根の新島を見る最初の機会となった。翌十二月十八日に同志社の校庭で礼拝堂の定礎式が執行された。新島は式辞の中で留守中に退学させられた数名の学生に触れ、彼らのために涙を流した。その場にいた来賓や生徒は新島の教育者としての真情に打たれ、感動したと伝えられている。

一八八六（明治十九）年六月二十日に、培根は寺町丸太町にあった第二教会でラーネッド博士から洗礼を受けた。その日の日記に彼は「予の悔改入信の動機となれる聖句（ガラテヤ書六章七－九）に就て」と書き込みをしている。これについて村上は分析している。

> 培根がこの個所について、新島の講義を受けたか、また、彼自身この聖句から、どのような霊的な覚醒を与えられたか、それを知ることができない。ただ、この聖句から受けることができる単純で根本的な内容は、自己を本位とする現世主義な生き方から、神を中心とする霊的な世界への転換であり、道徳的実践の究極の目標は霊的信仰によって永遠の生命に生きるという真理に外ならない。彼は少年時代から培われた儒教倫理を越え得たことを、この聖句は示している。[21]

「八、同志社学生生活（二）」[22]は、培根の同志社における三年目から卒業までの学生生活を描いている。ところで、一八八八（明治二十一）年四月から培根は英学校入学志望者に数学を教えている。一年上で数学を教えていたのが柏木義円で、このときに彼らは親しくなったと思われる。

一八八八年は新島の大学設立運動に重要な意味を持つ。この年四月十二日に京都知恩院で開いた大学設立を訴える講演会は好評を得た。四月十六日に東京に向かった新島は連日有力者に協力を求めたが、二十二日には病に倒れてしまう。十一月一日に培根は病床の新島から直筆の書状を受け取る。「学校ノ将来ヲモ御托シ置キ申度ク」内密に訪問するようにと促す内容であった。同じ日に柏木も同様の趣旨を認めた英文の手紙を受け取っていた。十一月七日に全国二十余りの新聞雑誌に発起人新島襄による「同志社大学設立の旨意」が公表される。私立大学設立を訴える趣意書のなかに次の一文がある。

一国を維持するは、決して二三英雄の力に非ず、実に一国を組織する教育あり、智識あり、品行ある人民の力に拠らざる可からず、是等の人民は一国の良心とも謂ふ可き人々なり、而して吾人は即ち此の一国の良心とも謂ふ可き人々を養成せんと欲す、[23]

村上は「同志社大学設立の旨意」が培根に与えた影響について述べている。

彼が新島の「趣意書」をどのような感激をもって読んだであろうか。それは感激というよりはさらに深い、永続的な力をもって培根の生涯に決定的な影響を残すものとなった[24]。

新島は一八九〇（明治二十三）年一月二十三日に永眠する。亡骸は一月二十四日に汽車で京都に移され、棺は京都駅から自宅まで学生に担がれて運ばれた。棺を担いだ学生の中に波多野培根もいた。葬儀をおえて間もなく新島の培根に宛てた遺言状を受け取る。このように記されていた。

同志社ノ前途ニ関シテハ兼テ談シ置タル通リナリ、
何卒将来ハ同志社ノ骨子ノ一トナリ以テ盡力セラレンコトヲ切望ス

明治二十三年一月二十一日

新島　襄[25]

第二節　「第二部　天職を求めて」の概説

この部を構成するのは七つの章である。前半の四つの章は波多野培根が同志社卒業後に天職を求めて遍歴し母校に帰って来るまでを扱っている。後半の三章は当時の培根と影響を与えた人物をテーマごとにまとめている。まず前半の四章を概説する。

一　波多野の遍歴——第二部前半——

「一〇、予備学校教師時代[26]」は、培根が同志社予備学校に勤めた頃の時代状況と彼が同志社を辞任した理由について考察している。

新島襄の死は関係者に深刻な打撃となったが、彼らの課題は設立者の精神に従って同志社を維持発展させることであった。そこで臨時社長として山本覚馬を迎え、小崎弘道が一八九〇（明治二十三）年三月に校長に就任した。また一年間であった予備学校修学年限を二年間に変更し、同志社組織内の学校として整えていくことにした。この年の六月に同志社普通学校を卒業した培根は、九月より予備学校で数学担当教師として迎えられた。予備学校主任は柏木義円である。

しかし、「日本の思想界は漸く変調を帯び来り次第に所謂保守的反動の時期に入らんとしつつ」あった[27]時期に、同志社の経営も厳しさを増していた。このときの社会状況を象徴する出来事として「内村鑑三不敬事件」（一八九一年）と「奥村禎次郎事件」（一八九二年[28]）がある。

培根は反動的な状況の中にあって同志社予備学校で教えていたが、一八九二（明治二十五）年五月三十一日付で辞任する。新島の遺言により同志社への使命を託されていた培根がなぜ辞任したのか。キリスト教伝道活動への志を表明した二つの覚書が辞任の理由を推測させる。

明治二十五年六月、伝道ノ為メ奥州ニ行ク志ヲ抱キ辞職。

'Evangelist' 大ニ感ズル所アリ、伝道ノ決心ヲ起シ強テ同志社ヲ辞職シ、明治二十五年八月ヨリ二十九年十二月迄（四ヶ年半）伝道ニ従事シ、此間専ラ宗教学ヲ研磨ス。[29]

「一一、遍歴（一）」[30]は、東北地方で培根が従事した開拓伝道と教会活動について分析している。彼が日本基督伝道会社所属の伝道者として、山形県の酒田に派遣されたのは一八九二（明治二十五）年八月である。酒田における開拓伝道は成果の少ないきびしいものであったと推測されるが、村上はそれが「かなりな程度に充実したものであったと推測」し、根拠を三点挙げている。[31]しかし、培根は一八九三（明治二十六）年十二月には宮城県涌谷の開拓伝道に移動している。さらに一八九四（明治二十七）年五月には仙台へ、同年九月には福島県白河の開拓伝道に移っている。白河での伝道活動も約半年で終わると、一八九五（明治二十八）年三月からは仙台にあった宮城教会の主任伝道師に就任した。このときをもって培根の開拓伝道は終わり、生活も幾分安定したと考えられる。そこで、同年四月二十二日に横浜組合教会で丸山貞と結婚した。時に培根は二十八歳、貞は二十歳であった。六月になると、津和野から母と弟を呼び寄せている。ところが、一八八六（明治二十九）年には宮城教会を辞任し、同年十二月に伝道活動からも退いている。

「一二、遍歴（二）」[32]は、教師として仙台・函館・奈良県畝傍と転勤する培根と彼をめぐる周辺の事情について検討している。伝道界を退いた培根は、一八九七（明治三十）年一月から仙台にある尚絅女学校で数学と漢学を教えた。期間はわずか一年三ヶ月であったが、村上は校長ブゼル女史をはじめ教員・生徒からの評価は高かったとし、後に培根を西南学院と結び付けるきっかけになったという[33]。なお、仙台でただ一人の弟習農を失っている。一八九七（明治三十）年十月のことである。一八九八（明治三十一）年四月培根は北海道丁立函館中学校の英語教師として北海道に渡る。同志社の先輩岸本能武太の紹介によるものと思われる。函館に移った年の十一月に妻の貞を東京で失っている。家族を離れ、彼女はしばらく東京で療養していたと考えられる。ところで、一八九〇年代に問題の続いた同志社では、一八九九（明治三十二）年に復興運動の先駆として加藤延年と三輪源造が同志社中学校（翌年「同志社普通学校」と改称している）に復帰している。彼らの間ではリーダーとして培根を呼び戻す動きが次第に盛んになったと推測される。岸本の推薦により、培根は一九〇一（明治三十四）年二月に奈良県の畝傍中学校から英語教師として招かれる。そこで、奈良に移る直前、函館教会（メソジスト系）で藤田貞子と結婚した。培根は三十四歳、貞子は二十二歳であった。一九〇一（明治三十四）年四月から一九〇四（明治三十七）年八月まで、培根は畝傍中学校で働いた。その間に、同志社では彼の母校復帰への要望が強まっていた。

「一三、同志社に帰る」[34]は、復帰した培根が着実に実行した同志社の改善運動と海老名弾正及び原田助の同志社をめぐる動向を叙述している。牧野虎次の要請を受けた培根は、一九〇四（明治三十七）年九月に同志社普通学校教師に戻る。この年、同志社は新しい専門学校令に対応した組織、普通学校・専門学校・神学校・女学校で構成されていた。これら各学校に関して培根の記した改善計画書のメモが残されている。その内容は復帰したばかりの彼がすでに意欲的に同志社の改善計画を検討していた事実を示している[35]。ところが、一九〇五（明治三十八）年七月一日発行の『新人』（第六巻七号）に海老名弾正「同志社は果して存在の価値ありや」が掲載される[36]。

培根は一九〇五（明治三十八）年八月一日付をもって、同志社普通学校教頭事務取扱を命じられる。以後、教頭として取り組んだ事項を示すメモ「明治三十八年九月以来、力ヲ尽シテ矯正整理シタル点[37]」がある。このように教頭として同志社の教育事業に取り組み始めた一九〇七（明治四十）年一月に原田が第七代同志社社長に就任した。早速、培根は原田に同年二月二十五日に「同志社普通学校整理案第一号」[38]を提出して、これまでの改善運動と今後の計画を示した。七月三日には「整理案第二号」[39]を提出し、同志社における普通学校の役割を強調した。ところが、七月二十五日発行の『同志社時報』第三四号に発表した論説で原田が強調していたのは専門学校令による大学昇格を重視する立場であった。

二　同志社で教える波多野培根――第二部後半――

「一四、Bonus Pastor」[40]は、同志社普通学校で教えていた培根が生徒や教員にどのように映っていたかをまとめている。加藤延雄は「彼はもちろん同志社の伝統的精神である基督教主義を強く明瞭に打ち出し、よい礼拝を行うことを心がけ、先ず礼拝出席と静粛に重点をおいた」[41]としている。品川義介は印象的に培根の一面を「何たる悪日か、此の一事が翌日、卒業式前に波多野先生の耳に這入ったからたまらない。性来の硬骨病は先生の怒りを忽ち爆発せしめ、直ちに何等か假借する所もあらばこそ、断々乎として全部退学を命じてしまった。泡を喰ったのは世間並みの社長閣下其の人である。多少の手加減を強要したが、其所は正義を踏んで恐れざる先生の事である。更に効目がない。小気味よくも其の凡てを一蹴してしまった。為めに折角の大卒業式も白け切った訳であるが、此の至誠を含んだ先生一流の果断決行は全校の反省を促した」[42]と伝えている。吉岡義睦は培根の違った一面を「それでいて先生は大変思いやりの深いやさしい反面を持っておられたのは不思議である。私も先生のそんな半面には全然気がつかずにいたが、ある時先生の私宅へ来いとのことで、また何か叱られるのかとびくびくしながらお宅を訪ねると、学校で見たこともない笑顔をもって温情のあふれたご馳走を並べられ、『いつも君には気を使わせるが、今日は鐘のことは忘れてしまってくつろいで下さい』と言われて、私は思わず熱い涙がこぼれたのを今なお覚えている」[43]と追憶している。本多虎雄は「すると『あんたの授業料は納まっていますよ。……あんた、まだ知らないのですか。あんたの三学期授業料が未納であることを、普通学校へ報告しましたら、波多野先生がお出でになって、自分で納められましたんですよ。』……私は事の意外にただ茫然としてしまった」[44]と思い出を述べている。

本多虎雄は教師の思い出にも触れ、「中堀愛作先生は、地方の公立学校に勤めて居られたが、同志社からの招きを受けられてご就任の時に、波多野先生は厳粛に『同志社では生徒を信用しております。公立学校とは違います。どうか生徒を信用して教育をしていただきたいです』とおっしゃって、思わず背筋がひやりとしたと、当時を回想しておられた」[45]と伝えている。加藤延雄は後に培根のキリスト教教育者としての姿勢に触れ、「私は、彼（培根）が同志社を去った翌年（大正八年）母校によび戻されたが、数年もたった頃、ふと教員室の扉に貼ってある名刺大の紙が目に入った。波多野の筆跡である。

Ego sum pastor bonus. Bonus pastor animam suam dat pro ovibus suis. Joan 10. 11[46]

命がけの教育は彼の覚悟であり、教師への要望であると知った」[47]と『同志社時報』第二二号に記している。

「一五、自由主義」[48]は一九〇五（明治三十八）年から一九一〇（明治四十三）年にかけて日本が推進した韓国併合政策[49]に対し対立する海老名弾正と培根の見解を述べている。海老名は日本政府の韓国併合政策を支持し、キリスト教も応分の役割を果たすべきだと主張した。これに対して、培根は海老名への公開質問状の体裁を採った「明治四十三年八月二十二日（月）、『韓国合併』を報ぜる新聞の号外を読みて、平素強く之を主張せる某氏へ」を書いて、韓国併合政策を鋭く批判した。公開質問状の結びは次のようになっている。

古来、国家の禍機は大抵、正義を蹂躙して獲得せる領土の擴張に眩目酔心せる民衆が逆上して慢心を起し淫々相率て狂態を演ずるの時に胚胎せずや、殷鑒遠からず露西亜にあり（武人、政治を左右するは乱の階なり）　知らず足下以て如何となす。

明治四十三年八月二十三日

洛北の一隠士

勝山生[50]

村上は培根の公開質問状について述べている。

ここには、韓国人民と世界を欺瞞した日本の政治外交の在り方に対する道理に立つきびしい問責があり、朝鮮民族への同情と日本の将来の平和についての絶望、軍人政治への危機感が、彼の漢学の教養を示す格調ある（高い）文章を通して読む者の心に迫るものがある[51]。

「一六、増野悦興の死[52]」は、教育界に入って後の彼の動向と最期を描いている。岐阜中学校・金沢中学校を経て、一八九九（明治三十二）年四月に増野は埼玉県立川越中学校の校長として赴任した。教え子の一人、岡田恒輔は当時を回想して記している。

先生はその著述に「高貴なる人格」と命名されたが先生の人格そのものが高貴という二字をもって最もよく形容し得ると思う。先生の人格は清濁併せ呑むという如き闊達なる所はなかった。洒脱な所、磊落な所、才気煥発するというが如き所はなかった。しかし飽くまでも真面目に、善と信ずる所は何物をも顧みず之を遂行された。不善と見る所は恐ろしいまでこれを憎み卑しまれた。我々にはあまりに清くあまりに高く近付き易からず親しみ易からず思われる程であった。先生は世に阿り人に諂うという事は絶対に出来なかった。従って、辞令にも巧みではなかった。先生は円満な人ではなかった。……しかし自分は教育家として将た宗教家として先生と比肩し得可き人を多く見ない。自分は最も大切なる修養期の十年間を先生の下に送り得たのをまたとなく有り難く思うものである。[53]

一九〇二（明治三十五）年二月まで川越中学校に在任した増野は、その後東京麹町区富士見町に瑞豊塾を開き、飯田町にあったユニバーサリスト教会の牧師を兼ねた。しかし、一九〇六（明治三十九）年には肺結核が進行したので、長男肇を京都平安教会の西尾幸太郎牧師に託している。死の数日前、友人に「私の一生は成功の一生であった」と告げたという。また妻には「私は今に至って神に向かって唯感謝あるのみ」と語り、辞世に「汽車の中発車の笛を待つ心地」の一句を残した。一九一一（明治四十四）年十月十八日に死去した。四十七歳であった。培根は増野とは連絡を取り合い、彼が亡くなった年にも七回も音信を交わしている。

第三節　「第三部　新島襄の教育精神継承と同志社辞職」の概説

この部は七つの章から構成されている。前半の三つの章は大学設立に批判的であった波多野培根が、決定後は校祖新島襄の教育精神を継承しようと柔軟に対応した姿を描いている。後半の四章は紛争の中で自らの立場を貫き同志社を去るまでを扱っている。

一　教育の精神を継承する波多野培根――第三部前半――

「一七、同志社大学設立運動の中で[54]」は、教育内容の伴わない大学設立に慎重であった培根が設立決定後は柔軟に対応したいきさつを記している。新島の同志社大学設立の志を受けて、培根がその実現を目指したことはいうまでもない。しかし、彼によると普通学校を改善充実した後に同志社大学の設立は可能となるので、事を急ぐべきではなかった。ところが、一九〇七（明治四十）年頃から急速に同志社大学設立運動が起こる。その頃、培根は「同志社創立者ノ二大主張」と題する抜き書きを作って、末尾の「附記」で彼の考えを明らかにしている。

附記　明治四十二年八月十四日　　勝山生

同志社大学の発起者は其計畫せる大学教育に期待する所、甚だ高し、彼は其大学を以て単に智識の源泉と為す而已ならず、又、徳風の淵源と為し、日本の文明に精神的要素を貢献して其内容を豊贍且高尚ならしめ、依て以て滔々たる俗悪極まれる物質的風潮を抑制し且つ之を清めんと欲せり。左れば人生に対する寛大なる理想なく、唯、烏合の衆を数千人集めて盛んに学問の切賣を為すのみ、学生の精神的訓練の如きは之を度外視する所謂「大学」なる者は、彼の建てんと欲する所のものに非るや明かなり、況や不見識にもこれに模倣することをや、同志社大学は精神的強化の大主張を貫かんが為めに建設せらるゝものなれば、断じて策士等の手腕に依りて機械的に製造せらるゝ底の事業にあらず、否、敬神、愛人、愛国の積誠と篤実なる祈祷の中より生れ出づべきものなり、従て其成長と発展とに永き歳月を要すべし[55]

ところが、一九一〇（明治四十三）年三月十九日の校友会総会は「大学開設基金三十万円」を決議し、四月十二日には臨時同志社理事会が募金運動に応じることを確認した。こうして大学設立運動は活性化していく。このような流れのなかで一九一二（明治四十五）年二月十四日付で文部省の認可を受け、同年四月より同志社大学（神学部・政治経済学部・英文科）、同志社女学校専門学部（英文科・家政科）が発足する。同年二月二十八日付浦口文治宛書簡で、培根は大学開設に関する従来の立場を修正する理由を述べ、末尾に次のように記している。

　小生は大学開設の公表は漸進論者なりしが、已にレキシントンの砲声を聞きたる今日は此義挙の成立に努力致居候[56]

「一八、『続同志社大学設立趣意書』[57]」は、培根が一九一三（大正二）年十月二十五日付の『同志社時報』（第一〇三号）に発表した論文である。序に続く第一段落で近代国家における私立学校の存在意義を論じている。

　私立学校にはその内容の面からみて、二種類に大別することができる。第一の種類の私立学校は、「国家教育の不足を補うもの」、第二の種類は、「国家教育の不足を補うと共にその弱点を矯正し、その欠陥を充填するもの」とである。前者は「政府や地方府県の財政窮乏し、多数の学校を開きて社会の知識的需要を充たす能わざるを以て、その不足を補わんが為に設立せられたるもの」であってこの場合、「学科の組織は言うに及ばず、学生管理の方法に至るまで、一に範を官立学校に取り」、「別に何等の主張も特徴も無い。故に、国家の財政充実し官設の学校普及するに従い、これ等の学校は自然に衰微廃滅に至る」。しかし、後者は、「自存独特の天地を有するのみならず、官学の興隆普及に伴ひて倍必要の度を加へ、其隆替存亡は社会の安寧及び一国の文化の消長に極めて重大なる影響を及ぼすこととなる。[58]」

次に官学の存在意義と長所短所を述べる。

「官設の学校は国家維持国力発展の目的を以て国家直轄の下に経営せらるるものなれば、内部に於て思想及び政見の統一能く行はるるのみならず」、「機械的学問の研究及び技芸の熟練に至りては到底資力の貧弱なる民設の学校の競争を許さぬ」は当然である。しかし官学の長所には大なる短所が伴う。即ち「進歩せる政治教育と高尚なる精神教育を施し難き」点で

ある。(59)

そこで私立学校の使命に触れる。

「故に国民の政治教育は唯現制度に恰適するの資格を與ふるのみでは十分でない、現在を守ると共に将来の新状態に適応する－否新状態を開拓するの新勢力を涵養するの必要がある。国民に自己革新の政治的素養なき時は社会は停滞不進、老衰、腐敗遂に滅亡の外はない、此重大なる進歩的政治教育を施すことは官学の最も不便とし短所とする所なるに反し境遇の自由なる私学の最も便利とし長所とする所である。此処に私立学校の一大使命が存する。(60)」

村上は培根の主張する私立学校の存在意義について分析している。

培根は、社会の将来を開拓する活力ある主体的な政治教育は、政府の直接の管理拘束から自由な私立学校において初めて可能であり、そこに私学の使命があると主張するのである。これはおそらく武士階級に生を受け、儒教的教養のうちに育ち、さらに青年時代、東澤潟の塾における陽明学の思想に接してきた培根の精神形成の歴史のうちに体認されてきたものといえるであろう。(61)

さらに村上は培根の教育観における宗教的世界の意味を指摘する。

さらに彼は、この人間の精神生活に深い関係を持つものとして、宗教的世界を指示する。これによって人間の精神は安らぎと深さを与えられ「安心立命」に至り得るのであり、「民衆之（生命の水）を飲みて心霊の渇きを醫し、社会の道義之に触れて清新の活気を加ふ」という。それであるから、「眞正の意義に於ける精神的教育即ち人間の道義性と霊性とを啓発涵養して精神の内容を作り以て人格を完成する修養」は人間教育の根本として重視されなければならないと強調するのである[62]。

その上で、培根は「私立学校存在の意義」を「自由なる政治教育」と「高尚なる精神教育」にあるとし、これらが新島の二大主張であったと言う。この主張について所見を述べた上で、最後に培根は「大学」に対して警告している。

　大学と言へば必ず高等なる学問の研究と人格の訓練とを要件とする。研究もなく訓練もなく唯猥りに多数の学徒を集め知識の伝授を為すのみでは大学と称する事が出来ぬ、然るに近時我邦に於て私学の不取締と教育家の理想低落の為め動もすれば此名称を濫用するの傾向が見ゆる、世間は如何なる事を為すも同志社は先生の標準に従ひ名実相応のものを開設して大学と云ふ文字の尊厳を傷けぬやう深く注意する必要がある[63]。

「一九、自由と規律[64]」は、一九〇五（明治三十八）年以来培根が教頭事務取扱として改革に取り組んでいた頃の同志社普通学校の校風を記している。一九一三（大正二）年十一月十八日に培根が記した覚書がある。

　此四項目中[65]、最も困難なりしは秩序回復の問題なり。同志社衰微時代より歴代の当局者、此問題に頭を悩まし手を焼きたること少からず。宿弊は自由と同情の濫用にあり、抑も青年の教育上、戒しむべきこと少からずと雖も、学校の綱紀弛廃して、生徒に自由の名を以て自堕落を行はしめ、同情の名の下に情実を許すより有害なるはなし、是れ断じて剛健有為なる活青年を養成するの道にあらず、たれば真正の自由と同情とは飽迄之を尊重するも似而非なる自堕落と情実とは飽迄之を排斥せざる可からず、教育家の苦心茲に在り。過去八年間、予は世評の如何を顧みず成敗を全く天に任せて果断決行し、学校の秩序回復の為めに全力を傾注せしが、幸にして豫期したる反対も波乱も起らず、平和の中に此問題を解決することを得たるは全く神明の祐導と人和とに依るものにして同志社の為めに慶祝に堪へざるなり。Gott sei dank![66]

ところで、培根が規律の回復を重んじた同志社普通学校に学んだ生徒は、「当時としては驚くほど自由主義」を感じていた。培根はこのような学風の本質に自治自修・友愛・信仰を挙げ、説明している。

（一）自治自修

自治自頼の主義は同志社の創業時代に大志を懐て天下の各地より来学したる有為の学生等が残したる自学自修の美風と相合して校風の一特徴なる自治自修の良習慣となれるなり、苟も学に志して将来社会の要路に立ち国家有用の材とならんと欲する者は、……自ら監督し自ら規律し自ら奮励し、自己の独力に頼り、……自己の運命を開拓するの気概なかる可からず、……。

（二）友愛

敬神愛人の大主義に依りて連結せされ、一代の偉人新島先生を師表と仰ぎ同志社の一人となりたる以上は互いに相敬し相愛し……先輩後輩相扶け以て友愛の情宜を全ふすべきである、……。

（三）信仰

同志社の学風の第三の、然かも最重要の特徴は信仰である。……人類は物質的生活のみにて満足の出来る者でない、深き霊性の要求を充すと共に確実なる道義の支柱となるべき純正なる宗教の信念を要す、……是れ同志社に於て基督教を以て徳育及び霊育の基本と為す所以である、[67]……。

二　同志社を辞任する波多野培根――第三部後半――

「二〇、紛擾の予兆[68]」は、一九一四（大正三）年六月に開設三年目を迎えていた同志社大学の経済学科で起こった学生によるストライキを記している。培根は「予の辞職の理由」の冒頭でこの事件発生の内部事情に触れている。

大学創立後にも社長の校務に対する態度、依然熱心を欠きて一般の期待に伴はず（学校に直接関係なき教会関係の事務に鞅掌して留守勝なる事、殊に教育の要務なる学生の徳育及び風紀の維持に対して努力すること極めて少き事等）校務年を遂て弛廃に傾き、教育殊に教化の不振の結果は種々の忌まわしき事件（大正三年六月に於ける同志社大学の改革運動の後半が社長攻撃の大騒動となりしが如く）を誘発するに至れり。[69]

「二一、カーライルへの傾倒」[70]は、一九一五（大正四）年五月一日発行の『同志社時報』（第一二〇号）に波多野が発表した論文「因信而有望」に認められる。そのなかで、二ヶ所カーライルについて言及している。アブラハムについて述べた個所である。

世に眞人（Sincere men）なる者あり、眞人とは何ぞや、カーライル流に言へば眞人とは事実の人なり、虚偽暇作の生活に安んずる能はざる人なり、誠実ならざらんと欲するも能はざる底の人なり、良心の声雷の如く其耳朶に響くこと感ずるの人なり、……。

第二の個所は、アブラハムにならって「静に天を仰ぎて其処に神力の偉大なる発見を見、之より新希望、新元気を得たる者」として、宗教改革者ルターをあげ、カーライルの「英雄崇拝論」の一節を原文のまま引用しているところである。[71]

培根のカーライルへの傾倒は生涯を通じて変わることがなかった。一九四五（昭和二十）年に河野貞幹に宛てた書簡でも培根はカーライルに触れている。

西南学院に於て十年以上『サーター・リサータス』（衣裳哲学）を学生と共に講読せし時代は、教育者としての小生の生活中、最も楽しき時代に属し、此の喜ばしき追憶は終世忘るるの期なかるべしと存じ候。[72]

「二二、紛擾（一）[73]」は、培根が同志社辞任を決意するまでのいきさつを扱っている。同志社の教育現場における不祥事の根本には原田助社長の全学に対する指導に問題があると考えた培根は、職務上の姿勢を改めてもらう以外にないと判断した。

> 余、明治三十八年以来之を中学部（大正五年二月二十二日、普通学校は中学部と改称された）の教頭に承け、明治四十年、原田社長就任後も引続きて其職に当り、庸劣其器にあらざるに拘らず、微力を尽して社長を輔佐し来りしが、社長の校務に対する前述の如き態度が、社長に対する校内一般の信任と尊敬の減退の因となり、延て教育上に悲しむべき悪影響を及すに至らんことを患ひ、数名の主任教授と熟議して一の覚書を作製し、大正五年一月六日の夜、一名の教授同伴にて社長を訪ひ学事に就いて懇談し、覚書を呈して、社長は爾後外出を少くし、一層校務に熱注せられんことを求めたり[74]、……。

しかし、培根たちの期待は応えられなかった。一九一七（大正六）年には原田の下で教頭職を続けることは困難だと判断し、それを辞する決意をする。

> 重要なる校務（即ち学生の精神的感化、風紀の維持及大中両学部学生の管理上の協調等）に就きて動もすれば意見を異にし、兎角社長と共鳴せざる余は、前に述べたる六月八日の事件後到底輔佐の重任を継続して中学部の教育を全ふする能はざるを感じ、大正六年の夏期休業を限りとして、行政官たる教頭の職を退き、事後は専ら平教員として母校の為めに尽くさん決心し、愈々教頭の辞職願を提出せり[75]。

ところが、同年九月十七・十八両日に開催された臨時理事会は社務と校務の分離を決議したので、培根は当面新制度による中学長事務取扱を承諾した。このようにして新制度による再出発に希望が見えるかと思われたとき、原田社長は理事会に辞表を提出した。学内の対立は深刻さを増した。

社長の留否は慥に同志社の一大問題たるを失はず、何となれば社運の隆替、教育の振否は、社長其人を得ると得ざるとに依りて定ればなり、此重要問題が極めて真面目に考慮せられつつありし時、不幸にも「今回の事件は一部の人士が原田社長排斥の悪意を抱きて仕組める陰謀に外ならず」との流言校内の一角に起れり、此意地悪き流言－事件の眞相を全く誤解せしむるに至れる不吉なる流言は、宛も燎原の勢を以て校内に傳播し、人心の反発を挑発し、遂には縷々新聞にも顕れて広く人心を蠱惑せしかば当初の標語たりし「学校改善」の声は何時の間にか全く囂々たる「陰謀」の声に圧倒せられ事の眞相を知らざる者をして、今回の事件を一種の感情問題或は単純なる党争の如くに誤解せしむるに至りしは、実に遺憾至極の事なるのみならず又同志社の教育上の一大不幸と云ふべし。[76]

このような事態にあって、培根は「解決私案」を作成して、学校の改善に向けて奔走していた。ところが、一九一八（大正七）年一月六日に至り、同志社辞任の決意を固める。原田社長に対するぬぐい難い「不信」がその理由であった。

「一二三、紛擾（二）　同志社辞職[77]」は同志社を辞職するいきさつを詳細に描いている。一九一八（大正七）年一月十一日に辞表を提出した培根を憤激させる事件が起こる。

辞表提出後理事会よりは松本、大沢二理事を通じ、社長よりは中学部の評議員を通じて、懇切なる留任の勧告あり、更に中学部の職員諸氏及び生徒の代表者より同様なる勧告を受けしも、余は再考の餘知乏しきと、尚ほ当時、大学部の某教授の首唱に依りて校内（校外には新聞利用）に起されたる、彼の残酷悪辣、実に言ふに忍びざる「所謂無節操教師処分要求」即ち同僚誹陥の大混乱に対する社長の理解し難き態度（何故か社長は毫も之を阻止せず宛も之を黙認せるが如くに見えたり）とに鑑み、愈々辞意を固くし一切の勧告を謝絶して断然辞職することと為せり。[78]

一月十五日に原田社長より辞職許可の通知を受け取り、培根の同志社辞任は確定した。翌日、中学校の朝拝式で告別の挨拶をしている。

人誰か母校を愛せざらん、同志社は余の母校なり、されば余は今校門を辞するに臨み、一度顧みて社運の隆盛を祈らざるを得ず、思ふに同志社興隆の眞道は、其教育の特長を発揮し、広く国家社会に貢献して世人の期待に負かざるにあり、凡て特長の無き物に「存在の理由」あるなく、「存在の理由」なき物の永く昌栄せざるは自然の法則なり、余は同志社が将来、如何なる部門を増設するも、終始、新島先生の創業の精神に従ひ社意を恪守し、学校の特長にして又光栄なる基督教主義（神の眞理）の徳化を深くし、良教授の指導の下に学業と教化の調和並進を計りて倍々興隆発展し、其負へる高貴なる使命を尽さん事を望みて已まず、此事にして当局者の眞面目なる考慮を引かんか、吾が願足る、余一身の進退の如きは一小些事にして敢て顧る所にあらざるなり[79]。

第四節　「第四部　西南学院における日々」の概説

この部は一二の章から構成されている。同志社辞職後、新しい職を求めてバプテスト文書伝道に協力するため下関に一時移るまでを描いているのが前半の六章である。後半の六章は西南学院における波多野培根を扱っている。

一　五十歳代の旅立ち——第四部前半——

「一二四、辞職後の日々[80]」は、同志社を辞任した培根の日々を描いている。その頃、日記帳の裏表紙に鉛筆で記した四行の書き込みがある。

辞職後の問題
①学校の善後策（顚末出版及びデビス氏伝翻訳）
②静思及び読書（休養の費用）
③後図[81]

村上はこの「書き込み」を分析している。

これによって培根がデビス伝完訳を「学校の善後策」として取り組もうとする意図をうかがうことができる。「辞職後の問題」として、①学校の善後策、に続いて記している②静思及び読書（休養の費用）、③後図、の語はその後に来たるべき人生に対処するために、培根が先ずどのような精神的な姿勢をもってこれを受けとろうとしていたかを示している。もちろん彼は、この時すでに齢五十を越えていた。孔子のいう「天命を知る」人生の段階に在った。それだけに今後如何なる社会生活を過ごすべきか、「後図」の問題は重大な、しかも容易ならぬ問題であることは彼自身の最もよく知るところであったであろう。先ず急がずにしばらくを「静思と読書」にあてて、確信と決断の時を待とうとしたと思われる。「休養の費用」は家計の責任者としての当然の配慮であった[82]。

行動を共にして同志社を去った人々も新しい道に向かっていた。浦口文治は東京商科大学専門部で英文学を教えることになり、培根は四月二十七日に一家を見送っている。水崎基一も五月四日に東京へ発っている。培根も仙台出身の英文学者で第三高等学校教授の栗原基としばしば会っているが、後図のためかもしれない。その頃読んでいた図書の一覧表が日記（大正七［一九一八］年五月二十七日）に記されている。村上はこの一覧表について分析し、培根の関心事を考察している。

この覚書は、人生の新しい展開を前にした当時の彼の関心の所在を示すものとして受け取ることができる。ここに見られる彼の精神的志向の第一は、彼の理想とした偉れた教育者像の探求である。したがってそれは、単に学者・思想家としての業績についてではなく、その人の教育者としての生き方、その人格的感化に関するものであった。覚書に見られる第二の関心の分野としては、旧・新約聖書を貫流するヘブル民族の宗教思想の特色ともいうべきもの、さらに第三にカント、フィヒテの流れを汲むドイツ理想主義の倫理思想に関するものに大別することができる。(83)

「二五、柏木義円と『上毛教界月報』(84)」は、一九一八（大正七）年に公表された柏木による一連の原田助社長を批判する論説を扱っている。柏木は『上毛教界月報』（第二三七号、八月十五日）紙上の「同志社々長たる原田助君に与ふる書」で、同志社の現状を憂い原田の行動に不信と究明の声をあげた。なお、彼の論説は明治期における論争の一形式である「公開状」という性格をとっていた。

若し果して、足下にして、同志社々長として、組合教会理事として、公人の責任を解せば、須らく事実の眞相を明にするの手段を取て、同志社と組合教会との威信と名誉とを保持す可き義と存候。吾人、同志社校友又組合教会員は、足下に向て敢て之を要求するの権利ありと信ずる者にて候。足下の為めに我母校と我教会との名の辱めらるゝは、吾人の忍ぶ能はざる所にて候。敢て足下の高慮を煩はし候。(85)

原田は九月十二日に柏木に答える一文を発表した。それに対して柏木は『上毛教界月報』（第二三八号、九月二十六日）で「原田助君に与ふる第二公開状」を公表した。しかし、これらの言論活動も同志社理事会を動かすことはなかった。かえって、九月二十七日開催の理事会は全会一致で原田を同志社総長に決定した。このような動きに対して、柏木は『上毛教界月報』（第二三九号、十月十五日）で、「敢て同志社理事諸氏に訴ふ」と「再び原田助君に」を公表して、理事会の対応を問い原田の責任ある弁明を求めた。

「二六、原田総長の退任[86]」は、原田助退任のいきさつを叙述している。柏木義円の言論活動は同志社校友会支部に問題を提起した。すなわち、十月十九日の東京校友会支部総会、十一月十四日の横浜校友会支部総会、十一月二十一日の神戸校友会支部総会、十一月二十三日の名古屋校友会支部総会、十二月七日の大阪校友会支部総会が次々と原田総長不信任を決議した。これに対して同志社の学内では校友会の動きに対抗する運動が起こった。混乱が続くなかで一九一九（大正八）年一月十七日に開催された理事会に原田は辞表を提出し、これが受理された。こうして、一九一七－一八年と続いた同志社の紛擾は終結した。

「二七、愚公移山への決意[87]」は、培根がついに決めた新しい仕事について記している。総長問題も一応の決着を見たので、一九一九（大正八）年春はもっぱら読書と詩作に打ち込んでいた。そのような三月初め、培根は北山の愚公と呼ばれる九十歳の老翁が一念発起し、山を移す計画を建てて取り組んでいる絵を見て強い感銘を受ける。

題北山愚公移山図
千秋独見北愚公
墾壌叩巌意気雄
九十移山君勿笑
精誠唯願亮天功[88]

愚公の行動力に感銘を受け、培根は取り組むべき任務を真剣に問うのであった。事実学修の日々において今後の課題が次第に定まりつつあった。

九十歳の北山の愚公の移山の大業に似たるも、予は弘文会なるものを組織し、予の才能の及ぶ限りを尽して、通俗的基督教文学（翻譯、著作等）の普及を計らんとす。

予の今後の大目的は（其何の業務に従事するに関せず）此弘文会の事業を完成するにあるものとす。（大正八年五月五日記す）[89]

村上は培根が目指した「通俗的基督教文学」について考察を加えている。

元来彼は従兄の増野悦興のような弁論の人ではなくむしろ文筆の人であった。しかしその文筆活動の根本的性格は、士族階級の教養である儒教思想の伝統に結びつく漢詩、漢文学であった。江戸文学の他の一つの潮流である国文学、あるいは町人階級の戯作文学の伝統は彼のものではなかった。また青年時代からその中にあった日本の明治期のキリスト教はその倫理的な厳格さの点で鴎外や漱石に代表される「近代」の文学にもなお一線を画していた。したがって培根が理解している「基督教文学」とは、日本の社会における一般的な市民階級の生活感覚にある距りをもつものであった。培根がこのことについてどれだけの自覚をもっていたかは知り得ない。しかしまた、何らかの形でそのことを理解し、それを越えようとして敢えて「通俗的」と呼び、「普及」の語を用いたとも考えられる。いずれにしてもその実現と推進のために「弘文会」という組織を企画したことを知るのである。ここでも培根の理想主義的な性格がうかがわれる。[90]

「二八、バプテスト文書伝道への協力[91]」は、アメリカ南部バプテスト連盟外国伝道局の宣教師ワーン（E. N. Walne 一八六七―一九三六）の要請に応えて、培根が出版事業を手伝うため下関に向かったいきさつを記している。ワーンは一八九二（明治二十五）年に来日した。かねて「キリスト教文書伝道」に関心と使命を感じていた彼は、一九〇三（明治三十六）年にミッション・ボードより助成金を与えられる。これによって長崎に福音書店を設立し、機関誌『星光』（月刊）を発行した。しかし、この月刊誌は一九〇九（明治四十二）年に廃刊となる。その後ワーンは下関に移り、福音書店も一九一六（大正五）年に下関に移転した。アメリカの文書伝道で用いられていた信仰的著作の翻訳出版には文筆の才能ある協力者が必要であった。こうして、要請を受けた培根は一九一九（大正八）年九月に下関に行く。

入下関

雲深無由仰蒼旻	雲深くして蒼旻を仰ぐに由無し
去寓長州古渡濱	去りて寓す長州古渡の濱
碧海白帆千里景	碧海白帆千里の景
洗除京洛十年塵	洗除す京洛十年の塵を(92)

一九二〇（大正九）年一月二十三日は新島襄逝去の第三十回記念日であった。この日、培根は詩一編を記して、新島が培根を信じ託した遺言が彼の人生を導いてきた事実を確認している。

師教（新島先師第三十記念日）

師教懇篤猶存耳	師教懇篤にして猶耳に存す
回顧當年涙満瞼	當年を回顧し涙瞼に満つ
黽勉須磨魂一片	黽勉して須らく磨くべし魂一片
神光未普照皇州	神光未だ普ねく皇州を照らさず(93)

「二九、その後の同志社、海老名総長の就任」(94)はその後の同志社の動向を扱っている。原田助総長の辞任以来、総長事務取扱を担っていた中村栄助は海老名弾正と次期総長就任交渉を進めていた。理事会はこの人事に賛成する。

しかし、培根は違った。一九〇五（明治三十八）年七月に発表した論説「同志社は果たして存在の価値ありや」を忘れていなかったからである。

聞海老名某同志社總長就任之報
　慨然有作
詭辯縦横無寸誠　　詭辯縦横寸誠無し
狡児又瀆總長名　　狡児又總長の名を瀆す
行人聞否御園畔　　行人聞くや否や御園の畔
松籟時為鬼哭聲　　松籟時に鬼哭の聲を為す[95]

第八代同志社総長海老名弾正の就任式は一九二〇（大正九）年四月十六日に行われた。前日の四月十五日に同志社は文部省より大学令による大学として設立認可を受けた。そこで学生が発起人となり、五月十三日に海老名総長歓迎会と大学昇格祝会園遊会を校庭で行っている。

二　西南学院における波多野培根――第四部後半――

「三〇、西南学院へ[96]」は、就任した頃の西南学院と培根を描いている。一九二〇（大正九）年九月に培根はワーンの紹介と推薦により就任した。学院は一九一六（大正五）年四月に私立中学校西南学院として開設され、一九一八（大正七）年には西新に移転していた。培根の着任した一九二〇年は創立五年目で最上級生の五年生までが揃った年である。当初、培根は英語と歴史を教えながら礼拝の指導をしたと推測される。宿舎は中学部舎監住宅の二階で、三度の食事は生徒と共にとっていた。その後、中学部宿舎三階の一室に移った。さらに一九三〇（昭和五）年には高等学校玄南寮に移転している。その頃の様子を杉本勝次は記している。

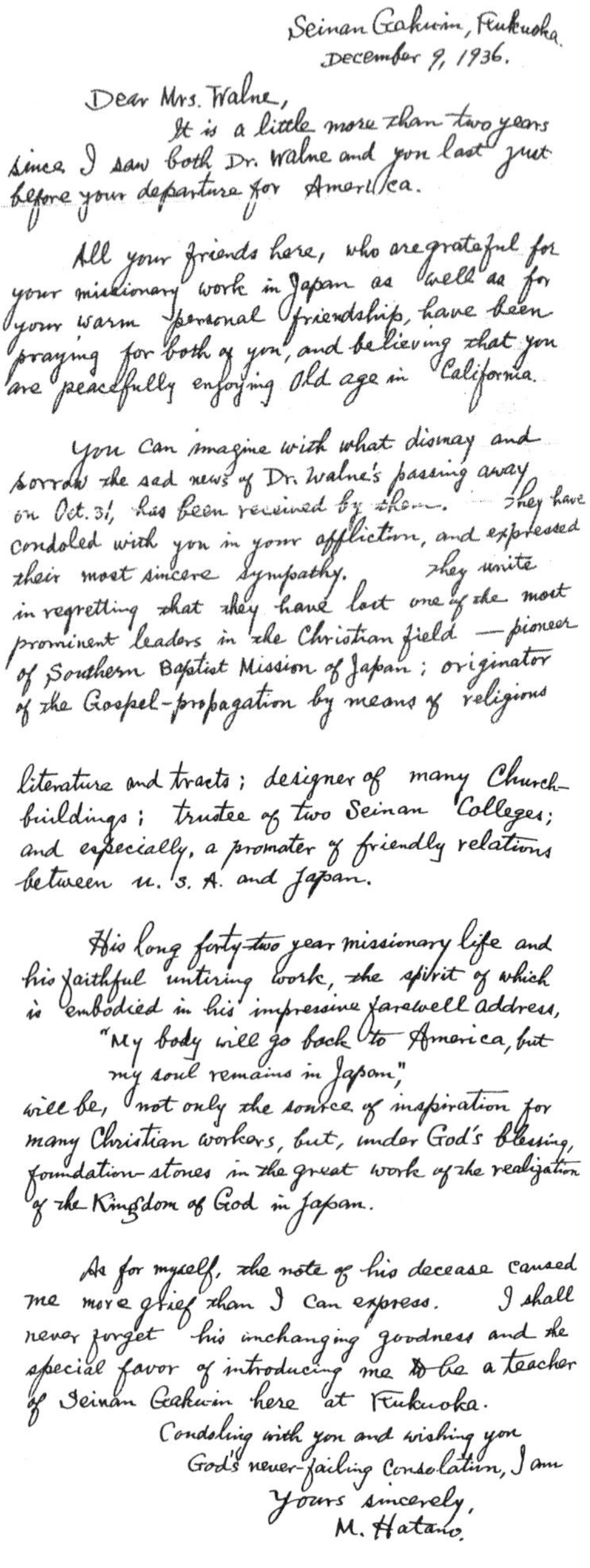

Seinan Gakuin, Fukuoka.
December 9, 1936.

Dear Mrs. Walne,

It is a little more than two years since I saw both Dr. Walne and you last just before your departure for America.

All your friends here, who are grateful for your missionary work in Japan as well as for your warm personal friendship, have been praying for both of you, and believing that you are peacefully enjoying old age in California.

You can imagine with what dismay and sorrow the sad news of Dr. Walne's passing away on Oct. 31, has been received by them. They have condoled with you in your affliction, and expressed their most sincere sympathy. They unite in regretting that they have lost one of the most prominent leaders in the Christian field — pioneer of Southern Baptist Mission of Japan; originator of the Gospel-propagation by means of religious literature and tracts; designer of many Church-buildings; trustee of two Seinan Colleges; and especially, a promoter of friendly relations between U.S.A. and Japan.

His long forty-two year missionary life and his faithful untiring work, the spirit of which is embodied in his impressive farewell address,

"My body will go back to America, but my soul remains in Japan,"

will be, not only the source of inspiration for many Christian workers, but, under God's blessing, foundation-stones in the great work of the realization of the Kingdom of God in Japan.

As for myself, the note of his decease caused me more grief than I can express. I shall never forget his unchanging goodness and the special favor of introducing me to be a teacher of Seinan Gakuin here at Fukuoka.

Condoling with you and wishing you God's never-failing Consolation, I am

Yours sincerely,
M. Hatano.

波多野培根のワーン夫人宛書簡
(1936年12月9日付)
ワーン宣教師死去を聞き，夫人に送った書簡。
村上寅次『波多野培根伝（四）』より
提供：西南学院100周年事業推進室

先生は福岡にいらっしした間、ずっと西南の寄宿舎の一室での独り住みであられたが、先生のお部屋にお邪魔する時、壁一杯の大きな書棚には何百冊もの和漢洋の書物が整然と置かれ、ロンドン・タイムズなどもキチンと少しの乱れもなく整理整頓されていたこと、そして、お部屋には机が二つあって、一つの机は『聖書』を読むためだけの特別のものであった。[97]

西南学院は文部省の認可を受けて、一九二〇年四月から高等学校を開設した。当時の様子を河野貞幹が『西南学院七十年史　上巻』（五七一－二頁）に記している。

水町先生が部長、若い大村先生が補佐役、伊藤哲太郎氏が事務長。会社重役だったヒゲの生えた紳士、柔道五段の猛者など、生徒として老若男子仲よく入学。中学生校舎の二階を間借りしていた。一生涯和服で通された波多野培根先生は、すでに中学部で教えて居られ、高等学部にも講師として教えられた。易者のおじいさんそっくりであった。まことに少数教育で、皆互いに知り合って、家族的な空気の中に育って行った。[98]

就任当時嘱託講師であった培根は一九二三（大正十二）年からは高等学校教授となり、文科一年には西洋史、二年には哲学史、三年には英論文の講読を教えた。教科書はすべて原書で、三年生にはカーライルの『英雄崇拝論』、四年生にはカーライルの『衣裳哲学』を用いた。

村上はその頃の培根の余暇の過ごし方を紹介している。

日曜日の午後や祝祭日などの暇な時間における培根の楽しみは、市内の古書店めぐりと近郊の歴史散歩であった。当時、福岡市内には九州帝大や福岡高等学校などの官立学校を背景にして洋書の丸善は別格として、古書店で相当に格の高い古書専門店が千代町や中島町には軒を列ねていた。培根はそれらの古書店の上得意として店主らと懇意になった。千代町の「山内書店」の店主は戦後まで培根のことをよく記憶して後年次のように語っていた。「先生は実に変わった方でしたね。

毎月俸給日が来ると必ず私のところへみえて書物を買われました。本当に書物が好きな方だったですね。[99]」

若き同僚であった伊藤祐之は当時の培根について記している。

西南学院時代の先生は、清白孤高ユング・フラフの秀峰を偲ばしめ、又レバノンの香柏を思はされるような超高な――凡ての上に超然たるような――存在であられた。科長とか部長とか一切そうしたものを固くお断りになって、ひたむきに学問・研究に精進され、これによって神と人とに奉仕されて余念なきもののようであられた。時たまにチャペルで声を励まして大声叱咤され、また声涙ともにくだるアッピールをされたこともあったが、おおむね深山中の大湖のようなしづけさのうちにあられ、黙々として一路真理の探求と菁莪の業に邁進される崇高な姿が強く脳裡に焼きつけられている。いつも謹厳、枯淡そのもののような古武士か高僧の面影を見る御姿の前には襟が正され、頭がさがる思いがした。先生の歩まれた跡には何か厳粛なものの馨りが残されているような感さへしたものである。[100]

一九二四（大正十三）年九月二十八日に培根は教師として重んじてきた「三事」についてコメントしている。

三事

①歴史（欧州近世史）

欧州に於る近世の強国の盛衰消長の顚末を教へ、併せて日本民族の世界に於る位置を明かにし以て健全にして博大なる国民的精神を学生の心に涵養することを務む。

②哲学（哲学史）及び論文

古今の大哲学者の世界観及び人生観の一班を教へ、唯物思想の浅薄偏狭にして取るに足らざるのみならず道徳上、極めて有害なることを明にし、以て健全且つ廣汎にして深味ある精神的人生観の理論的背景を学生の心に扶植することを務む（哲学史及び文明史、補足の意味にて、カーライル及び其他の精神学派の人々の筆になれる論文を講読す）。

③聖堂（禮拝）

チャペルの集会を規則正しく行ふことに依りて学生の信念涵養の機会を作ると共に福音的基督教に準拠して信仰の正脈を明にし以て彼等の純真なる信念と堅実なる信念と堅実なる品性とを養成することを務む。

予が西南学院に於る仕事は外面上、種々に分かるべきも、是等を一貫する内面の趣旨は、要するに前記の三事実行する事に外ならじ、而して之を実行することに依りて聊かにても学院の発展上に貢献することを得ば予が願足る。[101]

独逸語研究会

前列左より杉本勝次，波多野培根，河野貞幹。

『河野貞幹先生記念文集　永遠の西南』より。

村上はこのコメントについて考察している。

培根の意図する「三事」とは、文中からこれをとりあぐれば、①健全にして博大なる国民的精神　②深味ある精神的人生観　③福音的基督教に立つ信念と品性、この三つの教育的実践に他ならない。「三事誓来感轉深」と感動をこめて詠じているが、これは何時からの決意であったか、その点については説明がない。ただ彼にとってこの三事は彼のこれまでの人生の思想的エッセンスであり、また彼自身の精神的骨格であった。さらにこれからもその全心全力を献ぐべき生涯の目標であることに相異なかった。[102]

「三一、斯文会－独逸語研究会[103]」は培根の個人的ゼミナールで、一九二二（大正十一）年から一九四四（昭和十九）年まで二二年間にわたって断続的に続けられた。会の名称として「斯文会」や「独逸語研究会」が使われた。初期（一九二二－三二）の様子を記す培根による「斯文会記録」

が残っている。それによると、「本会の目的」は「本会は獨逸語の知識を進むると共に会員間の社交を温め、尚ほ間接に学院の学問及び教育上に多少の貢献を為したしとの目的の下に生れ出でたるものなり」とある。「本会の成立」としては「本会は大正十一年（西暦一九二二年）十月二十四日（火）午後六時半、左記の三氏が西南学院構内、中学部舎監住宅二階の一室（当時波多野寓居）にて第一回の会合を開きたるに始まる」としている。「本会の名称」としては「本会は本、会名を有せざる無名会なりしが大正十四年十月二十四日、第六十五回（満三年記念日）の席上にて『土曜会』、大正十五年十月二十五日、第百回（満四年記念会）席上、改めて『斯文会』と名づくることとなれり」とある。なお、村上は使用されたテキストについて分析している。

> テキストの選択からみて、培根の当時の関心の重点を知ることができる。総体的にみれば、その一つはマルクス主義の哲学的性格とその思想史における位置づけである。培根のこの問題意識の背景に、当時（大正十四［一九二五］年から昭和三［一九二八］年に至る）の日本の社会が当面していた思想問題があったことを無視することはできないであろう。……「斯文会」テキストの選択にみられる培根の関心の第二の重点は、カントに始まるドイツ理想主義哲学の発展、とくにフィヒテの倫理思想を中心にするものであった。ドイツ理想主義の倫理思想に対する関心は、すでに早く培根のうちに在った。[104]

ところで、一九二七（昭和二）年は王陽明（一四七二－一五二八）の没後四百年にあたった。岩国の陽明学者東澤瀉から薫陶を受けた培根にとって、陽明四百年記念の年は忘れることができなかった。彼は陽明の思想の特色である知行一致説、到良知の説がフィヒテの「絶対的自我」に立って、「事実」と「行為」の一体、即ち「事行」（Tathandlung）を説く実存哲学に深く類似しているのに気付いていた。

「三三一、海老名総長との対決[105]」は、一九二六（大正十五）年の同志社評議員会における培根と海老名弾正の論争を扱っている。この年、海老名は同志社総長二期六年の任期を終え、三選の時を迎えていた。そこで、七月の評議員会は総長三選について意見を求めた。以下、培根の日記からの引用である。

大正十五年七月二十三日（金）曇

必要ありて海老名弾正氏が作りたる「同志社は果たして存在の価値ありや」と題する文を写し置く。

七月二十五日（日）晴

午前十時より午後三時頃まで、同志社評議員会あり、之に出席す。出席者二十五名（午前二十四名）代員の委託若干票。

津下紋太郎氏、座長兼議長となる。

予、海老名氏が明治三十八年七月、新人誌上に「同志社は果たして存在の価値ありや」の論文の趣旨に就て

①午前は一般評議員の前に論じ

②午後は海老名氏の出席せられたる懇談会に於て、予は直接に海老名氏に対し詳しく質問せり

（氏は答辯を何等かの方法にてせらる筈）

評議員会は大多数を以て海老名氏を総長に推すことに決せり。

（予は絶対的不賛成論者にあらず、海老名氏の辯明を聞きたる後に非れば賛意を決する能わず。即ち賛意を保留することと決せり。）

予の語りし所を或は喜ばざる者ありしなるべし、然し予は神に対し、新島先生の霊に対し、同志社に対し、又我が良心に対して、己の為すべきことを為し、言うべきことを言いたりと感じて、衷心に深き慰安と喜悦とを感じたり。[106]

「三三、水町事件[107]」は、一九二六（大正十五）年十月に起こった水町事件とその後のいきさつを記している。このとき、文科・商科の科長であった水町義夫と学生の間でトラブルが生じ、学生大会が水町科長退任要求を出した。

これに対して培根と杉本勝次が調査と調停に入り、水町の科長職を解いた上で、彼のアメリカ留学によって事件は落着した。翌年四月の新学期にあたり、C・K・ドージャー院長は培根に科長就任を懇請した。これを丁寧に断った培根について、村上は分析している。

右の手紙によって、培根の高等学部教授の一員としての真摯で積極的な姿勢をうかがうことができるとともに、自ら決定した人生の目標に如何に忠実であろうとしたか、その断固たる生き方を明確に知ることができる。それはいわば世俗の人生に一線を画した「余生の人」であったことを示している。

培根のこうした確固とした教師としての姿勢は自然に同僚教授の信頼と敬意を集めた。その結果として、役職にこそ就かなかったが、時に応じて学校当局から学校運営について意見を求められたり、また教授会から選ばれて委員として様々な問題の処理に関与することとなった。文商科長就任を固辞した彼も、その後ドージャー院長が科長を兼任するやその相談機関として設けられた委員会には委員四名の中の一名としてその任を担った[108]。

「三四、日曜日問題とドージャー院長排斥事件[109]」は、一九二八（昭和三）年二月の学生ストライキに始まり、翌年六月のドージャー院長辞任に至る経過を叙述する。学生に信任のあった商科一教授の解任を契機として、学生は一九二八年二月十日にストライキを構え、学生大会で院長退任要求を決議した。いわゆる「日曜日問題」である。これに対して理事会は次のように回答した。

一、理事会は事情を詳細に調査したる後、ドージャー院長に何等辞職に値する過失なきを認め、従来通り西南学院長として信任を置くこと

二、理事会は財力と事情の許すかぎり、適当と信ずべき方法に由りて、学院の進歩改善を計りつつあり、嘆願の形式にて提出せられたる学生の要求は要求として之を容れる能はず、尤も其中合理的と認むるものは之を改善し参考に資すべき

も其選択又は実施の方法等に就て理事会は学生より何等拘束を受くるものにあらざること

三、理事会は学院の精神教育の基礎にして又存立の条件となる宗教の諸規定に対し学生に何等の容喙を許さざること

四、学院は如何なる事情あるも、其組織及教育主義に変更を加うるに能はず、又財産不相応の経営をなす能はざるに依り、学生中之に服し難き者は自ら進退を決定して学院を辞去するも其自由に任すこと

五、自決勧告書（院長宛）及嘆願書（当局宛）は之を返却す

六、理事会は学院当事者をして将来斯る不祥なる紛擾の再発することを防止する為に適当なる処置を講せしむること

（神学生に手交する文書）

西南学院理事会は今回、神学生の一部が高等学部学生大会において取りたる態度を深く遺憾とす。

諸氏は将来日本精神界の善良なる指導者たるべき重任を負う者なれば自今一層の自任自重を以て全学院の嘱望に応へられんことを切望す[10]

さて、理事会の回答を全学生に伝える難しい役割を担当したのが培根である。当日の培根について三串一士の証言がある。

前に述べたる学生側よりの院長退陣要求に対して、理事会は勿論その理由を認めずとして断然学生の要求を退けた。しかし誰が理事会の回答を学生に伝えるかという段になって、当局は苦慮の末、学生の尊敬最も深い波多野培根先生に白羽の矢を立てたのである。学生一同が中学部の講堂に集められ、波多野先生によって理事会の回答とその趣旨が伝達された。波多野先生に矢面に立たれては学生側も気勢があがらず、結局そのまま黙従という格好となってしまったのである。後で波多野先生が私に述懐して、「自分は学生共の中に床板を踏み鳴らして激昂する者のあることを予期していたが、まことに意外であった。しかし、もしも学生たちが私の言うことを聞かず失敗に終ったならば、即刻学院をやめて京都に引揚げる

G. W. ボールデン（3代院長）
『写真 西南学院大学 50年』より
提供：西南学院100周年事業推進室

覚悟であった」と漏らされた[111]。

その後の経過については、培根の覚書がある。

さしも紛糾した院長排斥事件も、理事会の確乎たる態度により学生より誓約書を提出させたのみにて、一人の犠牲者をも出すことなく解決した。

こうして一応事件はおさまったが、ドージャー院長は学院を騒がしたのは自己の不徳の致すところとして責任を痛感し、またかねてから院長は日本人であるべきであるとの所信に従って四月辞意を表明し、その後任として千葉勇五郎氏を推薦した。理事会は強くドージャー氏の慰留につとめたが辞意が堅いので、やむなく千葉氏との交渉をはじめた。

しかし十月、千葉氏より辞退の通知を受けた理事会は、ドージャー氏が明年（昭和四［一九二九］年）休暇帰米の時期まで留任を懇請することにし、ドージャー氏もやむなくこれを了承した[112]。

一九二九（昭和四）年六月、休暇帰米を前にドージャーは院長を辞任した。

「三五、ボールデン院長留任事件[113]」は、培根の日記を主たる資料としてG・W・ボールデン院長辞任までのいきさつを叙述している。ボールデンは日曜日問題について理事会の意向を汲みながらも、現実に即した処理を計ろうとした。そこで、一九二九（昭和四）年十二月に「日曜日委員会」を設置した。翌年、日曜日委員会はわずかに弾力的な対応の案を提案した。培根が担当し、記した理由書は次の通りである。

理由

我等は日曜日を「主の日」として厳守することを以て我等基督教者の務むべき宗教的義務の一なりと信ず。然れども日曜日競技の問題に関して従来、学院が執り来れる方法即ち競技を絶対的に禁止することは、

一、其事が屡々学生と学院当局者との間の好ましからざる誤解或は衝突の因となりて校内の平和を害し教育の達成を妨げしこと

二、学生と他校学生との社交を困難ならしめて彼等を不幸なる孤立の状態に陥らしめしこと等

に鑑み、更に同主義の他校に於て行はるる実例に照し、日曜委員は、聖日厳守の精神を傷けざる範囲内に於て、学院が少しく従来の態度を緩和し多少の手加減を為すの必要あることを認む[114]

西南学院は一九三一（昭和六）年五月に創立十五周年記念式を行った。しかし、理事会内部には日曜日問題が未解決のままに残り、教会内部でも「アサ会」をめぐる対立が生じていた。村上はこの間の事情をまとめている。

たしかにこの年は表面的に西南学院は祝賀の時であったが、理事会内部においては日曜競技問題が未解決のままくすぶっていた。さらにこの頃西南学院の母胎である日本バプテスト西部組合の諸教会において、いわゆる「アサ会」という教会内部よりの霊的改革運動が起り、各地の教会内にも分裂と対立が起こっていた[115]。

一九三一（昭和六）年に入り、ボールデン院長は辞任に追い込まれていく。学生はボールデン院長辞任問題について、翌年六月に第二回学生大会を開き、決議書と声明書を出した。

学生大会の決議書

我等西南学院高等学部全学生は現ボルデン院長の留任を決議し、断固たる意志と強固なる決意を以て之を要求す、但し六月二十五日午前十時迄に確答を得ん事を要求す

聲明書

我等西南学院高等学部全学生は理事会に対し五月三日嘆願書を提出しボールデン現院長の留任を嘆願せり、然るに理事会は此の学生の嘆願にも拘らず、現院長を七月十日限り解職し後任院長を推さんとす、此處に我等は再び学生大会を開催し、断固たる決意のもとに現院長の留任を決議すると共に声明を発して世の理解と同情とを乞ふものなり

現ボールデン院長は外人宣教師中、稀に見る教育家にして、我等は院長自身にて有する教育方針に絶大の讃意を表するものなり、日本人に対する理解はもとより日曜日運動に対し亦相当の理解あり学生に対しては進歩的立場と好意とを以て臨めり

然るに財団法人西南学院に全権利を有する理事会なるものは、此の院長のとれる進歩的方針を快しとせず、日曜日運動競技出場の絶対禁止を要求し、悉く現院長のとれる方針に反対せり、此處に於て現院長は不得止辞表を提出せしが、理事会は一応の引留めもなく直ちに辞表を受理し解職せんとす。

我々は日曜日運動に対し、現今まで出場競技部の大将、マネヂャーの犠牲さへも甘受し来れり、これ以上の取締りは最早忍従する不能、我々は飽くまでも無理解なる理事会に対し、我等の意志の貫徹を期し現院長の教育方針を支持するものなり

尚、今回の留任運動には卒業生の絶対的支持あり、且つ純真なる学生運動たる事を共に辯明す

昭和七年六月二十一日

西南学院高等学部

学生大會[116]

培根は六月三十日にこの事件に対する教師の立場を明らかにしている。

ボルデン院長留任問題に対する教師一同の立場

一、ボルデン院長の留任に関して起れる紛擾の根本原因は、宣教師間の不和にあるを以て予等は宣教師諸氏が過去の一切の行懸りを水に流し心機を一轉して互いに相恕し相譲り、和衷共同して傳道の事業にも教育の事業にも当られんことを切望す、さすれば院長の更迭をみることもなく、学内には平和の風、長く吹きて萬人喜びを共にするを得ん。

二、然るに不幸にも、ボルデン氏と他宣教師との間の不和は調停の見込みなき程、深刻、且つ複雑なることを発見せるにより、予等は彼等に和解を勧むるも効果なきを思ひ従って院長留任の問題に関しても唯、理事会の裁決に従ふの外他に道なきを感ずるに至れり。別言すれば予等教師は此問題に関して、心ならずも厳正中立の位置に立てるなり、否立たされたるなり（教師が此問題に容喙することは紛擾を倍々大ならしむる虞あり）[117]

七月五日の理事会はボールデン院長の不留任を決議した。翌日、院長は辞表を提出する。なお、七月上旬に記されたと思われる培根による「日曜日競技許否の問題に関する教師一般の意見（方針決定の一大好時機）」が残されている。

日曜日競技許否の問題に関する教師一般の意見（方針決定の一大好時期）

一、日曜日を「聖日」又は「主の日」として厳守することは基督教の原則の一なれば、之に対して依存のあるべき筈なし、然れども此原則を日曜日競技行否の問題に適用するに當りては、日本の国状と学生の大部分が未信者なる現状とを顧慮して多少の手加減を為すを穏当と思ふ、言い換ゆれば、日曜の競技を昭和五年に日曜委員会が研究の末、作製したる規定の標準（又は程度）にて取締るを適当とせん

二、然れども理事会が此折衷案を採用せずして絶対禁止の方針を取る時は、萬障を排して左の四事を断行するの必要あり

イ、夏期休業中に、学院より生徒の父兄に対し、今後学院は日曜日競技絶対禁止を励行する方針なる故、此方針に不同意の父兄は其子弟を退学せしめらるるも学院に於ては遺憾なき旨を通知し父兄をして自由に去留を選ばしむる事、之に加へて九月に帰校せる学生には重ねて此旨を訓示し、去留、意に任せて堅く誓約せしむる事（学院代表を意味せず、クラブ等の名を以て行ふ私的団体の競技は、日曜日に為すも之を咎めず）

ロ、教師にも理事会より同一趣旨を明示して、自由に去留を選ばしむ事

ハ、明年四月より入学の時、口頭試験に於て本人の決心を聞く事は言ふ迄もなく、父兄立合の上にて厳粛なる宣誓式を行ふ事

ニ、選手制度を廃止して自由運動主義となし、学友会費に大減額を加へて父兄の負担を軽くする事（但、明年度より）

此の如く方針を一定して、学院に晴れやかなる空気を作り、理事会も院長も教師も生徒も、同心協力して校運の前途を開くべし。

（此の如くしても猶、学内の平和を維持することを得ざる時は、断然、学院高等部を縮小するか、又は廃校するを可とす）[118]

なお、日曜日競技が条件付きで公認されたのは、一九四〇（昭和十五）年一月九日であった。

一九三六（昭和十一）年五月の西南学院創立二十周年記念式典で、培根は勤続一五年以上の教職員の一人として表彰を受けた。その日、培根は覚書を残している。

予が十六年間勤続中聊か西南学院のために盡くしたりと思う点

①学問（カーライルの哲学（理想主義）
　　　 西洋史、獨逸語（自由主義及立憲主義）

②信仰（聖書本位の福音的キリスト教宣布
　　　 チャペル集会　基督教主義教育の高調

③国民精神（皇室中心、君民一体の国民思想
（進歩的国民主義）の鼓吹

④学院の秩序維持

三四の紛擾
一、水町事件
二、ドージャー院長事件
三．ボールデン院長留任事件[119]

注

（1）村上寅次『波多野培根伝（一）』稿本、四－一七頁

（2）村上寅次、前掲書、一一－一二頁

（3）村上寅次、前掲書、一三頁

（4）村上寅次、前掲書、一六頁

（5）村上寅次、前掲書、一八－八五頁

（6）村上寅次、前掲書、八六－一二一頁

（7）村上寅次、前掲書、一二一－一六四頁

（8）村上寅次、前掲書、一二二頁

（9）村上寅次、前掲書、一三九－一四〇頁

（10）村上寅次、前掲書、一六二頁。なお、正方学の漢詩は次の箇所でも触れられている。村上寅次、前掲書、二頁。村上寅次、『波多野培根伝（四）』稿本、一〇七六頁

（11）村上寅次、『波多野培根伝（一）』稿本、一六五－一八五頁

(12) 村上は培根が漢学から洋学（英語）に転向し、京都の同志社を目指した理由を二点挙げている。「培根が同志社入学を決意した動機の一つに、当時同志社普通学校四年生として在学していた従兄増野悦興の奨めがあったことは確かである。……しかし、彼の英学への志向を受け入れ、その実現を支持した雰囲気が彼の周辺にあったこともまた確かであろう。」村上寅次、前掲書、一六五－一六六頁

(13) 村上寅次、前掲書、一八三－一八四頁

(14) 村上寅次、前掲書、一八六－二一九頁

(15) 村上寅次、前掲書、一九二頁

(16) 村上寅次、前掲書、二〇四頁

(17) 村上寅次、前掲書、二〇七－二〇八頁

(18) 村上寅次、前掲書、二一六頁

(19) 村上寅次、前掲書、二二〇－二九二頁

(20) 村上寅次、前掲書、二二三－二二四頁

(21) 村上寅次、前掲書、二七四頁

(22) 村上寅次、前掲書、二九三－三五六頁

(23) 村上寅次、前掲書、三三六頁

(24) 村上寅次、前掲書、三三九頁

(25) 村上寅次、前掲書、三五二頁

(26) 村上寅次『波多野培根伝（二）』稿本、三五九－四二七頁

(27) 波多野培根「同志社普通部の回顧十年」

(28) 村上は「奥村禎次郎事件」について詳細にいきさつを述べている。参照、村上寅次、前掲書、三八三－四〇四頁

(29) 村上寅次、前掲書、四一一－四一二頁

(30) 村上寅次、前掲書、四二八－四五二頁

(31) 三点とは、波多野培根『眞道指鉄』（大阪福音社、一八九三年五月）の出版、木村清松との出会い、弟習農の熊本英学校への入学である。参照、村上寅次、前掲書、四三四－四四四頁

(32) 村上寅次、前掲書、四五三－五三二頁。この章のタイトルとして目次に「遍歴（二）」とあるが、本文には「尚絅女学校とブゼル女史」とある。内容を考慮して、目次にあるタイトルを採用している。

(33) 参照、村上寅次、前掲書、四五三－四六四頁

(34) 村上寅次、前掲書、五三三－五九九頁

(35) 村上寅次、前掲書、五四〇－五四三頁

(36) 村上は論説の全文を掲載したうえで、その内容について分析している。村上寅次、前掲書、五四四－五六二頁

(37) 村上寅次、前掲書、五六三－五六四頁

(38) 村上寅次、前掲書、五七六－五八九頁

(39) 村上寅次、前掲書、五九一－五九四頁

(40) 村上寅次、前掲書、六〇〇－六二八頁。目次には「Bonus Pastor」とあるが、本文にはこのタイトルの記載がない。そこで、記述内容から判断して区分した。なお、タイトルはラテン語で「よい羊飼い」という意味である。

(41) 村上寅次、前掲書、六〇一－六〇二頁

(42) 村上寅次、前掲書、六〇六－六〇九頁

(43) 村上寅次、前掲書、六一二－六一七頁

(44) 村上寅次、前掲書、六一八－六二二頁

(45) 村上寅次、前掲書、六二五頁

(46) ラテン語で、ヨハネ福音書一〇章一一節の聖句である。「私はよい羊飼いである。よい羊飼いは羊のために命を捨てる」。

(47) 村上寅次、前掲書、六二六－六二八頁

(48) 村上寅次、前掲書、六二九－六五三頁

(49) 一九〇五年に日本は日韓協約によって朝鮮を保護国とし、一九〇六年には京城に総督府を置いた。一九〇七年には韓国軍を解散

させ、一九一〇年に韓国を併合した。

(50) 村上寅次、前掲書、六三八－六四八頁

(51) 村上寅次、前掲書、六四九－六五〇頁

(52) 村上寅次、前掲書、六五四－六六九頁

(53) 村上寅次、前掲書、六五五－六五八頁

(54) 村上寅次『波多野培根伝（三）』稿本、六七二－七三二頁

(55) 村上寅次、前掲書、六七九－六八一頁

(56) 村上寅次、前掲書、七一四－七二七頁

(57) 村上寅次、前掲書、七三三－七六〇頁

(58) 村上寅次、前掲書、七三六－七三八頁

(59) 村上寅次、前掲書、七三九－七四一頁

(60) 村上寅次、前掲書、七四三－七四四頁

(61) 村上寅次、前掲書、七四四－七四五頁

(62) 村上寅次、前掲書、七四六－七四七頁

(63) 村上寅次、前掲書、七五八－七五九頁

(64) 村上寅次、前掲書、七六一－七八八頁

(65) 四項目とは「（一）校舎、運動場及び機械標本（二）良教師の招聘（三）生徒数の増加（四）秩序の回復（紀律及風紀）」である。

(66) 村上寅次、前掲書、七六三－七六六頁

(67) 村上寅次、前掲書、七七七－七八四頁

(68) 村上寅次、前掲書、七八九－七九五頁

(69) 村上寅次、前掲書、七九三－七九五頁

(70) 村上寅次、前掲書、七九六－八一四頁

(71) 村上寅次、前掲書、八〇〇―八〇一頁
(72) 村上寅次、前掲書、八一三頁
(73) 村上寅次、前掲書、八一五―八九二頁
(74) 村上寅次、前掲書、八二三―八二五頁
(75) 村上寅次、前掲書、八三九―八四一頁
(76) 村上寅次、前掲書、八六七―八六九頁
(77) 村上寅次、前掲書、八九三―九三五頁
(78) 村上寅次、前掲書、八九七―八九八頁
(79) 村上寅次、前掲書、九〇二―九〇三頁
(80) 村上寅次『波多野培根伝（四）』稿本、九三九―九五五頁
(81) 村上寅次、前掲書、九三九頁
(82) 村上寅次、前掲書、九四四―九四五頁
(83) 村上寅次、前掲書、九五五頁
(84) 村上寅次、前掲書、九五六―九七一頁
(85) 村上寅次、前掲書、九五九―九六三頁
(86) 村上寅次、前掲書、九七二―九八六頁。本文には「二六、原田総長の退任」の記載がない。内容から判断して区分した。
(87) 村上寅次、前掲書、九八七―一〇〇三頁
(88) 村上寅次、前掲書、九九三―九九四頁
(89) 村上寅次、前掲書、九九八―九九九頁
(90) 村上寅次、前掲書、一〇〇一―一〇〇二頁
(91) 村上寅次、前掲書、一〇〇四―一〇二二頁
(92) 村上寅次、前掲書、一〇一九頁

(93) 村上寅次、前掲書、一〇二二頁
(94) 村上寅次、前掲書、一〇二三―一〇三二頁。なお、「二九、」のタイトルは目次では「海老名総長の就任」であるが、本文では「その後の同志社」となっている。本文と目次のタイトルをあわせて採用した。
(95) 村上寅次、前掲書、一〇二六頁
(96) 村上寅次、前掲書、一〇三四―一一〇三頁
(97) 杉本勝次「序文」(『勝山餘籟――波多野培根先生遺文集――』)
(98) 村上寅次、前掲書、一〇五五―一〇五六頁
(99) 村上寅次、前掲書、一〇七〇―一〇七一頁
(100) 村上寅次、前掲書、一〇七七―一〇七九頁
(101) 村上寅次、前掲書、一〇八五―一〇八八頁
(102) 村上寅次、前掲書、一〇八九頁
(103) 村上寅次、前掲書、一一〇四―一一三五頁。タイトルについて目次には「斯文会―フィヒテと陽明」とあり、本文には「斯文会―獨逸語研究会」とある。本文を採用した。
(104) 村上寅次、前掲書、一一一三―一一一八頁
(105) 村上寅次、前掲書、一一三六―一一四三頁
(106) 村上寅次、前掲書、一一三九―一一四二頁
(107) 村上寅次、前掲書、一一四四―一一五五頁。タイトルについて目次には「水町事件―『日暮れて道遠し』」とあり、本文には「水町事件」とある。本文を採用した。
(108) 村上寅次、前掲書、一一五四―一一五五頁
(109) 村上寅次、前掲書、一一五六―一一七六頁
(110) 村上寅次、前掲書、一一六一―一一六四頁
(111) 村上寅次、前掲書、一一六六―一一六八頁

(112) 村上寅次、前掲書、一一六九－一一七〇頁

(113) 村上寅次、前掲書、一一七七－一二五四頁。本文には「三五、」のタイトルがないので、内容から判断して区分した。

(114) 村上寅次、前掲書、一二二六－一二二七頁

(115) 村上寅次、前掲書、一二〇一－一二〇四頁

(116) 村上寅次、前掲書、一二一一－一二一五頁

(117) 村上寅次、前掲書、一二二六－一二二七頁

(118) 村上寅次、前掲書、一二三九－一二四三頁

(119) 村上寅次、前掲書、一二五三－一二五四頁

第三章　キリスト教教育の継承——波多野培根と村上寅次——

村上寅次（13代院長）
『歌集　望郷』より

村上寅次『波多野培根伝』稿本を二つの観点から検討した。使用されていた文献の分析と稿本の概説である。

　これらの研究を通して明らかになった一つの事実がある。なお未完成な部分を残しているとはいえ、村上『波多野伝』稿本がキリスト教教育精神の受容と継承を主軸とする大部な原稿であることである。すなわち、儒教とキリスト教の教育によって波多野培根の人間性は形成された。その後培根の教育活動によって同志社と西南学院においてキリスト教の教育精神が継承されていく。とりわけ、戦後の西南学院においては、いくつかの資料によって確認されるのだが、培根のキリスト教教育によって教育精神史に重要な基層が形成されている。

そこで第二に、村上寅次をして『波多野伝』稿本を書かせた動機、あるいは内なる力は何であったのかという問いがある。『波多野伝』に向かった村上には、かなりの期間持続された並々ならぬ意欲があったことは間違いない。それは一体何であったのか。

このような村上に向けた問題意識から第三章を始めたい。

第一節　村上寅次と西南学院

村上寅次と西南学院の関係を考察するにあたって、どのような研究方法が妥当性を持つのであろうか。ここでは村上の生涯を二分することから糸口を見いだしたい。すなわち、前半は彼の思想形成における学院との関係であり、時期的には出生から一九三八（昭和十三）年三月に九州帝国大学での学生生活を終えるまでである。[1] 後半は同年四月に西南学院中学部に就職してからの関わりであり、波多野培根をめぐる動きを中心に検討する。

一　村上寅次の人間形成と西南学院

村上寅次は一九一三（大正二）年八月十日に福岡県八幡市（現在の北九州市八幡東区）枝光に生まれ、早くに父を亡くしている。後に幼い日の記憶をたどり、臨終の父を送ったときを回想している。

回想

意識なき臨終の父によりゆきて
おづおづ呼べり幼なことばに

みちびかれ湿せる筆を手に持ちぬ
いまわの父の唇うるおすと

貨物車のとどろき長き夜の更けを
迫りし父が命まもりぬ[2]

幼児が深い経験を言葉で理解することはできなくても、このような経験は生涯を貫いて存在の根底に関わる問いを発しつつ強い影響を与える。村上にとっても幼い日の父との死別という深刻な経験は、彼の感受性を鋭くしたであろう。しかも、人間の生死に敏感な彼の感受性は自ずと宗教的感性を芽生えさせた。やがて、西南学院高等部に入学した村上が学院のキリスト教や波多野培根から決定的な影響を受けた根拠として、宗教的感性を内在させた彼の幼児経験が考えられる。さて、八幡市枝光にある地元の小学校を卒業した村上は、一九二五（大正十四）年四月に八幡中学校に進学する。[3] 次いで、一九三〇（昭和五）年四月には西南学院高等部商科に入学、玄南寮に入る。十六歳であった。[4] 彼は西南学院高等部における四年間に生涯を決定したいくつかの重要な出会いを経験する。

幼い日における父との死別という宗教的経験を実存的な求めとし、これに向けた答えとして村上寅次が西南学院高等部で出会ったのがキリスト教信仰である。[5] この信仰は彼の魂に平安をもたらしただけでなく、生涯を決定する他の出会いにも通底した。村上が残した歌集には若い日にキリスト教の真実に向かう姿を歌った短歌が残されている。

阿蘇湯の谷行
心しづめ聖書に対うひとときを
谷風こもり梢ならしぬ

ローマ書七章
うつせみのなやみを越えていにしえの
聖人が説きしこれの文はも

砕けたる心を神はよろこぶと
知る時しややに心ひらけり[6]

第二に村上が研究者として生涯取り組んだテーマ、キリスト教教育との出会いである。彼は後に『教育的実存とキリスト教――福音の下における教育論[7]――』（以下、『教育的実存とキリスト教』と略記する）を著したが、「序」で次のように述べている。

最後に、著者が西南学院在学中、教育とは何かを身をもって示し、さらに著者を導いて教育学研究に入らしめて下さった現同志社大学教授篠田一人先生の深い学恩を記さずにはおられない。[8]

多彩な内容を含む『教育的実存とキリスト教』で注目すべきは、「第一部　教育的実存とキリスト教」である。[9]ここでは教育活動に取り組む教員の実存的課題がキリスト教の立場から考察されている。ところで、このような実存的考察はいかにして可能なのか。第一部が教育現場における村上の経験に裏づけられた実践的性格を持つことはいうまでもない。そして、彼の経験の中核には西南学院高等部で受けた教育がある。

第三は教育への志であり、これが波多野培根から村上が受け取ったものである。培根は一九三〇（昭和五）年九月十五日に西南学院高等部の学生寮、玄南寮三階の第一号室に移っている。以来三食を玄南寮で採るなどして、高等学部の学生と共同生活をした[10]。村上は一九三〇年四月に入学して以来、玄南寮で生活した[11]。したがって、玄南寮では村上が培根の半年先輩であり、培根とは三年半寮生活を共にした。そこで、村上が培根から継承した精神性がキリスト教教育への志である。彼は、『波多野伝』稿本の冒頭で記している。

国家使数十年無才智士
国家不可一日無気節士
（国家数十年才智の士無からしむとも
国家一日も気節の士無からしむべからず）
方正学[12]

強調されている「気節の士」の育成こそ培根におけるキリスト教教育の志であり、村上『波多野伝』稿本の主題でもある。村上は玄南寮における寮生活をはじめとした西南学院高等部で培根と日常的に接し、キリスト教教育の志に触れた。やがて村上自身も教育への志を継承して生きるなかで、培根との出会いの意味を再確認しながら取り組んだのが『波多野伝』稿本に違いない。

二　波多野培根の教育への志を追求して

一九三八（昭和十三）年四月に西南学院中学部に奉職した村上寅次は、二度の徴兵（一九四〇年に中国、一九四四年にルソン島）を経て、一九四七（昭和二十二）年四月には西南学院中学部の教頭を務めている。一九五一（昭和二十六）年四月には西南学院大学商文学科の専任講師となり、教育原理を担当した。

この年西南学院は創立三十五周年を迎え、記念誌『SEINAN GAKUIN Today and Yesterday　創立三十五周年記念　一九五一[13]』（以下、『創立三十五周年記念』誌と略記する）を出版した。編集者は村上寅次である。この記念誌に波多野培根が度々登場している。まず、表紙を開いた裏頁の上段にＣ・Ｋ・ドージャーの写真と一九二七（昭和二）年二月十三日の日記が掲載されている。下段にはドージャーと同じサイズで波多野培根の写真と漢詩「述志三首」が置かれている。

C. K. ドージャーと波多野培根
『SEINAN GAKUIN Today and Yesterday　創立三十五周年記念　一九五一』より
提供：西南学院大学100周年事業推進室

述志（三首）

一

庸才叨學古賢心
三事誓來感轉深
不厭前程千里遠
晩成二字是吾蔵

二

閑居退隠事難期
切々偏憂世道危
老境未消匡濟志
弘文報國尚堪為

三

欲開神國救斯民
努力耐難不顧身
殉節由来吾黨志
仰看十字架頭人

昭和二十年乙酉五月十一日
勝山學人[14]

庸才叨りに學ぶ古賢の心
三事誓い來れば感轉た深し
厭わず前程千里の遠きを
晩成の二字これ吾が蔵

閑居退隠事期し難し
切々として偏えに憂う世道の危うきを
老境未だ消えず匡濟の志
弘文報國尚為すに堪う

神國を開きこの民を救わんと欲し
努力難に耐えて身を顧みず
殉節は由来吾が黨の志
仰ぎ看る十字架頭の人

昭和二十年乙酉五月十一日
勝山學人

杉本勝次は「建学の精神に立脚して――使命達成を神に誓う――」のなかで「われらがモーゼなりし故シー・ケー・ドウジャー院長、われらのヨシュアたりし故波多野培根先生」とC・K・ドージャーと並ぶ位置づけを培根に与えている。[15] 伊藤祐之は「義と愛との人波多野培根先生の片影」でキリスト教教育に打ち込んだ培根の姿を伝えている。[16] 執筆者名不記載の記事「波多野先生と掲示板」は「然し黙々とした先生の胸中には深くいつも沸々とたぎる憂国の情があった」として、波多野培根「原城陥落三百年記」を紹介している。[17]

さらに「座談会　あの頃の学生生活を語る」で波多江一俊は追憶している。

特に西南学院に対する圧迫も強くなって、落ち着いて勉強出来なかった、自然学生生活も無味乾燥で面白くない様になり、学校なんか止めてしまって家に帰ろうかという者もあった、「波多野バイコンさんのござるけんの」と云ってやめなかったのですね。それ程波多野先生の学生に対して与えた影響は大きかった。あの何にも信ずることの出来ないような混乱した緊迫した時代に我々学生は眞から波多野先生を信じ、尊敬しておりました。[18]

次いで、波多野培根に関する論文である。村上寅次は一九五九（昭和三十四）年から一九七七（昭和五十二）年にかけて、ほぼ一〇年に一本培根についての論文を書いている。

「波多野培根における儒教とプロテスタンティズム――日本キリスト教教育思想史の一断面――」（『西南学院大学　文学論集』第六巻第一・二号、一九五九〔昭和三十四〕年十二月）[19]

「波多野培根における『キリスト教と愛国』の問題」（『西南学院大学　文理論集』第七巻第一・二号、一九六七〔昭和四十二〕年二月）[20]

「新島襄と波多野培根――明治教育精神史の一断面――」（『西南学院大学　児童教育学論集』第三巻第一号、一九七七〔昭和五十二〕年三月）[21]

ここでは「波多野培根における儒教とプロテスタンティズム――日本キリスト教教育思想史の一断面――」（以

下、「儒教とプロテスタンティズム」と略記する）の概要を見ておく。「儒教とプロテスタンティズム」は二章で構成されている。「第一章　道徳」と「第二章　歴史」である。第一章の冒頭で村上は儒教とプロテスタンティズムにおける道徳の本質的相違を指摘する。

　儒教が、人間の道徳性を直接に肯定するのに対して、プロテスタンティズムは、それを否定することによって、弁証法的に肯定する。現象面においては、両者は、共に「道徳的生活」の領域において共通するものを持ちながら、それを支える基盤において、本質的に異なるものである。[22]

　このような違いを指摘したうえで、培根における第一の課題が道徳の問題であったとして、彼の『論語』と『聖書』理解を紹介する。

　『論語』は道を載せたる重典であり、『聖書』は「神の福音」を載せたる天書である。『論語』は貴重なる書物なるも、要するに、人倫綱常を教ゆる一つの道学書に過ぎぬ。然るに、『聖書』は、崇高なる道徳を教ゆると共に、神人二界交渉の道を闡きて、脱罪・新生の要義を示し、神国の建設と言う前哲未言の大理想を掲げて、[23]……。

ここで、村上は培根において儒教からキリスト教への転向がいかにして生じたのかと問う。

「人間の行為は、究極する所、人間の意志に依りて定まるものなれば、精神学派の人々が声をそろえて、有ゆる問題解決の鍵は善心の涵養、別言すれば、善良なる意志の養成にありと主張することには、一大真理が存すると思う。」と述べて、道徳の行為的側面よりも、内面的意志的要素に、より重点を置いている。しかし、問題は、彼自らも「然らば善心を如何にして涵養すべきか、これ実に問題中の問題である。」を云うている点に存する。しかし、問題の解決を得るためには、……福音の本質に立ち帰るならば、おのずと明らかであろう。すなわち、プロテスタンティズムにおける人間の救いは、善心の涵養という人間の努力とは、何ら本質的な関係を持つものではないからである。人間の善心・悪心を越えて、救いは神の恵みとして来るのである。[24]

「第二章　歴史」で村上はまず歴史学の性格を明らかにする。

　歴史学は、歴史的事実に即してその因果関係を明らかにする学問である、ということができる。しかし、その歴史的事実を扱う時に、これにいかなる意義を附与し、いかなる位置づけをするかということになると、これを解釈する人の思想的立場が問題とならざるを得ない。これが歴史観の問題である。[25]

歴史観の課題に触れた上で、培根が歴史形成の主体である人間の育成についてどのように考えていたのかをまとめている。

　波多野にとって、境遇や遺伝にも勝って、人間形成の主要因となり得る理想と信念は、どのようにして主体の内に形成されたのであろうか。「単に、理屈や思想だけで人の心は動くものでない。人心に深き感動を与えて感奮興起せしむるものは、正しき思想を人格に表現せる活人物、別言すれば、義人の感化を必要とする。」したがって、われわれが何らかの教育的感化を期待するならば、このような影響を与え得る人物に接しなければならない。[26]

このように歴史形成に資する人間育成について叙述した後に、培根に見られる歴史形成の全く異なった要因を村上は指摘する。それが「摂理」である。

　摂理とは、人間の事件の中に現れる神の意志である。それは人間の事件の中に現れるものであるから、具体的には特定の個人あるいは国民生活の展開の中に現れる。したがって、摂理は、当然、特別な、特殊な、摂理となる。それは宇宙に内在する神の創造の意志に基づくものである。[27]

「儒教とプロテスタンティズム」と『波多野伝』稿本は、波多野培根における儒教とプロテスタンティズムをめぐって異なった研究手法を用いている。「儒教とプロテスタンティズム」は経歴を踏まえながらも理論的な考察を行い、そのために培根の経験が背後に退いている。それに対して『波多野伝』稿本は伝記であって、儒教からプロテスタンティズムに移行していく培根の精神性を叙述している。したがって、培根における儒教とプロテスタンティズムをめぐって、「儒教とプロテスタンティズム」と『波多野伝』稿本は補完し合う関係にある。「波多野培根における『キリスト教と愛国』の問題」（以下、「キリスト教と愛国」と略記する）は伝記的要素を含んでいるが、全体としては理論的な構成を持つ。したがって、培根におけるキリスト教と国家をめぐって、異なった手法による「キリスト教と愛国」と『波多野伝』稿本は補い合っている。それに対して「新島襄と波多野培根――明治教育精神史の一断面――」（以下、「新島襄と波多野培根」と略記する）は歴史的な研究手法を用いている。したがって、「新島襄と波多野培根」と『波多野伝』稿本は基本的に同じ手法である。ただし、「新島襄と波多野培根」が培根におけるキリスト教教育精神史のポイントに焦点を合わせた研究成果であるのに対し、『波多野伝』稿本は全体像を描き出している。このような描写における強調点の違いによって、両者には補完し合う関係がある。

最後に一九七七（昭和五十二）年十二月に刊行された波多野培根先生遺文集刊行会編『勝山餘籟――波多野培根先生遺文集――』（以下、『勝山餘籟』と略記する）と村上寅次の関わりについて検討する。培根は晩年三度にわたって主要な論説などをまとめ、これに書名『勝山餘籟』を付けて出版する構想を残していた。[28] そこで、生前の意思を受け一九七七年に遺文集を出版するために、波多野培根先生遺文集刊行会が組織された。[29] 委員は次の通りである。

委員長　杉本勝次
委　員　大村匡・加藤康作・三串一士・長束正之・村上寅次・中村弘・波多江一俊[30]

一九七七年十二月に出版された『勝山餘籟』の目次は、次の通りである。

序
宗教・思想[31]
歴史・教育[32]
講演[33]
詩歌[34]
（付）波多野培根先生の人と思想[35]
解説－村上寅次[36]
編集後記

『勝山餘籟』の本論を構成する「宗教・思想」「歴史・教育」「講演」「詩歌」に収録されているのは、いずれも培根の作品である。これらは波多野培根先生遺文集刊行会が生前に書き残していた原稿から選択し掲載した。ところで、刊行会が選んだ作品と村上『波多野伝』稿本を比較検討すると、興味深い事実が明らかになる。まず、「宗教・思想」で取り上げられた八編であるが、これらの三編は村上『波多野伝』稿本でも使われている。次の通りである。

「アルプス国民に対する感謝」（村上『波多野伝（一）』稿本で使用）
「ラルネッド老博士を送る」（村上『波多野伝（二）』稿本で使用）

「アブラハムと星の教訓」（村上『波多野伝（三）』稿本で使用）

「歴史・教育」に収録された論説六本のうち三本は、村上の関係した作品でも紹介されている。

「続同志社大学設立趣意書」（村上『波多野伝（三）』稿本で使用）
「徳川光圀公を憶う」（村上「儒教とプロテスタンティズム」で考察）
「原城陥落の三百年紀」（村上編『創立三十五周年記念』誌に収録）

さらに「詩歌」の「漢詩」で紹介されている作品のうち一七編が、村上『波多野伝』稿本に掲載されている。

「書懐一（明治四十二年十一月）」
「贈淺野惠二氏（大正七年十二月二日）」
「偶成（大正八年二月九日）」
「憶同志（大正八年二月十三日）」
「閑居雑詠一、（大正八年二月二十二日）」
「閑居雑詠二、（大正八年三月九日）」
「閑居雑詠三、（大正八年三月九日）」
「閑居雑詠五、（大正八年五月五日）」
「閑居雑詠六、（大正八年三月十日）」
「書懐二（大正八年三月十三日）」
「書懐三（大正八年三月十三日）」
「入下関一（大正八年九月十日）」

「入下関二（大正八年十二月）」
「壇浦所見（大正八年十二月七日）」
「師教（大正九年一月二十三日）」
「第五十六回誕生記念日偶成（大正十三年六月二十日）」
「述志（三首）（昭和二十年五月十一日）」

このように『勝山餘籟』の本論を構成する「宗教・思想」「歴史・教育」「詩歌」と村上『波多野伝』稿本を比較検討すると、両者にはかなりの重なりが認められる。この事実は何を語っているのか。一つには『勝山餘籟』と村上『波多野伝』稿本が培根の作品に関しては相当数共通していて、それを前者は遺稿集とし後者は自伝としていることである。第二に『勝山餘籟』の収録作品の選択にあたって、村上が強い影響を与えたことを推測させる。ところで、「解説」として村上の二論文が用いられている。解説は通常、収録されている作品の説明である。ところが『勝山餘籟』の場合、なぜか普通に行われる方法ではなく、培根に関する二論文によって解説としている。これは刊行委員会の判断に基づく結果であろう。要するに委員の多くが村上の二論文の価値を認めて、その掲載によって『勝山餘籟』の解説にふさわしいと考えた。そうだとすると、刊行委員会は波多野培根研究において村上の業績を高く評価していたことになる。

村上寅次が関係した一連の波多野培根研究を調査すると、西南学院中学部に就職した一九三八（昭和十三）年四月以来、大学を退職する一九八四（昭和五十九）年十二月まで培根を主要な研究対象としていた様子が浮かび上がってくる。彼は西南学院に在職した四五年間余りキリスト教に基づく教育を志した培根を想起してその志を追求した。これが村上の『波多野伝』稿本を執筆した背景である。

第二節　村上寅次『波多野培根伝』稿本の執筆事情

村上寅次は西南学院高等部の在学中、玄南寮などを通して波多野培根と日常的に接触し多大な影響を受けた。やがて母校西南学院に奉職すると教師の立場で培根のキリスト教教育に関心を持って学び、研究を続けた。そのような中でかなりの歳月と集中力を費やして村上は『波多野伝』稿本を執筆した。ところが、稿本には「序文」もなければ、「あとがき」も「奥付」もない。そのため、執筆作業がいつであったのか、動機は何であったのか、長期に及んだ村上の研究関心に変化があったのかなど、執筆事情を探る直接の手がかりが『波多野伝』稿本にはない。ただ、『勝山餘籟』の「序」で杉本勝次が村上寅次は「早くから伝記の編集に手を着け」ていた事実を記している[37]。ここにある「伝記」は村上『波多野伝』稿本のことだと考えられる。そこで杉本勝次「序」を手がかりとして、村上『波多野伝』稿本の執筆事情に関する検討を始める。

一　執筆時期をめぐって

村上『波多野伝』稿本の執筆事情を検討する上で、基礎となるのは執筆時期の確定作業である。そこで『勝山餘籟』の「序」[38]における杉本勝次の記述と村上の波多野研究に関する業績を、村上『波多野伝』稿本の内容と比較検討して執筆時期を考えたい。なお、必要に応じて本書の「第二部第一章　村上寅次『波多野培根伝』稿本の文献研究」における使用文献の出版年を参考にする。

さて、杉本が『勝山餘籟』の「序」で村上による「伝記の編集」について記している文章は以下の通りである。

幸い、このたび遺文集『勝山餘籟』が刊行されることになって、私は年来の重荷の一つをおろさして貰ったことを心から感謝するのである。先生の伝記を刊行することも、強く望まれるところである。寂々人間の第一流、これほどの人間の生きざまは、必ずや後世に書き残しておく義務がある。村上寅次君は先生の教え子の一人で既に早くから伝記の編集に手を着けておられ、先生前半世の部分の出来あがった原稿は私も読ませて貰い、その密度の濃い充実した記述に深く感銘し、これが早く完成して世に出る日を待ち望んでおるけれども、いま村上君は西南学院大学の学長として多忙の身[39]、筆がなかなか進まないというのも無理からぬことであろう。

杉本「序」から村上による「波多野の伝記」についてまず三点が明らかになる。第一は遺文集である『勝山餘籟』出版の際に、「伝記を刊行すること」も希望されていた事実である。第二に培根の教え子の一人である村上寅次が「既に早くから伝記の編集に手を着けておられ、先生前半世の部分の出来あがった原稿」を杉本は読み、「その密度の濃い充実した記述に深く感銘」した。しかし第三に、一九七七（昭和五十二）年時点で村上は西南学院大学学長職にあるため、「筆がなかなか進まない」状況に置かれていた。これを村上『波多野伝』稿本の執筆時期との関係から見ると、次の三点が課題となる。第一点は「村上寅次君は先生の教え子の一人で既に早くから伝記の編集に手を着けておられ」とある文における、「早くから」とはいつからなのかという執筆を始めた時期に関してである。あるいは「編集に手を着けておられ」た時点から一九七七年までの編集経過に関する問いである。第二点は、一九七七年時点で執筆されていた「先生前半世の部分の出来あがった原稿」に対応する村上『波多野伝』稿本に向けた問いである。すなわち「出来あがった原稿」は、村上『波多野伝』稿本のどの部分にあたるのか。第三点は村上はいつまで『波多野伝』稿本の執筆を続けて現在の四巻からなる稿本を書き上げたのか、また現在の形で完成したと考えていたのかという問題である。

そこで、村上『波多野伝』稿本の執筆時期を検討する。その際に村上『波多野伝』稿本は「第一部」・「第二部」・「第三部」・「第四部」と順々に書かれたと仮定する。さて、村上寅次による波多野研究で最初の業績は、一九五一（昭和二十六）年に出版された『創立三十五周年記念』誌の編集者として関わったことである。ただし、『創立三十五周年記念』誌に村上の論考はない。村上は記念誌の編集にあたって、教育者としての波多野培根を想起し関連文献の収集を行ったと推測できる。そこで、「早くから伝記の編集に手を着けておられ」を、最も早い時期で考えると一九五一年前後となる。ただし、この時点で村上が「伝記の編集」を考えていたかどうかは分からない。

村上の波多野培根に関する最初の論説は一九五九（昭和三十四）年に発表した「儒教とプロテスタンティズム」で、執筆にあたって相当な文献を収集したと推測できる。ところで、儒教とプロテスタンティズムという主題は『波多野伝』稿本の「第一部　思想の形成」と対応している。したがって、一九五九年前後に「第一部」で使用したかなりの作品を集めた。事実、「儒教とプロテスタンティズム」の参考文献にある「教育瑣言」は「第一部」でも使われている。ただし、一九六五（昭和四十）年から一九七六（昭和五十一）にかけて出版された文献が八冊、「第一部」では使用されている。[40]それゆえに、一九五九年前後に文献を集め構想した「伝記の編集（第一部）」に、一九七六年から翌年にかけて新たな文献を加え内容も修正して『波多野伝（一）』稿本としたのであろう。

「第二部　天職を求めて」と対応する研究成果はない。ただし、「儒教とプロテスタンティズム」で使われていた「ラルネッド老博士を送る」は「第二部」でも使われている。また、「第二部」の内容には「第一部」後半との連続性が認められる。したがって、「儒教とプロテスタンティズム」執筆の際に「第二部」で参考にした作品も集めていたと推測される。「第二部」にも一九六二（昭和三十七）年から一九七九（昭和五十四）年にかけて出版された文献八冊が含まれている。[41]そこで、一九五九年頃に集めた作品によって「伝記の編集（第二部）」を構想し、一九七六年から翌年にかけて「第一部」に引き続き『波多野伝（二）』稿本を執筆したのであろう。

「第三部　新島襄の教育精神継承と同志社辞職」は一部「キリスト教と愛国」（一九六七）に重なる。「新島襄と波多野培根」（一九七七）とも重なる。使用した作品を調べると、一九七九（昭和五十四）年に出版された文献もある[42]。総合的に判断して、一九六七年頃には関連する文献を収集し「伝記の編集（第三部）」を始めていたが、一九七七年に「第一部」・「第二部」に続いて『波多野伝（三）』稿本も執筆したと推測できる。ところで、「第三部」をめぐる問題には『勝山餘籟』の「序」で杉本勝次の記している「先生前半世の部分の出来あがった原稿」に入るのかどうかがある。村上『波多野伝』稿本が四部構成であることを考えれば、「第一部」と「第二部」を前半とするのが妥当である。この立場は培根の年齢からも支持される。「第二部」の終わりから「第三部」に入る頃、培根は四十歳前後で生涯の折り返し点にいた。したがって、年齢からも四部構成の稿本からも「第二部」で前半が終わるとするのが適切である。しかし、ここで浮かび上がってくるのが『波多野伝』稿本は当初村上が意図した通りに完成した作品であるのかという問いである。結論からいうと、村上は『波多野伝』稿本を完成させることなく現在の体裁で断念した。彼の業績からその根拠を述べる。

村上は一九六七（昭和四十二）年に「キリスト教と愛国」を執筆している。この論文は培根の講演「基督と愛国」（一九四四）に基づき、それを分析した内容である。このように波多野「基督と愛国」に関する研究成果があるにもかかわらず、『波多野伝』稿本にはこの講演が触れられていない。なぜならば、村上『波多野伝』稿本は一九四四年までは執筆できなかったからである。同様に『勝山餘籟』で紹介されている漢詩は一九四〇（昭和十五）年以降に作られた作品が、「述志（三首）」（一九四五）を除いて触れられていない。これらのなかには「辭西南學院」（一九四四）や「百道濱回顧」（一九四四）など、西南学院と関係深い作品も含まれている。それにもかかわらず、これらの漢詩は『波多野伝』稿本に出て来ない。その理由も『波多野伝』稿本が一九四〇年以降の培根に言及できなかったためである。他方、「第四部」で使用されている文献を見ると、『西南学院七十年史　上巻』（一九八六）がある。村上は

「履歴書」によると一九八四（昭和五十九）年十二月に西南学院大学を退職しているので、その後も数年は『波多野伝』稿本を書き続けていたことになる。これらを総合的に判断すると、一九七七年に村上が『波多野伝』稿本の前半として杉本に渡したのは稿本の「第一部」から「第三部」までであった。村上は『波多野伝』稿本を完成させるべく執筆を続けたが、一九八六年以降これを断念した。そのため、「第四部　西南学院における日々」は未完成に終わっている。なお、『波多野伝（四）』稿本で多く用いられている培根の自筆原稿は、一九六六（昭和四十一）年に波多野政雄氏より西南学院に寄贈された[43]。村上はこれらの史料にも目を通していたと推測できる。

二　「先生前半世の部分の出来あがった原稿」

一九七七（昭和五十二）年十二月に波多野培根の遺文集『勝山餘籟』は刊行された。出版に先立ち村上寅次は、波多野培根先生遺文集刊行会の委員長である杉本勝次に『波多野伝』の原稿を渡した。「先生の伝記を刊行することも、強く望まれるところ」であったからである。「先生の教え子の一人で」ある村上は「既に早くから伝記の編集に手を着けて」いたが、この時渡されたものには「先生前半世」を編集してあった。ところで、杉本が手にした原稿は村上『波多野伝』稿本のどの部分にあたるのか。先に指摘した通り、二通りの仮説が成りたつ。

① それは『波多野伝』稿本の「第一部」と「第二部」である。この場合、後半部分は「第三部」および「第四部」となる。

② それは『波多野伝』稿本の「第一部」から「第三部」までである。したがって、後半部分は「第四部」となる。

仮説①は『波多野伝』稿本の分量や培根の年齢から一定の妥当性を得る。しかし、「第三部」までに使われている文献のほぼ全てが一九七六年までに出版されている事実や「第四部」が未完成に終わっている点に留意すると、仮説②は説得力を持つ。両仮説を比較検討し、稿本の内容により即していると判断できる仮説②を採用した。仮説②によると、「先生前半世の部分の出来あがった原稿」は村上『波多野伝』稿本の「第一部　思想の形成」「第二部　天職を求めて」「第三部　新島襄の教育精神継承と同志社辞職」に相当する。村上は「儒教とプロテスタンティズム」を執筆した一九五九年前後に「第一部」と「第二部」に関連する作品を集め、「キリスト教と愛国」を執筆した一九六七年前後には「第三部」関連の文献を収集した。一九六六年に培根自筆史料が西南学院に寄贈されると、それを読む機会にも恵まれた。このようにして書きためた「伝記の編集」原稿に修正を加え、一九七六年から翌年にかけてまとめたのが、村上『波多野伝（一）（二）（三）』稿本である。

ところで、杉本勝次は村上『波多野伝（一）（二）（三）』稿本を読んで、「その密度の濃い充実した記述に深く感銘」したと記している。杉本を「深く感銘」させた「密度の濃い」「充実した記述」とは何を指すのか。「第一部　思想の形成」で検証したい。その際、「第一部」で用いられている文献研究の成果を利用する。使用文献の多様さや研究方法が「第一部　思想の形成」の特色を語っていたからである[44]。

村上『波多野伝（一）』稿本で使われている作品数は、表一によると五三点ある。前半の四章で二四点、後半の四章は二九点である。村上は早くからこれらを収集し、執筆直前にも集めていた。これらを各章ごとに分類すると、表五の通りになる。なお、同じ作品で複数回使用されている場合には、先に使われた箇所の文献数に入れた。

表五　第一部の各章における作品数

章	章タイトル	作品数
一	戦国武将の裔	五
二	藩儒の家	七
三	少年期の環境	五
四	澤潟塾の教育	七
五	同志社へ	四
六	新島襄と創業期の同志社	五
七	同志社学生生活（一）	一〇
八	同志社学生生活（二）	一〇

表五では、作品数は史料数に文献数を加えた数値である。

さて前半四章の二四点を種別でみると、「一、波多野培根の文献（一）一次史料」と「二、近代日本の教育史関連文献」がほとんどを占める。それらを類型でみると第一類型「真情を表現する」文献と第三類型「明治・大正期の教育制度に関連する」文献にほぼ重なる。要するに、培根の人格形成を扱う「第一部　思想の形成」の前半部分は幼少期から青年期前半に受けた教育を二種類の文献を用いて分析する。それによって脈々と継承されてきた儒教の教育現場が、近代化に向かう変革期に何であったかをいくつかの地域社会において検証している。たとえば澤潟塾の場合、複数の文献にあたって東澤潟の人物像や澤潟塾の教科内容と教育方針を叙述した後に、培根が受けた教育内容と精神的な影響を考察している。このような分析にはキリスト教教育を専門とした村上の研究関心が生かされている。村上は変化していく教育環境のなかに若い培根を置き、彼の真情を「第一類型」の文献で表現させている。

後半四章の作品二九点を種別でみると、ほとんどが「三、キリスト教関連文献」と「四、同志社関連文献」である。これらを類型でみると、第二類型「伝記および歴史を叙述する」文献と第四類型「明治・大正期の同志社を描く」文献と重なる。前半と同様に後半も、多くの証言に基づいて明治期の同志社を客観的に理解しようとする手法が目立つ。たとえば、従兄の増野悦興が退学する事件が起こる。これについても複数の文献を用いて客観的な状況を描いた上で、培根の心境を推察している。そのような叙述のなかに新島襄の「真情を表現する」書簡やキリスト教による培根の人格形成という主体的な出来事が置かれている。

村上は「第一部」に認められた手法を「第二部　天職を求めて」「第三部　新島襄の教育精神継承と同志社辞職」でも用いている。すなわち、「第二部」ではキリスト教教育と伝道の間で揺れ動く培根を六四点の作品を駆使して冷静に分析した上で、彼の主体的な生き方を置いている。「第三部」では二七点を用いて同志社における大学設置をめぐる動向を俯瞰した上で、培根の主体的な活動を位置づけている。このように検討を重ねると、村上『波多野伝（一）（二）（三）』稿本に見られた「密度の濃い」「充実した記述」が何を意味するかは明らかだと思われる。たとえば「第一部」のテーマである培根の儒教とキリスト教による人格形成を多くの文献を用いて考察した結果、学問的にも内容的にも「密度の濃い」「充実した記述」となった。同じことが「第二部」にも「第三部」にも指摘できる。このような叙述のなかに自らの生き方や天職、真実を求めて行動する培根を置くことによって、その記述は「深く感銘」を覚えさせるものとなった。これが一九七七年に完成し、村上が杉本に渡した『波多野伝（一）（二）（三）』稿本である。

三　「先生後半世の原稿」

仮説②によると、「先生後半世の原稿」として残されているものは村上『波多野伝（四）』稿本である。村上は一九七七年に『波多野伝（一）（二）（三）』稿本を完成すると、「先生後半世の原稿」の編集と執筆にかかった。しかし、「いま村上君は西南学院大学の学長として多忙の身、筆がなかなか進まないというのも無理からぬこと[45]」であった。このような環境にあっても執筆を続けたが、一九八六年以降に原稿の完成を断念する。この時点で「先生後半世の原稿」として書き上げていたのが、「第四部　西南学院における日々」である。けれども、「第四部」は本来計画していた「先生後半世の原稿」には及ばない未完の作品であった。このような事情を踏まえて、「第四部」の作品と使用方法を『波多野伝（一）（二）（三）』稿本と比較検討して、その特色を明らかにしたい。

表六　第四部各章における作品数・史料数・文献数

章	章タイトル	作品数・史料数・文献数
二四	辞職後の日々	六・二・四
二五	柏木義円と「上毛教界月報」	五・〇・五
二六	原田総長の退任	五・三・二
二七	愚公移山への決意	一二・一二・〇
二八	バプテスト文書伝道への協力	五・五・〇
二九	その後の同志社、海老名総長の就任	三・一・二
三〇	西南学院へ	一〇・六・四
三一	斯文会－独逸語研究会	三・三・〇
三二	海老名総長との対決	〇・〇・〇
三三	水町事件	一・一・〇
三四	日曜日問題とドージャー院長排斥事件	五・四・一
三五	ボールデン院長留任事件	一〇・一〇・〇

表六では、作品数は史料数に文献数を加えた数値である。

ところで、表五・表六・表七では自筆の一次史料及びそれに準じる史料と印刷された文献を併せて作品とした。その上で本書の第二部第一章第四節において「第四部」の作品には史料の比率が高い事実を指摘した。しかし、それは具体的にはどのような数値であり、「第一部」から「第三部」との比較からどのような特色を示しているのか。これを検討するために表六を作成して作品と史料及び文献の数値を入れた。さらに「第四部」の数値と「第一部」「第二部」「第三部」を比較するために、表七を作成した。

表七　各部における史料数と文献数

部	タイトル	作品数・史料数・文献数
第一部	思想の形成	五四・九・四五
第二部	天職を求めて	六四・一三・五一
第三部	新島襄の教育精神継承と同志社辞職	二七・七・二〇
第四部	西南学院における日々	六五・四七・一八

表七は興味深い事実を示している。「第一部」の場合、史料数に対して文献数は五倍である。それが「第二部」では約四倍、「第三部」では約三倍となって、史料に対する文献の倍数が減っている。これを「第四部」前半の六章で見ると、史料数が文献数の約二倍となって逆転し、「第四部」後半の六章では史料数が文献数の約五倍となっている。

さらに注目すべき事実がある。まず「第四部」で使用されている史料はすべて一九六六年に波多野政雄氏より西南学院に寄贈されたものである。また「第四部」後半六章の文献五点は西南学院による出版あるいはそれに準じる文献で[46]、すべて学院で手にすることができた。この事実は一九七七年以降に村上寅次が置かれていた状況を明らかに反映している。当時彼は大学学長としてまた学院院長として多忙を極め、西南学院以外で文献を収集する余裕はなかった。それでも、「第四部」前半部分においては「三、キリスト教関連文献」と「四、同志社関連文献」を読んで、『波多野伝』稿本に活かしている。しかし、「第四部」後半になると状況はさらに厳しくなり、西南学院において手にできる文献だけで執筆せざるを得なくなっていた。このような事情は「第四部」の内容に影響した。この点についてはすでに本書の第二部第一章第四節で分析しているので、ここでは視点を変えて別の問題を考察する。

別の問題とは村上寅次が本来構想していた『波多野培根伝』稿本についてである。

「第四部」は一二章から構成されている。これは「第一部」が八章、「第二部」が七章、「第三部」が七章から構成されているのと比較すると、明らかに長い。しかも「第四部」の内容は前半と後半で大きく異なる。さらに、「三五、ボールデン院長留任事件」は一九三六（昭和十一）年の西南学院創立二十周年記念式典の掲載以外は、実質的に一九三三（昭和八）年で終わっている。要するに現在の「第四部」後半は一九二〇（大正九）年に培根が五十三歳で西南学院に奉職してから一九三三年に六十六歳になるまでの約一三年間を扱っているにすぎない。しかし、それ以降培根は一九三八（昭和十三）年に七十一歳で定年退職したが、その後も嘱託講師として一九四四（昭和十九）年まで西南学院に留まっている。彼が学院を去ったのは実に七十七歳のときである。

村上が扱うことのできなかった一〇年余りは戦時体制下にあって時局がますますきびしくなり、西南学院におけるキリスト教教育が困難を極めた時期であった。このときにキリスト教教育を堅持して、学院を象徴する教員として存在感を示したのが波多野培根である。したがって、培根の真価は戦時体制の締め付けが極限にまで及んだあの日々にあった。村上はその培根の姿を見ていた歴史的証人であり、なんとしてでも戦時下におけるキリスト教教育者波多野培根の生き方を『波多野伝』稿本に残したかったに違いない。しかし、村上にはそれができなかった。

このような事情を考慮すると、村上寅次が当初構想していた『波多野伝』稿本は次のようになる。

一、思想の形成
二、天職を求めて
三、新島襄の教育精神継承と同志社辞職
四、五十歳代の旅立ち
五、西南学院における波多野培根
六、キリスト教教育を死守する波多野培根

このように「先生後半世の原稿」を推測すると、一九七七年に村上が杉本に渡した原稿『波多野伝（一）（二）（三）』稿本は文字通り、『波多野伝』の前半部分となる。

第三節　キリスト教教育者　波多野培根

村上寅次は一九三〇（昭和五）年四月から在学した西南学院高等部において学生として日常的に波多野培根と接した。一九三八（昭和十三）年四月に西南学院中学部に奉職すると、二度軍隊に召集された期間を含めて、一〇年余り同労者となった。この間村上は西南学院から全人格的影響を受け、とりわけ培根からは教育への志を込めて教育活動に従事することを教えられた。すなわち、教育への志の継承である。それでは、培根から継承した真実は村上『波多野伝』稿本でどのように叙述されているのか。それは村上『波多野伝』稿本に直接表現される性質のものではない。むしろ、波多野培根の叙述において、その底流に村上の培根に対する真情が流れている。

そこで、キリスト教教育者波多野培根を考察するに際して、三つの側面からの検討が適切だと考えられる。研究活動、追求した義、キリスト教教育の三点である。これら三要素を検討した上でそれらを総合することにより、キリスト教教育者波多野培根の全体像に迫りたい。なお、ここでは検討対象として再度同志社の教育現場に復帰した後の培根に限定する。

一　波多野培根の研究活動

一九〇四（明治三十七）年九月に波多野培根は同志社普通学校の教師となって復帰し、英語・歴史・修身を担当した。以来一九一九（大正八）年一月に退職するまでの叙述で、村上『波多野伝』稿本に培根の研究活動に関する直接の言及はない。しかしたとえば、「二一、カーライルへの傾斜[47]」に記されている「因信而有望」（『同志社時報』第一二〇号、一九一五年五月）は、カーライル理解の的確さと思想の本質に迫る鋭さを示している。その後もカーライル研究を続け、西南学院における「トマス・カーライルの英雄崇拝論に就て」と題する講話（一九四〇年四月十八日）ではその全体像を紹介している。このように西南学院で認められるカーライルの研究成果は、すでに同志社時代に取り組み始められていたことを推測させている。

村上『波多野伝』稿本で初めて培根の研究内容の全体像が示されるのは、「二四、辞職後の日々[48]」においてである。一九一八（大正七）年の小型日記帳の裏表紙に鉛筆による四行の書き込みがある。書き込みの第二項目「静思及び読書」に対応するメモ（一九一八年五月二十七日）があり、研究活動と読書計画の全体像が記されている。

哲人ソクラテス
トマス・アーノルド伝
ペスタロッチー伝　デビス伝
（大儒朱熹及び其感化）

希伯来民族史（サンダース）
基督伝、黙示録及但以理（ダニエル）書註解
読経餘録

カント　実践理性批判（仏訳参考）
クーザン　眞美善論（英訳参考）
マチニー　人間本務論附マチニー伝
フィヒテ　天職論（独和対訳）（英和参考）
ヂュペロア、カントとフィヒテ（教育問題）
（ヒルチ、霊想録）。（ロバートソン説教集）
Farvar《（ママ）》's Seekers after god（一八六九）
(Seneca, Epitenus, marcax Aurelius)

メモは線によって前半部分と後半部分に分けられている。両者の区別は必ずしも明確ではないが、前半は研究関心のあるテーマを並列しているように見える。それによるとギリシャ・ヨーロッパ・中国の哲学者や教育者とその影響、ヘブル民族史とキリスト教思想を幅広く取り上げている。後半はヨーロッパに限定した原書による読書計画である。カントやクーザンの原書を次々と精読したのであろうか。村上は一覧表から三つの傾向を読みとれるとする[49]。第一に優れた教育者像の探求、第二にヘブル民族の宗教思想、第三にドイツ倫理思想に関する文献である。いずれにしても、同志社の混乱に奔走させられたときにはできなかった読書や研究活動に没頭していた様子が読みとれる。

一九二〇（大正九）年九月に波多野培根は西南学院に奉職した。ここで培根はキリスト教教育に打ち込むことを

希望した。そこで、西南学院において安定した培根の研究活動が展開される。主要な研究活動となったのは一九二二（大正十一）年から二二年間続けられた研究会――斯文会とも獨逸語研究会とも呼ばれた――である。[50] 設立当初のメンバーは波多野培根・伊藤祐之・大村匡で、その後柳原愛祐・杉本勝次・猪城英一・篠田一人・品川登などが加わっている。月二回の例会には二名から五名ほどの参加者があった。研究会は次のように実施されていた。

① Die Grundprobleme des Marxismus. von G. Plechanow, ubersetung von M. Nachimson.（プレハノフ『マルキシズムの基本問題』）（ドイツ語版）
第一回、大正十一年十月二十四日（火）…
第一四回、大正十二年七月七日（土）［約四分の三読みて切上］

② Prolegomena. von Immanuel Kant.（インマヌエル・カントの『プロレゴーメナ』）
第一回…（第一五回目）大正十二年十月八日（月）
第一九回（第三三回目）大正十三年三月二十四日（月）［約一〇分の四読みて切上］

③ Der Sozialismus und seine Lebens=gestaltung. von Rudolf Eucken.（ルドルフ・オイッケン『社会主義とその人間形成』）
第一回（第三四回目）大正十三年十一月二十二日（土）
第三二回（第六五回目）大正十四年十月二十四日（土）［全部、読了］

④ Die Bestmmung des Menschen. von Joh. Gottl. Fichte.（フィヒテ『人間の使命』）
第一回（第六六回目）大正十四年一月二十一日（土）
第二九回（第九四回目）大正十五年七月十一日（日）［全部、読了］

⑤ Die Waltanschaungen der grossen Philosohen der Neuzeit. von Dr. Ludwig Busse.（ルドーウヒ・ブッセ『近代の大哲学者の世界観』）

第一回（第九五回目）大正十五年九月十八日（土）

第三一回（第一二五回目）昭和二年六月十六日（木）［全部、読了］

⑥　Geschichte der Socialischen Ideen. von Karl Vorländer.（カール・フォレンダー『社会主義者の理念史』）

第一回（第一二六回目）昭和二年六月十八日（土）

第二一回（第一四六回目）昭和三年三月二十三日（金）［全部、読了］

⑦　Marx als Denker. von Max Adler.（マックス・アドラー『思想家としてのマルクス』）

第一回（第一四七回目）昭和三年五月八日（火）

記録ノートによると、研究会ではドイツ語原典による精読と参加者による活発な討論が行われた。これを先に見たメモと比べると、研究会で扱っていた文献はメモの後半に対応する。近代ドイツにおける人間の精神性に関する諸研究である。村上によるとこれらは二種類に大別できる[51]。マルクスを含めた近代社会主義思想に関連した文献とカントとフィヒテに代表されるドイツ観念論における論理思想に関連した文献である。いずれにしても、ドイツ語原典を学ぶ研究会は、近代社会における人間の精神性に関するドイツにおける研究成果を学び続けていた。

研究会に参加した仲間に杉本勝次がいる。ある鮮明な彼の記憶は、培根の研究活動におけるもう一つの側面を印象的に語っている。

> 謹厳寡黙な先生は自分のことを語られることは滅多にないので、先生の学殖博識は、こちらから叩かねばその底は知れなかった。学は東西に亙り、その語学の強さは抜群であった。五、六人か六、七人で読書会をもち、カーライルやカントのものなどを輪読したのに、そうした折に示された先生の英語、独逸語の読解力の確かさに、私は真に驚嘆した。先生は、ギリシャ語・ラテン語・ヘブル語などにも精通しておられた。自分ではおっしゃらないけれども、フランス語なども読ま

れていたと思う。どうしてあれだけの学力を蓄積されたのだろうと、感じ入ったことである。読書会は会員の家を順番にまわった。先生は福岡にいらした間、ずっと西南の寄宿舎の一室での独り住みであられたが、先生のお部屋にお邪魔をする時、壁一杯の大きな書棚には何百冊もの和漢洋の書物が整然と置かれ、ロンドン・タイムズなどもキチンと少しの乱れもなく整理整頓されていたこと、そして、お部屋には机が二つあって、一つの机は『聖書』を読むためだけの特別なものであったこと、尚、読書会はいつも二時間以上に亘ったが、そうした時、畳の上の場合は、二時間でも三時間でも先生は正座を崩されなかったこと等々、今でも目に見えるようである。[52]

杉本によると、培根の部屋には机が二つあった。そして、「一つの机は『聖書』を読むためだけの特別なものであった」という。この特別な机の前にいつ座ったのか。朝や夜に自覚的に座ったことが考えられる。またもう一つの机では近代ドイツの思想研究に取り組んだのに対して、この机では何をしたのか。最もあり得るのは黙想と聖書の通読である。説教の準備などもしたかもしれない。あるいは聖書研究やキリスト教の研究はどちらの机で行ったのか。いずれにしても、特別な机の存在は培根の研究活動が単に理性的な遂行だけではなかったことを語っている。この机で祈り聖書を学んだ培根は、近代ドイツの思想研究においても精神性や霊性にまで洞察を深めたに違いない。

一九二七（昭和二）年八月二十九日に京都の自宅で開いた王陽明記念の集会[53]は培根の研究活動に示唆を与えている。この日の午前九時から午後五時まで開いたのは、「王陽明先生四百年記念小会」である。八名の来会者に培根は陽明学について講話をしている。その日のメモが残されている。

道学者及び其精神（八月二十九日、陽明四百年記念小会）

（一）　陽明学と朱子学

陽明派の人々が朱子学の弊として指摘せる点。

中学部「百道寮」（上）と高等部「玄南寮」（下）
村上寅次『波多野培根伝（四）』稿本より
提供：西南学院100周年事業推進室

①　格物窮理の弊は、外物拘泥（誠意と云う根本を離る）、支離滅裂（無統一）となる。

②　先知後行の弊は、地と行とが分離

（二）　陽明学とフィヒテ学

その類似点

至良知…王陽明

良心服従…Fichte

西南学院における研究活動でキリスト教と近代ドイツの観念論に取り組んだことは、儒教研究の排除を意味しなかった。キリスト教と近代ドイツにおける人間精神の研究が調和をもって受け止められていたように、儒教・キリスト教・近代ドイツの研究も整合性を持っていた。この事実は近代における日本人の思想形成に関して重要な示唆を持っている。

陽明学をはじめとした儒教は、近世を生きた日本人に主要な倫理感を提供していた。近代化においても多くの日本人が儒教倫理を持ち続けたために、西欧文明は受容してもキリスト教信仰は排除した。そのようななかにあって、培根は儒教の精神性を肯定しつつ、その上でキリスト教信仰を生きた。また、ドイツ観念論を代表するフィヒテを陽明学によって理解しようと試みた。このような研究活動の特色をキリスト教教育の現場に置き換えてみる。すると、培根のキリスト教は儒教の精神性を否定することなく日本人に語ることができた。このように日本人の精神的伝統とキリスト教が矛盾しないで調和した培根の立場は、西南学院が福岡という土壌に根付いていく上で重要な契機を提供していた。

二　波多野培根が追求した義

津和野藩士の家系[54]に生まれた波多野培根にとって、「義」は彼の規範となる価値観であった。培根を感激させ彼の自尊心を培った歴史上の戦いがある。勝山城（山口市阿東町）における波多野内蔵助滋信の籠城戦である。一九三八（昭和十三）年七月十二日に勝山城址を訪ねた培根は、その日の感激を漢詩二首と和歌二首に残している。

孤丘抜地聳蒼空　　孤丘地を抜いて蒼空に聳ゆ
城址仰看形勢雄　　城址仰ぎ看れば形勢雄なり
緑樹蔽山清籟起　　緑樹山を蔽いて清籟起る
似欽家祖殉難功　　欽ぶに似たり家祖殉難の功

挙兵殉義豈為悲　　挙兵義に殉ず豈悲しと為さんや
忠烈偉勲竹帛垂　　忠烈偉勲竹帛に垂る
旧蹟徐催懐古涙　　旧蹟徐ろに催す懐古の涙
勝山城畔立多時　　勝山城畔立つこと多時

勝山の城の址をし尋ぬれば松風語る家祖の昔を
吾も亦天正元亀の武士の裔いよよ勵まむ神の戦に[55]

培根は二首の漢詩で勝山城址の情景を「孤丘」「城址」「緑樹」などによって描写した上で、この地で繰り広げられたかつての戦いを「家祖殉難の功」「挙兵義に殉ず」としている。ここには義を尊び義に殉じた祖先の生き方への誇りと共感がある。村上は「『神の戦』が彼のキリスト教信仰に立つ表明であることはいうまでもない」と記して、義がキリスト教信仰において実践的に継承されていた事実を指摘している。そこで、キリスト教教育者として培根が義をどのように追求したのかを、村上『波多野伝』稿本において検証する。

一九一〇（明治四十三）年八月二十二日に「日韓併合ニ関スル条約」が結ばれると、全国の新聞社は号外でこれを報道した。これは培根に深く義を自覚させる出来事であった。韓国併合に沸く日本社会でそのニュースを知った培根はむしろ憤慨した。そして、かねてよりこれを主張していた海老名弾正に向けた公開状という形式をとって、彼の見解を明らかにした。その内容が述べられている第二段落は次の通りである。

> 少数、曇れる良心の眼＝足下も人間に良心のある事を信じ居らる、ならん＝を拭ひて最近十五年間の出来事を一瞥せん、明治二十七年八月、日清開戦の御詔勅、同三十七年二月、日露開戦の御詔勅、其他、同年同月締切の日韓議定書を初とし機会ある毎に日本国が全世界に聲鳴したる
>
> 韓国の独立、領土の保全云々
>
> の堂々たる大文字、光明を日月と争ふべき大宣言は此度の一擧に由りて全く空言空語と化せしのみならず、日本は事実に於て正義人道の美名の下に恐るべき禍心を包蔵して呑噬侵略を行ふ陰険国と堕落し、新に世界の虎狼国の仲間入りを為したるを思へば、実に国家の為めに漸墳痛恨に堪へざるものあり、従来、仁義を標榜して常に列強国の野心を通罵せる日本人の口は今後、自己の身を呪詛せざるを得ざるに至れり、嗚呼、何たる一大恨事ぞや、知らず日本国は世界を首肯せしむべき如何なる正大の理由に頼りて韓国の合併を行はんとするものぞ、思ふに近日に発布せらるべき韓国合併の宣言書が光輝なき気焔なき平凡文字の羅列たるべきかは今より想像するに難からず。(56)

韓国合併のニュースに沸くなかで、的確に事柄を理解させたのは国際関係における日本国の義に関する思考である。培根は一連の主張の中で「良心の眼」「正義人道」「仁義を標榜」「正大の理由」など、いずれも義に連なる概念を用いて韓国合併が道理に背くと訴えている。義は培根に事柄の善悪を判断させる基準であり、それは個人的な生き方だけでなく国家の政策にまで及んだ。戦争に向かう時代に日本の国が目標とすべき道はどこにあるのか。それを示すのが義であり、世界に日本の義を高く掲げる方向にこそ国家は進まなければならない。後に杉本勝次は「日本の対韓政策、日韓併合は、日本の将来にとって大きな禍いになることを憂慮する、と話されていたこと、それは先生の卓見であったと思う」と述べている。[57]教育者波多野培根は教育現場だけに関心を寄せたのではない。むしろ、義によって国家政策に対しても冷静な判断力を持ち、社会の動きを捉えつつ教育現場に立っていた。

教育現場でも培根は義を教えた。たとえば、陸軍大将大山巌が一九一六（大正五）年十二月十日に死去し、十七日に国葬として葬儀が行われたときである。前日の十二月十六日に培根は同志社中学校のチャペルで大山公について講演を行っている。それは武人としてのふさわしい生き方、武人の義についてであった。講演の最後に語った大山公の生涯の意義は次の通りである。

> 第一に、日露戦争に於る大山公の勲功（満州軍総司令官として）をあげ、併せて「日露戦争の意義」と記している。第二に、「私人として」、「①政治に関係せず、軍人の本領を守る　②党派を造らず（薩閥固めず：大山は鹿児島藩士）　③品行方正（私行上非難すべきことなし）　④不動山の如し」とある。[58]

大山の義は、積極的には軍人としての働きにあった。正義のための戦争を肯定した培根は軍人指導者であった大山の功績を評価していた。消極的には「①政治に関係せず、軍人の本領を守る」立場を貫いた大山を理想的な軍人として尊敬した。この点について村上は、戦時体制下に政治介入を深めていた軍部への批判があると推測している。

軍人が社会において評価を得ており、学生が自分たちの明日を考える上で影響力を持っていた。そのような時代の教育現場で、節度ある軍人像を示したことには意味を認められる。しかも、培根の軍人像の底流には義がある。義は人々をふさわしい生き方へと導く基準であり、軍人に対しては節度ある生き方へと導く力であった。このように培根は講壇から義を語った。

学生に向かって義を説いた培根は、キリスト教教育者にも義を求めた。一九二〇（大正九）年一月の定期理事会で次期総長に海老名弾正が選出されたと聞いた培根からほとばしり出たのが、海老名の義を問う熱情である。海老名は一九〇五（明治三十八）年七月に「同志社は果たして存在の価値ありや」（『新人』第六巻第七号）を発表し、「同志社の使命は新島の死をもって終わった」と主張していた(59)。培根は海老名の義を問い、漢詩に表現している。

聞海老名某同志社總長就任之報
慨然有作

詭辯縦横無寸誠　　詭辯縦横寸誠無し
狡児又瀆總長名　　狡児又總長の名を瀆す
行人聞否御園畔　　行人聞くや否や御園の畔
松籟時為鬼哭聲　　松籟時に鬼哭の聲を為す

彰栄燈暗影層々　　彰栄燈暗く影層々
這裡何驚怪事興　　這裡何ぞ驚く怪事興る
演出一場狸狢劇　　演出す一場狸狢の劇
士紳冠帯拝妖僧　　士紳冠帯して妖僧を拝す

昨論解散今天職　　昨解散を論じ今は天職とす
詭辯縦横轉耐驚　　詭辯縦横轉驚に耐う
勿怪牧師清影薄　　怪しむ勿れ牧師清影薄く
義分二字一毛軽　　義分の二字は一毛より軽きを[60]

培根が、まず問題にしたのは海老名の言葉である。海老名の弁論は「詭辯縦横」であって、わずかな「誠」すらない。昨日は同志社の「解散」を論じていた海老名が、今日はそこに「天職」があると言う。まさに「詭辯」である。したがって、海老名は同志社「總長」の名を「瀆」している。言葉に真実がない同志社では牧師の「清影」さえ薄くなってしまう。そのため、学びの園における「松籟」は「鬼哭」の声を発し、「彰栄燈」さえも暗くなってしまう。これが義を疎んじた同志社の実情であり、「義分」が軽くなっている。

一九二六（大正十五）年七月に開催された同志社評議員会で培根は三選を迎えた海老名に質問している。そのときの様子を日記に残している[61]。海老名に質問した行為を培根は「神に対し、新島先生の霊に対し、同志社に対し、又我良心に対して」為すべきことを為し、言うべきことを言ったと感じている。培根は海老名の何にこだわり、何を質したのであろうか。それが海老名の義を問う事柄であったことは推測できる。海老名に向かって、キリスト教教育者としての人格・言葉・行為における義を質す。培根は長年にわたって負ってきた責任を果たしたと感じていた。

晩年の培根が義についての全体像を語った講演がある。一九四四（昭和十九）年六月三日に西南学院の精神文化研究所設立を記念して行われた講演「基督と愛国」である[62]。しかも、この講演を中心にして培根における義を分析した村上の論文「キリスト教と愛国」[63]もある。しかし、講演「基督と愛国」は村上『波多野伝』稿本では扱われていない。したがって、それらの存在を指摘するにとどめる。

三　波多野培根のキリスト教教育

波多野培根のキリスト教教育は復職後の同志社在任期（一九〇四－一九一八）と西南学院在任期（一九二〇－一九四四）で、力点の置き方に違いが認められる。まず、同志社在任期のキリスト教教育を検討する。

一九〇四（明治三十七）年九月に復帰した培根が翌年六月までの間に記したと思われるメモ[64]がある。これによると、同志社復帰早々に同志社普通学校の問題点と課題を真剣に考えていたことが分かる。さらに、一九〇七（明治四十）年頃に書き残したと思われるメモ「明治三十八年九月以来、力ヲ尽シテ矯正整理シタル点[65]」がある。一九〇五（明治三十八）年八月より普通学校教頭事務取扱を担当していた培根が、取り組んだ事柄の全体像と特色はこのメモから分かる。このように同志社の学内行政全般に関心を持ち、着手した取り組みを詳細に記した書類がある。同志社普通学校教頭事務取扱の立場で一九〇七（明治四十）年に就任した原田助社長に「十年ヲ要スルガ如シ」として提出した書類（以下、「原田宛書類（一九〇七）」と表記する）がそれである。以下の通りである。

［甲］　形式的整理（自　一　至　一六）×已ニ完成　△半バ完成

△（一）　学級数及ビ生徒数ヲ増加スルコト

×（二）　機械標本ノ購入

（三）　礼拝堂内部ノ修繕

（四）　運動部ノ刷新

×（運動場ノ拡張）

×（兵式体操用、銃二百挺購入スルコト）

×（五）　採点法ノ改正

無届欠席ノ取締及ビ成績通知

（操行点ノ採リ方ヲ改正シ、品行点ト学科点トヲ区別スルコト）

×（六）試験ニ於ケル不正行為ヲ厳重ニ取締ルコト

×（七）制服着用ノ勵行

（私服着用ノモノハ無届欠席ト同様ニ取扱フコト）

×（八）休学ノ取締

×（九）入寮規則勵行

（通学生ヲ出来ルダケ減ズルコト）

×（一〇）学費及ビ食料納入規則ノ勵行

×（一一）満十八歳以上ノ者ハ一年級ニ入学ヲ許可セザルコト

×（一二）通知簿

（教務ノ重要事ヲ一々教職員ニ通知スルコト）

×（一三）入学時期

（一学期初メノミ）

（一四）強制的出席

学校ノ公ケノ集会（三大節、創立記念式、運動会）ニ生徒ノ点検ヲ行ヒ出席強ルコト

（一五）午後ノ授業

時間ヲ四十分ニシ二時半ニ一切ノ授業ヲ終ル

（一六）教室整理委員

生徒中ヨリ毎週交替責ニ任ズ

［乙］　実質的整理（自　一七　至　二九）

×（一七）不良学生ノ除名

（同志社学生ノ対面ヲ汚シ、又ハ汚スノ疑アル不良学生ヲ調査シ断然退校ヲ命ズ）

（一八）一年編入学試験

（不幸ニシテ未ダ其時機ニ達セズ）

×（一九）課業ノ集中

（一週一回ノモノヲ二回以上ニ）

×（二〇）科目ノ増加

×（二一）化学ノ実験

（二二）修身科ノ組織

×（二三）発火演習

×（二四）日本習字科ノ専任講師ヲ召聘スルコト

（二五）同志社文学会ノ創立

（二六）普通校ト専門校又ハ神学校トノ連絡

（英語六十五点以下ノ者ハ不可）

（二七）運動部

（二八）寄宿舎

（二九）通学生徒団[66]

なお「（一七）不良学生ノ除名」に関して、培根は一九〇八（明治四十一）年七月二十九日の日付を記した覚書「犯則ニ対スル制裁」（以下、「制裁（一九〇八）」と略記する）を残している。これは「力ヲ尽シテ矯正整理シタル点」と類似しているが、とりわけ力を入れた事柄とその性格をよく表している。

一、通常ノ犯則（喫煙、質入、芝居行等ヲ含ム）ニシテ其性質軽微ナル者ハ、訓戒ヲ加ヘ、操行点ヲ丙ニ減ズ　再犯ハ譴責（或ハ場合ニヨリ論旨退校）トス

二、不正試験、卑劣ナル喧嘩（殴打ヲ含ム）、飲酒又ハ艶書等ハ譴責ニ處シ、操行点ヲ丁ニ減ズ　再犯ハ論旨退校トス

三、倫盗、登楼等ハ論旨退校トス

四、性質軽微ナルモノト雖モ、犯則ノ事情及ビ一般ノ生徒ニ関スル影響如何ニヨリ、重キニ従ヒテ處分スルコトアルベシ

五、懲罰ハ校規ノ振粛上、一般ノ生徒ニ広告スル必要アルモノ而已ヲ広告シ（或ハ「クラス」ニ而已、広告スルコトアルベシ）其他ハ生徒ノ自然ニ之ヲ聞知スルニ任セ置クベシ(67)

培根が構想し着手した一連の取り組みは、「原田宛書類（一九〇七）」と「制裁（一九〇八）」に全体像と実施状況がよく現れている。そこで、これら二つの文書を分析して、同志社復帰直後における培根のキリスト教教育を考えたい。

さて、「原田宛書類（一九〇七）」は「甲　形式的整理」一六項目と「乙　実質的整理」一三項目に区分されている。両者を分けた基準は必ずしも明確ではないが、「甲」には生徒数（一）、備品（二）、建物修繕（三）、規則（五・九・一〇・一一・一二）など、教育環境に関する課題を列挙している。それに対して「乙」では、風紀の改善（一七）、授業の充実（一九・二〇・二一・二二・二三・二四）など、教育現場における課題を挙げている。このように同志社において培根は教育上の課題全般に取り組んでいたことが分かる。その上で「制裁（一九〇八）」を見ると、「（一七）不良学生ノ除名」に関連して学内風紀の向上に力を入れて取り組んでいる様子が浮かんでくる。要するに、普通学校が抱える問題全般の改善に取り組みながら、学内風紀に対しては生徒へのきびしい処分によって解決を目

指していた。これに関連して前章の第二節で「一四、Bonus Pastor」を概観した際に、厳格に学生を処分する姿勢とそれに対する生徒の声を紹介した。このような培根の教育姿勢における根幹となっていた主義は義である。義に対する姿勢が学内風紀の乱れという課題に対して断固とした態度で臨ませた。同志社のキリスト教教育に対する鮮明な認識が間もなく形をとって表現される。しかし、学内風紀に対する取り組みを記した文書にはキリスト教教育への言及はない。

一九〇七（明治四十）年に原田助が社長に就任した頃から、同志社の内外で専門学校令による大学昇格を目指す運動が高まる。普通学校教頭事務取扱として「十年ヲ要スル」改革に着手していた培根は、早急な大学設立には反対であった。同時に、同志社が大きく変革しようとするただなかにあって、改めて原点に立ち戻り同志社のキリスト教教育について考えた。こうして、一九〇九（明治四十二）年八月に「同志社創立者ノ二大主張」と題する抜き書きを書いた。ここには同志社におけるキリスト教教育が自覚され位置づけられている。

第一主張（一）同志社大学ハ私立ナルベキコト、
第二主張（二）同志社大学ノ徳育ハ基督教主義ナルコト。[68]

同志社のキリスト教主義教育に関する考察はその後も続けられ、「続同志社大学設立趣意書」（『同志社時報』一〇三号、一九一三年十月）（以下、「続同志社趣意」と略記する）として発表される。論文のなかで培根は同志社大学の「存在の理由」として、「（その一）自由思想の養成」と並べて「（その二）基督教主義の徳育」を挙げている。次の通りである。[69]

（その二）基督教主義の徳育

洋々たる江河は、遠く深山幽谷に発源するが如く、高尚なる精神修養は、深く実在の根底に基礎を置かねばならぬ。基督教は、宇宙の根源力を精神的に把捉して、これを絶対無限の普遍心霊なりと観じ、道義の源泉と安立の聖境とをその中に求めんとする一大宗教である。「神は霊なれば拝する者も亦、霊と真とを以て之を拝すべし。」とは、斯教の真髄を約説したる名句である。今少しく具体的に言えば、神子基督の人格中に神性の完全なる表現を見、これを信仰することに拠りて聖化せられ、一切の旧悪を解脱して新人となるのである。茲に吾人の人格の完成がある。然し、基督教は、唯これのみを以て満足するものではない。有ゆる虚偽や罪悪と戦うて、これを征服し、正義公道を世界に布き、神国を建設せざれば已まざるの決心を有するものである。

同志社は、この高貴なる信仰に燃えたる一偉人が祈と熱涙とを以て建てた学校なることは、茲に改めて言うまでもない。同志社に於て、善なるもの、美なるもの、真なるもの、その淵源を尋ぬれば、一としてこの信仰より生まれ出でざるはない。この大信念に依りて学生の人格を陶冶し精神を訓練し、その理想を高尚ならしめ、その気迫を雄大ならしめ、その心術を誠実ならしめ、その品性を純潔ならしめ、彼等を清めてこれを国家の聖壇に捧げんとするは、創立者が死しても斃れても止まざる所の願望であった。同志社が一小私学なるに拘らず、名声を天下に掲げ、日本の社会に多大の貢献を為せしは、全く基督教的徳育の賜であると言わねばならぬ。実に基督教の活信仰は学校の生命にして、同志社をして将来諸学校との角逐競争に於て勝利を得せしむる唯一の武器となり、また、保証となるものである。今や無神唯物の謬論天下に瀰漫し、功利成功の説その間に交じりて、人心次第に不信懐疑に陥り、旧道徳の権威地に堕ちて、社会は虚偽と罪悪の蔽う所とならんとす。官私立大学の道徳教育は、混沌として何等の定見も確信もない。日本精神界の危機、今日より甚だしきはない。この重大なる時期に当たり、同志社大学が精神教育上に一大特色を発揮し、道義の異彩を鮮かに放ちて四方の暗黒を照らし、依て以て学界の宿題を解き、更に活信仰の源泉を開きて一般民衆の心霊の渇を医せんことを、社会は熱望して已まぬように思われる。

「我シオンの義、朝日の光輝の如くに出で、エルサレムの救、燃ゆる松火の如くになる迄はシオンの為めに黙せず、エルサレムの為めに休まざるべし。」
（「以賽亜書」第六十二章一節）

「続同志社趣意」の執筆に至った培根は新島襄に立ち帰っている。あわただしく学内政治に明け暮れるなかでもう一度新島と彼のいくつかの文書とに真向かいになり、同志社のキリスト教を静かに吟味し直し、キリスト教教育が持つ意味を考察している。「続同志社趣意」の「（その二）基督教主義の徳育」も前半部分と後半部分に分かれる。前半で培根は世界の一大宗教であるキリスト教は「吾人の人格の完成」をもたらすだけでなく、「神国を建設せざれば已まざるの決心」という社会的性格を持つという。そして、同志社がこのキリスト教を淵源とすることによって学生の人格を磨き育てて社会に有用な人材として送り出してきたとする。さらに教育事業を通して社会的には小さな存在でありながらも、同志社は社会への貢献によって高い評価を得てきたという。このような理解、それが大学設立をめぐって激動する同志社の渦中にあってもう一度原点に立ち戻った培根が出会った真実である。それは新島襄を校祖としてキリスト教によって人を育ててきた同志社教育に対する再認識でもあった。この認識はあわただしく活動していた培根を同志社の原点に立ち戻らせたであろう。しかし所詮、理念は理念にすぎない。あのとき、培根が立ち戻った同志社のキリスト教教育の理念は、教育現場で学生たちと共に育った事柄としては述べられていないからである。

一九一八（大正七）年一月に同志社を退職した培根は、一九二〇（大正九）年九月に西南学院中学の教員となるまで自由と不安が表裏をなす不安定な約二年半を過ごした。培根五十一歳から五十三歳にかけての時期である。福音書店を営んでいた宣教師ワーンの招きで一九一九（大正八）年の後半を下関壇ノ浦で過ごした後、一九二〇年春には京都に帰っていた。そして、この年の一月二十三日、新島襄召天の三〇年目の記念日を迎える。培根はこの日の朝に若王

新島襄の墓（京都，若王寺山頂）

寺山の新島襄の墓前を参拝したであろう。墓前の培根にどのような思いがこみ上げてきたであろうか。それを推測させるのが、漢詩「師教」である。

師教（新島先師第三十記念日）

師教懇篤猶存耳　　師教懇篤にして猶耳に存す
回顧當年涙満瞼　　當年を回顧し涙瞼に満つ
黽勉須磨魂一片　　黽勉して須らく磨くべし魂一片
神光未普照皇州　　神光未だ普ねく皇州を照さず

（三四転用新島先師之句）

解説

同志社は創立記念日の十一月二十九日と新島襄の記念日一月二十三日の朝に若王寺山にある新島襄の墓前で祈祷会を開いている。波多野培根は一九二〇年一月二十三日の朝に同志社が主催する祈祷会に参加したであろうか。それは分からないが、少なくともこの日の朝に一人で新島の墓前に立ち手を合わせて祈りを捧げたであろう。「師教懇篤にして猶耳に存す」とは、その時に培根の全身にこみあげてきた真情を切々と表現している。あの時、培根は三〇年前の感受性に富んだ若い心に立ち帰っていて、その心に新島襄が彼に語りかけた一つひとつの言葉が響いていた。祈りを込め全身で語りかける新島の言葉は三〇年経っても切々と培根の心を打った。だから、「當年を回顧し涙瞼に満つ」のである。若い日の経験に自己を投入しながらも、一方では現実に立ち戻ることによって「當年を回顧し」と言う。他方で三〇年前の感動に震える心を抱えつつ「涙瞼に満つ」と告白する。これが、新島襄の墓前において培根の全身に起こった出来事である。その上で、培根は新鮮な心で「黽勉して須らく磨くべし魂一片」と初心にかえって修学への志を述べる。勉学に勤しみ、魂を磨く。それは師の教えを受けた者としてふさわしく立ち、なすべき業であった。しかも、新島の教えによると、己の修学は自分一人の事柄に留まらない。「神光未だ普ねく皇州を照さず」という現実があるからである。日本の国は神光に照らし出される日を待ち望んでいる。だから、一片を照らす光となるべく励まねばならない。

「師教（新島先師第三十記念日）」を書いた日の培根は、同志社の改革運動に邁進しあるいはキリスト教教育の理念を学生に説いたときとは、違った場に立っている。在職中も新島襄を思い起こし、キリスト教教育に賭ける志に学んで、全力で同志社の教育事業に取り組んでいた。しかし、あのときの培根は教員として多くの課題を抱え込み、責任を負っていた。だから、退職してなお同志社に対する責任感が脳裏を離れることはなかった。しかし、同志社を離れて一年が過ぎ下関の壇ノ浦に身を置いたとき、多くの囚われから培根は解放されていった。それで、一九二〇年一月二十三日に新島襄の墓前に立ったとき、三〇年前に薫陶を受けた日のことがよみがえり、その感動が培根を捉えずにはおかなかった。培根は確かに師から教えを受けた若い日の自分に立ち帰っていた。教えを受けて勉学に志し、大いなる幻を懐いた心を取り戻していた。この経験が同志社在職中と西南学院在職中における培根のキリスト教教育の取り組みを大きく変えた。

一九二〇（大正九）年九月に西南学院に奉職した培根は、一九二四（大正十三）年九月に記した「三事」（以下、「三事（一九二四）」と記す）において、自らの使命を自覚している。「三事（一九二四）」は、三項目について名称を付けた上で解説をしている。[70] それから三年後の一九二七（昭和二）年九月六日付の覚書に残された「三事」（以下、「三事（一九二七）」と記す）もある。[71]

「三事（一九二七）」は、三項目についてそれぞれの名称を記した上で簡単なコメントを付けたメモである。さらに、一九三六（昭和十一）年五月の西南学院創立二十周年記念日に書き残した四項目からなる覚書「予が十六年間勤続中聊か西南学院のために盡くしたりと思う点[72]」がある。その内容は「三事（一九二四・一九二七）」に準じる。これら三点の覚書は西南学院において培根が明確で一貫した使命感をもって教育活動に従事した事実を示している。三点のうちで最も詳しく内容を記しているのが、「三事（一九二四）」である。ここでは、「三事（一九二四）」によって、西南学院における培根のキリスト教教育を検討する。

西南学院における培根のキリスト教教育は第一に、「三、聖堂（禮拝）」を主要な柱とした。そこで、「チャペルの集会を規則正しく行ふ」ことを務め、チャペルを「学生の信念涵養の機会」として、「彼等の純真なる信念と堅実なる信念と堅実なる品性とを養成する」ことを目指した。このような人格の育成を意図するチャペルへの志向性は「一、歴史（欧州近世史）」「二、哲学（哲学史）及び論文」にも通じる。教えることが単なる知識の伝達に終わらないように努めていたからである。むしろ、「一、歴史（欧州近世史）」では「健全にして博大なる国民的精神を学生の心に涵養する」ことを目指し、「二、哲学（哲学史）及び論文」では「健全且つ廣汎にして深味ある精神的人生観の理論的背景を学生の心に扶植すること」を務めた。要するにキリスト教教育はチャペルにおいても授業によっても学生の健全な人格の形成を目的とした。第二は、培根の研究活動との関わりである。「一、歴史（欧州近世史）」と「二、哲学（哲学史）及び論文」は、西南学院で日常的に取り組んでいた研究活動が背景にある。培根は自らも真摯に学びつつ学生に「一、歴史（欧州近世史）」「二、哲学（哲学史）及び論文」を教えた。自ら学び続けることによって、学問研究に対して学生と同じ立場に立っていた。したがって、彼のクラスは一方的に高みから講義するものではなく、学生に教えつつも共に生きた学問を学ぶ場となっていた。そこで第三に、西南学院における培根のキリスト教教育に教育現場にこだわる、いわば現場主義を指摘できる。たとえば、村上は培根がチャペル現場を大切にした様子を「自ら進んでその運営を担当したチャペル（学校礼拝）講話」において、具体的にその様子を紹介している[73]。かつて同志社でしていたように学内行政に関わることもなくただ教育理念を教えるのでもなく、培根は西南学院において教育現場を何よりも重んじた。そして、そこで学生と共に過ごし、チャペルや講義を通じた。そして、育ちゆく学生を誇りとし喜びとしたのである。

おわりに

村上寅次『波多野培根伝』稿本の研究が明らかにした真実は、波多野培根から村上寅次に継承されたキリスト教教育への志である。一九三〇（昭和五）年四月西南学院高等部に入学した村上は、四年間培根の薫陶によって全人格的な影響を受けた。なかでもキリスト教教育に対する培根の真摯な姿勢は村上の魂に深く刻み込まれた。だからこそ、一九三八（昭和十三）年四月西南学院中学部に奉職した村上は、一九八四（昭和五十九）年十二月に西南学院大学を退職するまでキリスト教教育者波多野培根を想起し教えを受け続けた。これが村上『波多野伝』稿本が構想され執筆された背景である。

ところで、波多野培根から村上寅次にキリスト教教育の志を継承する出来事が西南学院の教育現場で起こっていたことを、どのように評価し記憶すればよいのであろうか。これまで学院史研究においてC・K・ドージャーをはじめとする宣教師の活動が注目されてきた。彼らが重要な役割を果たしたことはいうまでもない。しかし、それは学院史における一面にすぎない。教育現場には学生・生徒に対する教育活動と人格形成に地道に取り組んできた多くの日本人教職員がいるからである。日本の近現代という困難な課題に次々と直面した時代の福岡という地域社会にあって、西南学院はキリスト教に基づく教育事業によって貢献してきた。そのかなりの部分は、質量ともに日本人教職員の誠実な働きに拠る。培根から村上へのキリスト教教育の志の継承という出来事もまた、そのなかに位置づけられる。したがって、西南学院史は日本人教職員が担ったこれらの貢献をふさわしく叙述し伝えるべきであろう。

ところで、日本キリスト教史や西南学院史において波多野培根を取り上げる上である種の難しさがある。この難しさは彼が皇室を敬っていた事実に対する評価からきている。戦後民主主義のリベラルな立場は戦前戦中の天皇制統治機構に対して極めて批判的であり、戦後のキリスト教史研究は多分にその影響を受けてきた。両者には共通する思想・歴史観・社会的立場があるからである。しかし、天皇制に対する批判的なイデオロギーを内包した立場で、戦前戦中を生きた波多野培根を正当に研究できるのであろうか。そこで、培根の研究においてはまず歴史研究の原点に立つことを提唱したい。すなわち、イデオロギーに基づく価値判断をひとまず排除して、波多野培根を彼自身に即して分析し考察する。何らかのイデオロギーに基づく評価が必要であれば、その上で自らが立つ価値観を自覚し、歴史研究による研究成果に対する判断を下していけばよいのである。

私学西南学院はキリスト教教育の継承をもって内実とし、生命ともする。したがって、西南学院史にはいずれの時期にも様々な形式と内容を伴ったキリスト教教育の継承という出来事があった。波多野培根から村上寅次へと伝えられたキリスト教教育の継承は重要ではあるが、その一事例にすぎないという側面も持つ。

注

(1) 村上寅次の「履歴書」によると、村上は一九三八年四月に西南学院中学部に就職している。他方、『西南学院七十年史　上巻』（五三七頁）は一九三六年の西南学院中学部の宗教部活動の中に村上寅次を教員として記している。この報告からすると村上は一九三六年には西南学院中学部の教員として在職していた。また、村上寅次『歌集　望郷』（二九頁）には、「一九三六年　福岡市西新の西南学院高等学部に入学　百道松原の学寮に生活す」とある。ここにも「一九三六年」とあり、村上が西南学院中学部に就職した年が高等学部入学と誤って記憶された可能性を考えさせる。しかし、西南学院中学部の就職時については「履歴書」を採用した。

（2）村上寅次『歌集　望郷』四七－四八頁

（3）旧制中学校の修業年数は五年間であった。したがって村上の場合、一九二五年四月に八幡中学校に入学し、一九三〇年三月に卒業したと推定される。

（4）西南学院高等部の当時の修業年数は四年間であった。したがって、村上は一九三〇年四月から一九三四年三月まで在学したと考えられる。なお、彼が所属した学科は商科である。この事実は彼自身の証言によって確認できる。『西南学院七十年史　上巻』七二七頁

（5）村上寅次は一九三八年四月（他の資料によると一九三六年四月）に西南学院中学部に就職すると、早い時期から教師として宗教部活動に参加していた。この事実は西南学院高等部在学中に村上がキリスト教と実存的に出会っていた可能性を推測させる。

（6）村上寅次、前掲書、五〇－五五頁

（7）村上寅次『教育的実存とキリスト教――福音の下における教育論――』ヨルダン社、一九六二年

（8）村上寅次、前掲書、三頁

（9）『教育的実存とキリスト教』は三部構成となっている。

第一部　教育的実存とキリスト教
第二部　プロテスタント教育の歴史的展開
第三部　現代キリスト教教育研究の動向

（10）玄南寮は三階建てで一部屋八畳に学生二人が生活した。定員数は五〇名で、培根は三階の西端の部屋であった。参照、村上寅次『波多野培根伝（四）』稿本、一一八六－一一八八頁

（11）参照、村上寅次『歌集　望郷』二九頁。『西南学院七十年史　上巻』六二七－六二八頁

（12）村上寅次『波多野培根伝（一）』稿本、二頁

（13）村上寅次編『SEINAN GAKUIN Today and Yesterday　創立三十五周年記念　一九五一』西南学院、一九五一年。『創立三十五周年

記念』誌によると村上は当時西南学院大学商文学科専任講師であり、教育原理を担当している。「履歴書」によると、西南学院中学校で教えながら西南学院大学学芸部非常勤講師を兼任している。一九五一年当時の村上の略歴について、ここでは『創立三十五周年記念』誌の記述を採用した。

(14)「述志三首」は『勝山餘籟』（二六〇頁）にも載っている。

(15)杉本勝次「建学の精神に立脚して――使命達成を神に誓う――」（村上寅次編、前掲書、二頁）。杉本は当時学校法人西南学院の理事長であった。

(16)伊藤祐之「義と愛との人波多野培根先生の片影」（村上寅次編、前掲書、六－七頁）。伊藤祐之は当時西南学院大学商文学科の教授で、基督教概論を担当していた。

(17)「波多野先生と掲示板」（村上寅次編、前掲書、七頁）、無記名の執筆者は編集者であった村上寅次の可能性がある。

(18)「座談会　あの頃の学生生活を語る」（村上寅次編、前掲書、一三－一四頁）

(19)「波多野培根における儒教とプロテスタンティズム」は波多野培根先生遺文集刊行会編『勝山餘籟――波多野培根先生遺文集――』（二九五－三〇六頁）に再掲載されている。

(20)「波多野培根における『キリスト教と愛国』の問題」は波多野培根先生遺文集刊行会編、前掲書（三〇七－三一七頁）に再掲載されている。

(21)「新島襄と波多野培根――明治教育精神史の一断面――」は、一九七六年五月十一日に西南学院創立六十周年を記念して大学学術研究所主催で行われた講演会における記録に加筆したものである。

(22)「波多野培根における儒教とプロテスタンティズム」（波多野培根先生遺文集刊行会編、前掲書、二九五頁）

(23)「波多野培根における儒教とプロテスタンティズム」（波多野培根先生遺文集刊行会編、前掲書、二九七頁）

(24)「波多野培根における儒教とプロテスタンティズム」（波多野培根先生遺文集刊行会編、前掲書、二九八頁）

(25)「波多野培根における儒教とプロテスタンティズム」（波多野培根先生遺文集刊行会編、前掲書、三〇二頁）

(26)「波多野培根における儒教とプロテスタンティズム」（波多野培根先生遺文集刊行会編、前掲書、三〇四頁）

(27)「波多野培根における儒教とプロテスタンティズム」（波多野培根先生遺文集刊行会編、前掲書、三〇五頁）

(28) 一九四四年四月七日、一九四四年六月十一日、一九四五年九月九日の三度である。参照、波多野培根先生遺文集刊行会編、前掲書、二八七－二九〇頁

(29) 『勝山餘籟』の出版事業については、以下を参照。『西南学院七十年史　下巻』一八〇－一八一頁、塩野和夫「西南学院史史料研究（一）学院編集室史」（『西南学院史紀要』第一号、一六－三九頁）

(30) 村上寅次は波多野培根先生遺文集刊行会の委員を担当している。ところで、村上が刊行会において主導的な役割を果たしたことを窺わせる事柄がいくつもある。たとえば、村上寅次『歌集　望郷』の奥付は彼の主要な著書として『教育的実存とキリスト教』と『勝山餘籟』を並べている。これには十分な理由があると判断できる。

(31) 「宗教・思想」に収められている作品は次の通りである。

「一つにならん為」
「『聖書』の英訳について」
「アルプス国民に対する感謝」
「ラルネッド老博士を送る」
「隠れたるに見たまう神」
「ヘンドリー教授の『創造主神』を読む」
「アブラハムと星の教訓」
「人間とは何ぞや」

(32) 「歴史・教育」に収録されているのは次の通りである。

「続同志社大学設立趣意書」
「徳川光圀公を憶う」
「京都同志社に就いて」
「教育瑣言」
「原城陥落の三百年紀」

「新島先生の生涯の意義」

(33)「講演」に掲載されているのは「基督と愛国」である。

(34)「詩歌」は「漢詩」と「和歌」から構成されている。

(35)（付）「波多野培根先生の人と思想」には次の六項目がある。

「（一）波多野培根先生略年譜」
「（二）勝山學人の雅号の由来」
「（三）澤潟塾の教育について」
「（四）波多野培根先生と西南学院」
「（五）書名『勝山餘籟』について」
「（六）波多野培根先生著作目録」

(36)「解説－村上寅次」には村上の二本の論文が置かれている。

「波多野培根における儒教とプロテスタンティズム――日本キリスト教教育史の一断面」
「波多野培根における『キリスト教と愛国』の問題」

(37) 杉本勝次「序」（『勝山餘籟』）は三頁に及ぶが、頁の記載がない。

(38)「序」には「昭和五十二年十月十日」という日付が記されている。

(39) 村上寅次は一九七六（昭和五十一）年十二月から一九八四（昭和五十九）年十二月まで西南学院大学学長職にあった。

(40) 第一部に含まれている一九六五年から一九七六年にかけて出版された文献は次の通りである。『同志社五十年史』昭和四十（一九六五）年、海原徹「山口県の中等教育」（本山幸彦編『明治前期学校成立史』昭和四十［一九六五］年）、大岡昇「東澤潟の生涯」（『山口県地方史研究』十八号、昭和四十二［一九六七］年）、手塚竜麿「同志社英学校と東京の私学」（『英語史の周辺』昭和四十三［一九六八］年）、『津和野町史』第一巻、津和野町史刊行会、昭和四十五（一九七〇）年、桂芳樹「東澤潟」岩国徴古館、昭和四十八（一九七三）年、和田洋一編『新島襄』（人と思想シリーズ）、昭和四十九（一九七四）年、内田守編『ユーカリの実るを待って――リデルとライトの生涯――』昭和五十一（一九七六）年

(41) 第二部に含まれている一九六二年から一九七九年にかけて出版された八冊の文献は次の通りである。本多虎雄「波多野先生の思い出」（『同志社時報』八八号、昭和三十七［一九六二］年）、石川芳次郎「私の学生時代」（『同志社時報』四七号、昭和四十七［一九七二］年）、『同志社九十年小史』昭和四十（一九六五）年、笠原芳光「柏木義円」（和田洋一編『同志社の思想家たち』昭和四十［一九六五］年）、加藤延雄「波多野培根」（『同志社時報』二三号、昭和四十一［一九六六］年）、伊谷隆一『非戦の思想』昭和四十二（一九六七）年、増野肇「キリスト教ユニバーサリストの渡来」（『早稲田大学商学』二三七号、昭和四十八［一九七三］年）、『同志社百年史通史編』昭和五十四（一九七九）年。『同志社百年史通史編』（一九七九）は、「第二部」（一九七七）完成の後に関連文献として追加されたと推測される。

(42) 第三部で参考にされた文献で一九七九年に出版されたのは次の通りである。『同志社百年史通史編』昭和五十四（一九七九）年、『同志社百年史通史編』（一九七九）は、「第二部」と同様に「第三部」でも完成した後に関連文献として加えられたと思われる。

(43) 参照、「編集後記」（『勝山餘籟』三一九－三二〇頁）

(44) 第一部の前半四章は儒教による波多野の思想形成、後半の四章は同志社のキリスト教による思想形成を扱う。したがって培根における儒教とキリスト教に関しては、一九五九年に村上が発表した論文「儒教とプロテスタンティズム」と『波多野伝（一）』稿本は補い合う関係を持つ。前者が理論的考察であり、後者は歴史的考察である。

(45) 「履歴書」によると、村上寅次は一九七六年四月から一九八四年三月まで西南学院大学学長職にある。その上、一九八〇年四月から一九八四年三月まで西南学院院長を兼務している。彼は一九八四年十二月に西南学院大学を退職している。

(46) 第四部後半の六章において使用されている文献は次の通りである。波多野培根先生遺文集刊行会編『勝山餘籟』一九七七年、波多野培根「健全なる学風の養成」（『中学部学友会会報』第四号、一九二一年）、三串一士「痛ましい思い出」（第一部）（『西南学院大学広報』第二七号、一九七四年）、伊藤祐之『忘れ得ぬ人びと』、西南学院史企画委員会『西南学院七十年史　上巻』一九八六年

(47) 「カーライルへの傾斜」（村上『波多野伝（三）』稿本、七九六－八一四頁）

(48) 「辞職後の日々」（村上『波多野伝（四）』稿本、九三九－九五五頁）

(49) 村上『波多野伝（四）』稿本、九五五頁

(50) 参照、「三一、斯文会－獨逸語研究会」（村上『波多野伝（四）』稿本、一一〇四－一一三五頁）

(51) 参照、村上『波多野伝（四）』稿本、一一一三－一一二〇頁
(52) 杉本勝次「序」（『勝山餘籟』）
(53) 参照、村上『波多野伝（四）』稿本、一一二二－一一二八頁
(54) 「波多野家の津和野藩における禄高は百七十石馬廻り別称物頭の家格で、藩士の内上級に属していた。」村上『波多野伝（一）』稿本、五頁
(55) 村上『波多野伝（一）』稿本、一一－一五頁
(56) 村上『波多野伝（三）』稿本、六三三－六四八頁
(57) 杉本勝次「序」（『勝山餘籟』）
(58) 村上『波多野伝（三）』稿本、八二九－八三〇頁
(59) 村上『波多野伝（二）』稿本、五四四－五六二頁
(60) 村上『波多野伝（四）』稿本、一〇二六－一〇二七頁
(61) 村上『波多野伝（四）』稿本、一一三九－一一四二頁
(62) 波多野培根「基督と愛国」（『勝山餘籟』一九七－二四一頁）
(63) 村上寅次「波多野培根における『キリスト教と愛国』の問題」（『勝山餘籟』三〇七－三一七頁）
(64) メモには次の通り、記されている。

同志社（普通学校）の改善（明治三十八年以後に着手すべき事項）

一、専任校長を得る事
二、教務部の整理
三、寮務部の整理
四、伝道部（宗教部）の整理
五、運動部（体育部）の整理
「スクール・ゲーム」の制定

柔道部の拡張・角力の新設

春秋の水陸大運動会に全員強制出席

高等学校の刷新

一、専門校を政治科（又は経済科）、文科の二部門に分つ事

二、独逸語を専門校に入るる事及び英語の通訳を過程中に入るる事

三、文科を出来得べくんば文学科・哲学科の二種に小区分する事

四、書籍館（図書館）を改築して之を拡張する事

五、神学校の程度を高め、規模を一新し、大に英語の力を養ふ事

女学校の刷新

女学校を整理し「ミッション・スクール」臭味を根本より打破する事

参照、村上『波多野伝（二）』稿本、五四一－五四三頁

（65）次の通りである。

明治三十八年九月以来、力ヲ尽シテ矯正整理シタル点

○三大欠点

（一）生徒数ノ少ナキコト

（二）設備ノ不充分ナルコト

（三）校舎ノ不潔乱雑ナルコト

○四大悪事（学風ノ弛廃）

（一）無届欠席ノ多キコト

（二）試験ノ不正行為頻繁ナルコト

（三）学費及ビ食料ノ納入法、甚敷乱レオルコト

（四）不良生徒ノ（比較的）多キコト

参照、村上『波多野伝（二）』稿本、五六三－五六四頁

(66) 村上『波多野伝（二）』稿本、五七九－五八三頁

(67) 村上、前掲書、六〇三－六〇五頁

(68) 村上『波多野伝（三）』稿本、六七七－六八一頁

(69) 村上『波多野伝（四）』稿本、七三三－七六〇頁。なお、村上「波多野伝」稿本は「続同志社大学設立趣意書」の要旨を記している。それに対して『勝山餘籟』は全文を載せている。ここでは「続同志社大学設立趣意書」（『勝山餘籟』九五－一〇三頁）から引用している。

(70) 村上『波多野伝（四）』稿本、一〇八五－一〇八七頁。なお、「三事（一九二四）」は本書の二六四－二六五頁に載っている。

(71) 「三事（一九二七）」は次の通りである。

一、哲学　唯物又ハ不可知論＝精神哲学（有神論）

二、信仰及道徳

合理派、自由派＝正統派（超自然主義）

功利、実用…直覚、道義（良心）

三、国家　有らゆる形式のデモクラシー＝皇室中心主義

村上『波多野伝（四）』稿本、一一〇二頁。

(72) 村上『波多野伝（四）』稿本、一二五三－一二五四頁。なお、「予が十六年間勤続中聊か西南学院のために盡くしたりと思う点」は、本書の二〇八－二〇九頁にある。

(73) 村上『波多野伝（四）』稿本、一〇九九－一一〇一頁

第三部　キリスト教教育の現場

西南学院はキリスト教によって人間を育てる教育機関である。そうであるならば、現在の西南学院はどのようにして学生・生徒を育てているのであろうか。

「第一部」と「第二部」は、いずれも歴史研究であった。歴史において時間は、過去・現在・未来とつながっている。したがって、西南学院史研究は学院の現在におけるキリスト教教育に関心を持つ。さらに、明日の姿をスケッチする。

このような要請を受けてまとめたのが、「第三部」である。第三部は対象と内容から三区分できる。「一、教師に向けて語った講演」「二、教師の立場から語ったメッセージ」「三、学生の振る舞いと声」である。興味深いことに、「一」「二」はほぼ脳梗塞を患う前に話していた。「三」は脳梗塞の後遺症によって身体障害者となってからの作品である。

一、教師に向けて語った講演

第一章第二節　キリスト教教育と祈り

第一章第三節　高校生の課題とキリスト教教育

第三章第一節　キリスト教学の目的と内容

二、教師の立場から語ったメッセージ

第一章第一節　使命を生きる

第二章第一節　好きが一番

第二章第三節　ぼくのクリスマス

三、学生の振る舞いと声

第二章第二節　キリスト教学と私

第三章第二節　学生の声　その1

第三章第三節　学生の声　その2

教育現場は教職員と学生で構成される。その意味で、現在のキリスト教教育の現場は、「一」「二」「三」でその全体を表現している。そのなかで教職員に重点を置いているのは、「一」「二」である。それに対して、学生の反応を扱っているのが「三」である。

西南学院史研究が明らかにした真実は、教師から生徒・学生へとバトンタッチされていくキリスト教教育の継承である。したがって、西南学院でキリスト教教育を受容した彼らがいつの日かそれを引き継いで、それぞれの場で活躍してくれることを期待されている。

第一章　キリスト教教育を担う

第一節　使命を生きる[1]

はじめに

一九四五（昭和二十）年八月九日午前十一時二分、長崎市浦上上空で原子爆弾が炸裂しました。爆弾の投下地点からわずか五〇〇メートルという近距離にあった鎮西学院は、一瞬のうちに校舎・体育館・寄宿舎などが壊滅し全焼しました。教職員と生徒の多くが命を奪われ、その数は一二〇名を越えました。長崎市全体では実に七万四千名の命が奪われました。

原子爆弾に壊滅した鎮西学院の写真は、どれを見ても心の痛むものです。無残な姿が、これでもかこれでもかと映し出されています。すべてが廃墟と化したなかに、ぽつんと四階建て校舎の外壁が残っています。しかし、その内部は瓦礫の山です。壁を支えていた鉄柱が無残な姿をさらけ出しています。

そこは教育現場でした。当時、すでに六〇年を越える歴史を持ち、たゆまぬ教育を通して人間を育て続けてきた教育の現場でした。その教育現場が破壊しつくされている。この事実は、ただ建物が破壊されたことだけを意味するのではありません。最も人間にふさわしい振る舞い、人間が人間であろうとする教育という営み、そのような営み自体が破壊されたことをも意味します。

そうだとすると、原子爆弾という恐ろしい力の前に教育は無力なのでしょうか。どんなに誠実に人を育て、そのための教育を行っても、恐ろしい力の前には一人ひとりの力は何の役にも立たないのでしょうか。

一　外出禁止令の街を歩く牧師

長崎市に原子爆弾が投下された前日、八月八日にソ連軍がかつて日本の支配していた中国東北部に一斉に進撃を始めました。日本軍はなすすべもありません。広大な満洲国はたちまちにソ連軍の支配下に置かれました。東北部にハルピンという大きな町があります。この町にその頃、日本メソヂストハルピン教会がありました。牧師は伊東平次といって、鎮西学院の出身者です。伊東平次牧師の説教を直接聞いたことはありません。しかし、テープで聞きました。そのなかで印象的な説教が、ソ連軍の支配下に置かれた時のハルピン教会を語ったものです。

日本軍は戦いに敗れ、町はソ連軍の支配下にありました。町に残された日本人は本当に不安な日々を過ごしていました。そんな状況にあって伊東牧師は黙々と日曜日には礼拝を行い、平日には会員宅を訪ねて慰めを語っていました。ある土曜日の午後でした。ソ連軍が教会に来て、「明日、教会堂をソ連軍に引き渡すように」と告げていきます。伊東牧師が「明日は日曜日で礼拝がある。礼拝を終えてから引き渡したい」と希望を申し出たところ、それが認められます。

そこで伊東牧師は服装を正し、胸ポケットに聖書を入れ、夜の町へ出かけて行ったのです。ハルピンの町には夜間外出禁止令が出ていました。ですから、見つかると射殺されても仕方ありません。万一射殺された時に、自分が何者であるかを示すために、伊東牧師は胸ポケットに聖書を入れていたのです。彼があえて夜間外出禁止の町へ出かけて行ったのは、「明日の日曜日に行う礼拝が最後になる」ことを知らせるためでした。ハルピンの教会役員の家を一軒一軒訪ねて、「明日の礼拝が最後になる。だから、ぜひ礼拝に出席してほしい」と伝えて回ったのでした。

その時の心境を伊東牧師は説教で、このように語っていました。

> 不思議と心のなかは平安でした。危険なのです。射殺されるかもしれない。しかし、服装を正し、聖書を胸ポケットに入れて歩いた時、心は不思議と平安でした。

二　三つのメッセージ

あえて夜間外出禁止の町へ出かけて行った伊東平次牧師、その生き方と生涯から三つのメッセージを聞きたいと思います。

第一は、伊東牧師が鎮西学院中学部の出身者である事実です。彼は当時の町名でいうと、佐賀県の東与賀村に生まれます。そして、長崎市にあった鎮西学院で学びました。そのときに出会った宣教師から、伊東は文字通り生涯を変えられます。宣教師から受けた人格的な影響によってキリスト教徒になっただけでなく、牧師として生涯働くことになるからです。

伊東が働いた教会とその期間を紹介しましょう。

石川県の七尾教会（一九一六－一九二〇）
韓国の仁川教会（一九二〇－一九二二）

伊東平次　八丈島中之郷伝道所前にて
写真・児島昭雄（『信徒の友』1967年3月号）

神戸市の神戸栄光教会（一九二五－一九二六）
沖縄県の那覇教会（一九二六－一九三一）
長崎県の飽之浦教会（一九三一－一九三七）
中国東北部のハルピン教会（一九三七－一九四五）
諫早市の諫早教会（一九五三－一九五六）
東京都の八丈島中之郷伝道所（一九五六－一九七二）

どういう卒業生を出したかで学校は分かるといいます。伊東平次は牧師らしい牧師でした。そういう人物を生み出す教育力が鎮西学院にはありました。若い皆さんにも、鎮西学院から人生の大切な真実をしっかりと学びとってほしいと願います。

第二に学びたいことは、なぜ伊東牧師が夜間外出禁止の町に出かけて行ったのか、その理由に関係しています。彼が出かけて行った理由は目的から分かります。伊東牧師は夜の町を歩いて、教会役員の家を一軒一軒訪ねました。そして、「最後となる明日の礼拝に出席するように！」と促して回ったのです。つまり礼拝です。日曜日の礼拝は伊東牧師にとって、あえて夜間外出禁止の町へ出かけて行くほど大切なものでした。そこに彼の使命があったからです。

皆さん、皆さん一人ひとりには必ず担うべき使命があります。人は皆、自分が担うべき使命があるからです。その使命に出会い、使命を担って生きるとき、人は本当に生きることができます。しかも、使命を担って生きるなかで、かけがえのないものが生まれてきます。それは何物にも代えることのできない大切なものであり、暴力で破壊されてはならない宝物です。

第三に学びたいこと、それは平和に関係します。伊東牧師は夜間外出禁止の町へ出て行ったときの心境をこのように語っていました。

不思議と心のなかは平安でした。

一つ間違えれば、殺されるかもしれないのです。そんな時に、なぜ心に平安があったのでしょう。ここに大切な真理があります。「人は皆、担うべき使命がある！」と言いました。さらに言うと、「担うべき使命」に誠実に取り組んでいると、そこには深い平安が伴うものなのです。なぜなら、そのような人の魂に神から送られてくる「シャローム（平安）」が宿るからです。

イエスは言われました。

平和を実現する人々は、幸いである。（マタイ福音書第五章九節）

「平和を実現する人々」とは誰のことでしょうか。それは平和運動の活動家だけではありません。家庭であっても学校であっても、その人に与えられた使命に誠実に打ち込んでいる人、暴力によって壊されてはならない大切なものを心を込めて育てている人、その人たちはまさに平和を実現する人々です。そのような人々は、日々の生活と仕事を通して平和を作り出しているのです。

三　平和を実現する人々

初めに一つの問いを出しました。原子爆弾のような圧倒的な力の前に、私たち一人ひとりはあまりにも無力なのではないでしょうか。確かにそうです。一人ひとりの力は無力に見えます。圧倒的な力の前に、心を込めて育てたものはあまりにも小さく思えます。それでも、一人ひとりが平和を生み出していくとき、そこにおいて私たちはすでに悪しき力を乗り越えています。だから、悪しき力を乗り越えて真実に生きる人の心には平安が宿るのです。この平安はどんなに小さくても平和を生み出しているしるしです。

どうぞ、皆さんは神から送られてくる「シャローム（平安）」を生きる人となって下さい。自分の使命を見つけ出して下さい。そして、心を込めて、力を注いで、かけがえのない大切なものを育てて下さい。そのときに、皆さんも「平和を実現する人々」の一人として生きているのです。

祈りましょう。

八月九日という平和を心に刻みつける日に、私たちはもう一度、あなたの前に集っています。神は平和の神であり、平安を送って下さる方です。そうであるにもかかわらず、世界には暴力があり、戦争があり、人権を踏みにじる行為があります。そのような社会にあって、私たちはもう一度、平和への決意を新たにしています。ここに集う一人ひとりは小さくても、神の平安を生き、平和を実現する者であることができるように祝し、導いて下さい。

主イエスの御名によって、祈ります。アーメン

第二節　キリスト教教育と祈り②

はじめに

研修会のテーマ「命を尊ぶ教育――新しい展望を求めて――」から、一つのことを思い出しました。西南学院大学に来て間もない頃です。天台宗西九州支部の方々から講師に招かれました。研修会のテーマは「共生」でした。共に生きることを学ぶにあたって、このような事柄を先んじて考えてきたキリスト教から学びたいという趣旨でした。「命を尊ぶ」ことも新しい課題ではありません。古くから取り組んできました。キリスト教教育は早くから、「生命」「人権」「個性」を重んじてきました。だからこそ、この古くて新しい課題について「新しい展望を求めて」なのでしょう。

　私は中学校・高等学校・大学と、キリスト教教育で育てられました。そこで、自らが育てられたことを事例として、様々な角度から生きた姿を伝えたいと願います。そのなかにはもちろん「命を尊ぶこと」があるわけですが、具体的な事例には示唆が多く含まれています。今回は講演のときを二度与えられています。そこで、一回目は「キリスト教教育と祈り」を主題として、私が受けた教育を事例とします。二回目は「高校生の課題とキリスト教教育」を主題として、どのように私が育てられたかを交えます。

　そこで、本論に入る前に「祈りの人イエス」についてです。イエスは祈りの人でした。イエスがどのように祈り、祈りについて教えられたのかをまず聖書から学びます。その上で、祈りとキリスト教教育を考えます。

　マタイ福音書第四章一～一一節をご覧ください。この箇所でイエスは洗礼を受けた後、荒野に退いて四〇日四〇夜断食して祈っておられます。祈りにおいて、神からの使命を確認し、それを達成する方法を求められたのです。次にルカ福音書第六章一二〜一六節をご覧ください。ここでイエスは一二人の弟子を選ぶにあたって、夜を徹して祈っておられます。弟子の選択は、イエスの死後に宣教活動を継続するため重要な意味を持っていました。さらに、マタイ福音書第二六章三一〜四一節です。ここはゲッセマネの園で祈るイエスを記しています。十字架にかけられる前に血の汗を流して祈られたのです。このように聖書は様々な場面において祈る姿を描いています。イエスは日常的にも祈り、とりわけ節目となるときには真剣に祈られました。

このように聖書を見ますと、イエスが深い祈りの人であったことは明らかです。しかし、彼が祈りの人であった事実とキリスト教教育はどのように関わるのでしょうか。あるいは、イエスの祈りを私たちはどのように教育の現場に生かしていくことができるのでしょうか。ここに、「キリスト教教育と祈り」に向けた問いがあります。

このような課題を覚えながら、マタイ福音書第六章五〜八節の学びに入ります。

一　聖書の学び１　マタイ福音書第六章五〜六節

マタイ福音書第六章五〜八節はイエスが祈りについて教えられた重要な箇所の一つです。ここから祈りの根本精神を学び、その意味を探りたいと思います。まず、五〜六節です。

五　祈るときにも、あなたがたは偽善者のようであってはならない。偽善者たちは、人に見てもらおうと、会堂や大通りの角に立って祈りたがる。はっきり言っておく。彼らはすでに報いを受けている。

六　だから、あなたが祈るときは、奥まった自分の部屋に入って戸を閉め、隠れたところにおられるあなたの父に祈りなさい。そうすれば、隠れたことを見ておられるあなたの父が報いてくださる。

学者によりますと、マタイ福音書第六章一～一八節は当時のユダヤ人の三つの善行をまとめています。二～四節が「施し」、五～八節が「祈り」、一六～一八節が「断食」です。また、まとめる際にイエスの言葉に編集者の手が入ったと考えられます。このことは五～八節の「祈り」についてもいえます。ここをまとめる際にも、マタイの手が入ったと考えられます。これらを踏まえて原典を読むときに、テキストの深い所に祈りに対する透徹した考えがあると思いました。そして、おそらくこの精神性はイエス自身にさかのぼると考えました。そこで、イエス自身に基づく祈りの精神性から学びたいのです。

五節に「偽善者」とあります。ユダヤでは一日に三度、祈りのときを定めていました。ですから、どこにいてもその時間になると人々は祈りました。そのときにわざと大通りの角や会堂にいて、人々の前で堂々と祈る人たちがいた。イエスはこのような人々を指して「偽善者」と呼ばれたのです。祈りは神に捧げるものだからです。人の目が気になる。授業でした話がどのように生徒に聞かれたのかが気になる。自然なことです。悪いことではありません。しかし、祈りは神にのみ集中すべきものです。その祈りのときに本当は人の目に関心が向いている。イエスはこのような人々の心の有り様を鋭く見抜いて、「偽善者」と呼ばれた。そして、「祈るときにも、あなたがたは偽善者のようであってはならない」と注意されたのです。

六節には偽善者の過ちに陥らないためのアドバイスがあります。「だから、あなたが祈るときは、奥まった自分の部屋に入って戸を閉め、隠れたところにおられるあなたの父に祈りなさい」。この助言は、祈りが神にのみ集中すべきであるという精神性に基づいています。そして、あるべき祈りを捧げるために必要なことを簡潔に示しています。すなわち、人の目を気にしなくてもよい場所に自分を置く。そこで一心に神に向かって祈るのです。

ところで、五～六節には二度「報い」という言葉が出てきます。すなわち、五節に「彼らはすでに報いを受けている」とあります。人の目を気にする祈りは、人の目を受けることによってすでに「報い」を受けている。しかし、最も大切な神との関わりはなかったわけですから、祈りを通して神との交わりに生きることにはならない。六節には「隠れたことを見ておられるあなたの父が報いてくださる」とあります。祈るときに神との交わりに置かれていた。実はそのこと自体が「報い」なのです。それだけではありません。「報いてくださる」は未来形だからです。つまり、今後も神の祝福を受けるのです。その祝福を神に期待してよいというのです。

このように「祈りにおける偽善」「祈りにふさわしい場所」「祈りに対する神からの報い」を学びますと、マタイ福音書第六章五〜六節には、祈りに関する根本的な精神が語られていたことが分かります。それは「祈りは神にのみ集中すべきこと」です。祈りに関するこのような精神性はイエス自身にさかのぼると考えています。

二　教職員の祈り

祈りにおける神への集中という特質を誤解しないために、一つのことをいっておきます。

マタイ福音書第一八章一九〜二〇節にこのようにあります。

一九　また、はっきり言っておくが、どのような願い事であれ、あなた方のうち二人が地上で心を一つにして求めるなら、わたしの天の父はそれをかなえてくださる。

二〇　二人または三人がわたしの名によって集まるところには、わたしもその中にいるのである。

ここで語られている「あなた方のうち二人が地上で心を一つにして求める」、あるいは「二人または三人がわたしの名によって集まるところ」は、いずれも共に祈っている場を表現しています。つまり、そこで私たちの祈りは人の前にあります。人に聞かれています。しかも、イエスはそれを「良し！」とされ、「わたしもその中にいる」とさえ言われます。これはマタイ福音書第六章五〜六節の教えと矛盾しないのか。矛盾しないのです。第六章五〜六節における祈りの精神は、「祈りは神に集中すること」でした。それに対して偽善者の祈りは、祈りを装いながら内心では人の目に関心が向いていました。ところが、マタイ福音書第一八章一九～二〇節で祈っている人たちの関心は神に向いています。共に神に向かう。神に向かいつつ祈る。このような祈りにおいて偽善者の過ちに落ち込むことはないのです。

祈りとは神に集中することでした。神に集中しつつ共に祈る。祈りつつ課題を共に担う。そこに「イエスは共にいる」と言われます。それでは、このような祈りの精神性はキリスト教教育に何を意味するのでしょうか。ところで、何がキリスト教教育を保証するのかと問うときキリスト教学校は一つの課題の前に立たされています。キリスト教学校において教えている科目は公立学校と同じです。確かに、キリスト教学校は聖書を教え、チャペルを行っています。それらは重要なキリスト教教育のプログラムです。しかし、聖書を教えチャペルを行っていれば、それでキリスト教教育だといえるのでしょうか。

ここで大切なことはキリスト教教育の担い手です。間違いなくそれはキリスト教学校の教職員です。だから、祈りの精神性に関する問いは教職員に向けられています。生徒は気付かなくてもいいのです。それでも彼らは祈られている。教職員の祈りのうちに置かれている。祈りのうちにあって生徒はキリスト教教育を受けています。

私の経験を紹介しましょう。中学・高校と柔道部に所属しておりました。そして、高校三年生のクリスマス（それは十二月二十日でした）に洗礼を受けました。その年の八月末にすでに柔道部は引退していたのです。しかしなぜか年が明けてすぐに、私は柔道部の部長先生に受洗の報告にうかがいました。そのときの先生の言葉にびっくりしました。こうおっしゃったのです。

> そうか、洗礼を受けたか。塩野が教会に行っていることは前から知っていた。それで私もずっと塩野を見守っていた。

そうか、塩野も洗礼を受けたか。それはおめでとう！

柔道部の部長先生は、キリスト教徒だったのです。それで先生は教会に通い始めた中学生のころから、ずっと見守っていて下さいました。先生の祈りは目には見えませんでした。しかし教会に通い始めてからずっと先生の祈りのうちに置かれていたのです。だから、なぜか分からないけれども先生には受洗の報告に行ったのです。

もう一つの事例を紹介します。高校二年生の春に校長から心を揺さぶり動かされた経験があります。こういう先生の言葉があります。

　教育とは所詮、一つの魂が一つの心を揺さぶり動かすことに他ならない。

校長が私たちを信頼し教育に打ち込むために、こんなにも苦悩され先生の顔が歪んでいるのを見たときに、私の心は激しく揺れざるを得ませんでした。

祈りは多くの場合、何もないかのように過ぎていきます。それでも祈っているからこそ、様々なケースにふさわしく対応できます。あるいは、ときに祈りは祈られている者の心を揺さぶり動かします。いずれにしても、キリスト教教育では、教職員の祈りのうちに生徒・学生は見守られているのです。

三　聖書の学び2　マタイ福音書第六章七～八節

続いて、マタイ福音書第六章七～八節から学びます。

七　また、あなたがたが祈るときは、異邦人のようにくどくどと述べてはならない。異邦人は、言葉数が多ければ、聞き入れられると思い込んでいる。

八　彼らのまねをしてはならない。あなたがたの父は、願う前から、あなたがたに必要なものをご存じなのだ。

七節に「異邦人」とあります。ここで「異邦人」と呼ばれているのは、祈りは「言葉数が多ければ、聞き入れられると思い込んでいる」人たちです。彼らは祈ります。「くどくどと」「言葉数が多」く祈ります。なぜなら、聖書の神を知らないからです。本当は関心もないのです。だから、神の心を自分に向けさせ、願いを聞き入れさせようとします。そのために、長く祈り多くの捧げものをします。つまり、異邦人にとって長い祈りや多くの捧げものは、祈りが聞かれるための根拠であり、救われる手段なのです。しかし、人間の祈りや捧げものが人を救うのでしょうか。

八節でイエスは「彼らのまねをしてはならない」と前置きして言われます。「あなたがたの父は、願う前から、あなたがたに必要なものをご存じなのだ」と。勘違いしてはなりません。どんなに熱心な祈りも素晴らしい言葉も、それが人を救うのではありません。そもそも祈りは人を救うための手段ではなく、聞かれることを第一の目的とするものでもありません。イエスが教えておられる通り、すでに神は一切をご存じなのです。分かっておられるというだけでなく、神は誰よりも私たちの味方でいてくださいます。

祈りとはこの神を信じて、イエス・キリストを介して神との生きた人格的な交わりを持つことです。祈りの第一の目的は神との交わりに生きることなのです。

そこで、祈りの熱心について誤解を避けるために申し上げておきます。ルカ福音書第一一章八～九節をご覧ください。

八　しかし、言っておく。その人は、友達だからということでは起きて何か与えるようなことはなくても、しつように頼めば、起きて来て必要なものは何でも与えるであろう。

九　そこで、わたしは言っておく。求めなさい。そうすれば、与えられる。探しなさい。そうすれば、見つかる。門をたたきなさい。そうすれば、開かれる。

ここでイエスは執拗に求める祈りを勧めておられます。

しかし、この勧めは、「くどくどと述べてはならない」という教えと矛盾しないのか。矛盾しないのです。大切なことは祈りの根本精神をしっかりと踏まえることです。マタイ福音書第六章五～八節にあった「異邦人のようにくどくどと述べてはならない」祈りには、神への信頼という基本がありません。そこにあったのは自分への信頼であり、祈りと捧げもので願いを達成しようとする思いです。それに対してルカ福音書第一一章八～九節の祈りは、神への信頼を前提にしています。信頼があるからこそ祈りは熱心になります。このような熱い祈りによって、イエスは「求めなさい」と勧めておられるのです。

四　「祈り」を伝える

イエスが教えて下さったように、神を信じて祈る。キリスト教教育においてはおおらかに祈り、ときに熱心に祈ることが大切でしょう。二つの事例を紹介しながらお話しします。一つは性急すぎた教師の話です。

キリスト教学校で、直接習っていないのですが、評判の悪い先生がいました。複数の先輩から聞いた話で、どこまでが本当かは分かりません。彼は数学の教師でした。ところが、数学の授業のほとんどで「聖書の話をしていた」と言います。数学の授業はどうしたかというと、「付け足しのように数学を教えていた」と聞きました。ある生徒から文句が出たとき、彼は生徒の数学の成績を公表してその批判を無視したといいます。私はこの教師は「キリスト教教育を間違っていた」と考えます。数学を教えず聖書を教えることによって、かえって多くの生徒に誤解を与え、キリスト教教育に躓かせたと思います。

キリスト教学校で教職員は生徒を思って祈ります。しかし、この祈りはあくまで学校教育の一環においてなされるべきものです。だから、生徒の成長を見守りながら、伸びやかになされる祈りがふさわしいのです。数学の先生は伝道に熱心なあまり、性急に過ぎたと思います。

もう一つの事例です。資料の「よみがえる言葉の輝き[3]」に、恩師生島吉造校長の言葉「塩野君には私の志を継いでほしい」があります。先生はその前にこういうことをおっしゃいました。「塩野君には、キリスト教教育に打ち込む私の志を分かってもらえたと信じている」。そういう前置きをして、校長は一高校生の前に頭を下げられたのです。

> 塩野君には私の志を継いでほしいと思っている。
> ひとつ、私の志を継いで、キリスト教教育に携わってもらえないかね。

キリスト教教育では魂と心が触れ合います。日常の教育活動を通じて教師の魂と生徒の心が触れ合う。そのようにして生徒は人間として成長していくのです。このような教育現場の根底に教職員の祈りがあります。だから、教師は生徒に教育への志を託すのです。

私のことをいいますと、二〇年間、生島校長から託された志が分かりませんでした。忘れていたわけではありません。決して忘れていたわけではない。しかし、それが何を意味するのか分からなかった。初めの一〇年間、牧師ひとすじに歩みました。そして、牧師を続けることに決定的に躓きます。どこを見ても真っ暗でした。唯一つ確かなこと、それは躓いたままでは本当には生きられないことでした。だから、躓きを克服するために研究したのです。研究する傍らで、偶然ある大学で非常勤講師を務めました。教えていると学生が確実に成長してくれます。相談を受けた何人かの学生は自らの課題を克服しました。そのように学生と共に歩んで彼らの成長を喜び、課題の克服を伝える手紙を読んだとき、生島校長から託された志が鮮やかによみがえってきたのです。

それは、新しい生き方を示していました。だから、私は今、キリスト教教育を担う者として立たされているのです。かつてキリスト教教育で育てられ、教育の志を託された者として、祈りを込めて取り組んでいるのです。

第三節　高校生の課題とキリスト教教育——強さと弱さをめぐって[4]——

はじめに

講演Ⅰで紹介しましたように、私はキリスト教教育で育てられました。中学・高校を先生方の温かい眼差しと深い祈りのもとに育てられました。その経験がキリスト教教育を考える原点にあります。ですから、二回の講演においても、いくつかの経験を交えながらご一緒に考えたいのです。

キリスト教教育の担い手は現場の教職員です。そこで、教職員にとってキリスト教教育とは何なのかという観点から、講演Ⅰではお話ししました。講演Ⅱではキリスト教教育の対象である高校生を想定して講演します。中学生・高校生というのは、自我に目覚める時期です。端的に言うと人間の生き死にが切実な課題となって、生き方を真剣に求めます。そんな高校生に対してキリスト教教育は何であるのか。私の模索を紹介しながらお話しします。

一　たこやき屋のおばちゃんとの出会い

運命的な瞬間を経験したのは中学二年生の八月上旬です。この年の七月下旬から一週間、初めての柔道部合宿に石川県の金沢へ出かけていました。中学・高校一貫の学校でしたので、柔道部も高校生と中学生が一緒でした。午前中の練習は県立体育館に出かけ、県警機動隊の方々の胸を借りて練習しました。高校生の先輩がゴムまりのように投げ飛ばされていました。午後は市内の高校に出かけて行って、練習試合と合同練習をします。一週間の合宿で、心身ともにくたくたになって帰りました。極度の疲れがあったせいかもしれません。あの日あのとき、突然に一つの直感が私の全身を走ったのです。「人は死ぬ。お前の父親も、母親も死ぬ。いや、お前も死に直面しつつ、生きている存在だ」。一瞬の直感は私を変えていました。

死の問題を克服するために、まず尋ねたのは親鸞の教えでした。親鸞が生死を超えた宗教的真実を生きていたことは疑いようがありません。しかし、親鸞が教える「阿弥陀如来」が中学生には信心の作りもののように思えてなりませんでした。そこで、中学三年生の六月第二週からキリスト教の教会に通い始めました。熱心に通い始めて半年ほど経ったときです。母が「和夫、井《わかし》さんのおばちゃんもクリスチャンやで」と教えてくれたのです。母はそろばんを教えていました。そろばん教室の壁を背にして、たこ焼き屋がありました。おばちゃんはそこでたこ焼きを焼いていました。早速、おばちゃんと相談して二人で聖書を学ぶことにしました。

資料として配った「たこやき屋のおばちゃん」[5]の第一連です。私は二十六歳から一〇年間、牧師をしました。ひとまず仕事を切り上げ勉強するために大阪に帰ったときに、おばちゃんの死が伝えられます。たちまち十五歳の冬の思い出が次々とよみがえってきました。そこで思い出をまとめたのが、「たこやき屋のおばちゃん」です。

第二連です。中学三年生から家庭教師をしていました。ですから、小遣いはそれ以来もらったことがありません。

けれでも、アルバイトで得たお金がありました。その頃、たこ焼きは五〇円で一〇個買えました。それで柔道の練習を終えて家に帰ると、五〇円玉一つを握りしめて真っ直ぐにたこやき屋に行きました。たこ焼きを食べ終わると、私が聖書を読み話をしました。手を休めることなく、おばちゃんは静かに耳を傾けていました。

第三連です。それからおばちゃんの話が始まります。何度も話されたのは悲しかったことです。そのなかに病気のお父さん（お連れ合いのことです）の話がありました。お二人は鹿児島県の出身でしたが、仕事を求めて大阪に来られます。お父さんが元気なときは鉄工所で働いておられました。しかし病を得てからは、おばちゃんのたこ焼きで生活されたのです。お子さんは三人おられました。一番上はお姉さん、次にお兄さんです。お兄さんは小学校三年生くらいから新聞配達をして、家計を助けられたそうです。そして、一番下の弟さんです。この弟がまだ一年生くらいのときに、一合のお酒を酒屋まで買いに行かせます。それがおばちゃんの悲しかったことです。でも、お父さんの楽しみはお酒だった。

第四連です。おばちゃんの笑顔と共によみがえってくる言葉もあります。その一つにおいしいたこ焼きの秘密があります。夜九時を回って、いつものように買って下さるお客さんを話すときも本当に嬉しそうでした。

第五連です。お父さんの死について何回も聞きました。いつも温かな思いが伝わってくる語り口でした。おばちゃんからお父さんの悪口や不平を聞いたことは一度もありません。

第六連です。お父さんを送ってから、おばちゃんは貧乏の辛さを経験されます。ある日、借金をお願いするために大阪の親戚を何軒も回りました。しかし、誰からも助けてもらえません。くたびれきって電車のつり革によりかかりうとうとしたときに、目の前に天使が現れます。ためらいながら、しかし深い真実を込めて、おばちゃんは天使を語られました。

第七連です。おばちゃんの話は生活そのものでした。貧乏や病気、それに伴って悲しみや弱さがありました。しかし、貧しい生活における笑顔と確かな支え、そこには生活者であるおばちゃんの強さがありました。

おばちゃんに見る人間の強さと弱さ、このような人間の現実をすでに高校生も経験しています。

二　高校生と「強さと弱さ」

自我に目覚めた高校生は、様々な課題を担いながら自己実現に取り組み始めます。そこで具体的な形をとる問題の一つが強さと弱さです。たとえば成績です。どこの高校でも成績を基準とします。成績の良い生徒はできる生徒です。彼らは成績がよいだけです。そうであるのにまるで人間的にも優れているかのように見なされます。成績の悪い生徒はできない生徒です。彼らは人間的にもどこか劣っているかのように見なされます。要するに、成績を基準とする社会においてできる生徒は強く、できない生徒は弱い。だから、多くの生徒が強くなるために勉強をします。成績が上がると将来の可能性も広がるからです。

けれども、成績は本当に人間の基準なのでしょうか。生島校長はしばしばこのように話しておられました。

> 塩野君、今の高校教育では点数を取れない生徒はそれだけで評価されない。しかし、点数だけで人間は計れるものではない。いいかい、彼らは成績では計れない良いものをいっぱい持っている。だから学校では評価されないが、社会に出ると成績の悪い生徒が大いに活躍するものだ。成績だけでは人間を計れないことを塩野君には分かっていてもらいたい。

そうして、生島校長は成績の悪い者や停学を食らった生徒を校長室や自宅に招いて、彼らを大切にしておられた。教育者として生島校長は成績と人間に関する見識をお持ちであったと思います。ただし、先生の認識は点数が生徒を評価している高校の現実を前提とします。私も成績は生徒の全人格のごく一部を計るものにすぎないと考えます。ところが、ごく一部の判断であるはずの成績が、まるで彼らの全体を表すかのように見なされている。だから、生徒は勉強します。それはふさわしく生きるための勉強ではありません。そうではなく多くの点数を取るための勉強です。そこでは学問は点数に支配されており、生徒の青春も点数を取るための勉強に支配されています。

このようにして、点数のための勉強に打ち込んで優れた成績を取る。将来の可能性を勝ちとる。しかし、そこで周辺を見回してしばしば気付かされる。青春を犠牲にしてでも優れた成績を取るために打ち込んできた。その結果、多くの可能性を勝ち得た。事実、現在の日本社会ではそのようにしなければ生きることができない。試験に勝ち抜く強さがなければ生きぬくことはできない。しかし、何か物足りないのです。何かが忘れ去られている。しかも、忘れてきた何かが彼らを人間らしく生かすのではないか。

宇和島で牧師をしていたときに教会が百周年を迎えました。それで教会創立百周年記念事業を計画して、教会の百年史を刊行するなどしました。そのなかに聖餐卓を新しくする企画がありました。いろいろ調べてお願いした大工さんは、神社仏閣なども手掛けられる方でした。丁寧な仕事をして下さったのですが、その大工さんから伺った興味深い言葉があります。「木でもよ、強い木には癖がある。優しい木には強さがない。強さと優しさを併せ持つのが難しいのは、木も人間も同じことよ」。

高校生が未来を切り開いていくためには強くなければならない。しかし、強さだけでは人間らしく生きることにならない。人間らしい優しい心がいるし、優しい思いを共有する友達を欠かすことができない。しかし、あの大工さんが言ったように、「強さと優しさを併せ持つのが難しいのは、木も人間も同じ」ことである。高校生はどうすれば強さと優しさを併せ持つことができるのでしょうか。

三　弱さを直視する

強さと弱さをめぐる高校生の葛藤について、私の場合を紹介します。中学・高校と柔道部に入っていました。後に気付いたことですが、柔道に打ち込む日々にはただ強さだけを求めていました。それは自分の弱さに目を向けない強さでした。

柔道部に入部したのは中学一年生の十二月初頭で、初試合は中学二年生の五月に行われた大阪府大会でした。大阪府立体育館を会場にした試合に中学二年生の軽量級で出場したのですが、体重四五キロ以下という条件がありました。ところが、出場が決まった二月に五二キロあったのです。それで、七キロも減量してふらふらになりながら試合に出ました。結果は大阪府大会三位でした。高校生になって一年生の新人戦からいつも先鋒で出場し、二年生五月の私学大会は団体戦三位、六月のインターハイ予選も団体戦三位、八月の国体予選は団体戦二位でした。私の記憶では新人戦の引き分けを除いてすべて勝ちました。そんなふうに柔道に明け暮れ、強さを目指していました。

その一方で中学三年生から家庭教師をしていて、高校二年生のときには兄弟二人を見ていました。その頃、出席していた教会で学習教室が開かれます。ご両親を説得して兄弟二人を週に一回だけ勉強会に参加させました。その日には柔道の練習を終えると教会に直行します。勉強会がおわると彼らの家に帰り、それから彼らを教えたのです。ところで、教会についてから勉強会が終わるまで三〇分ほどありました。それで待っていると牧師が帰って来られる。書斎に牧師のおやつが用意されていました。ところが、そこに高校二年生の生徒がぽつんと一人でいる。牧師は書斎に行くとおやつを持ってきて、その半分を下さった。空腹の高校生には本当においしかった。そして、印刷の仕事を手伝うのです。当時はガリ版です。すでに用意してあったガリ版を印刷していく。牧師が刷られて、刷られた紙を私は一枚ずつ取っていく。そんなふうにして一緒に仕事をしていると、「塩野さん、塩野さんは私の話を聞いて下さいますか」と言って、牧師から話しかけてこられる。その話が信じられないものでした。自分の弱さや自分の悲しみを「塩野さんはどう思われますか?」と問いかけながら正直に話されるのです。そこにおられたのはいつも見かけている牧師ではありません。貧乏のつらさを話されたたこやき屋のおばちゃんがそうであったように、とても素直でありのままを語られているように思いました。あの牧師の真実な姿が私を導くのですが、そんなことは想像もできませんでした。

高校二年生の冬、体育はサッカーでした。あの日もボールを追いかけてグラウンドを駆け回っていました。誰よりも早くボールに着いてヘッディングしたり、蹴ったりしていました。ところが、グラウンドの隅で追いついて伸ばした左足がボールに乗ってそのまま倒れてしまったのです。ボキィ！と足首が悲鳴をあげ、しばらく立てません。ようやく立ちあがっても、とても歩けません。それで仲間二人に両脇から抱えてもらい柔道部の部室に行きました。途中に手ごろな角材が落ちていて、それを杖にして何とか歩いたのです。すぐに接骨院に行って治療してもらい、柔道の練習はしばらく休みました。しかし五月の私学大会、六月のインターハイに出場するためいつまでも休んでいるわけにはいきません。痛む足首を「痛くない、痛くない！」と言い聞かせて、練習を再開しました。ところが、すぐに同じ箇所を痛めて、五月と六月の試合出場は断念しました。

三月も下旬に入って、八月の国体予選に出場するためにトレーニングを始めなければなりません。たまたま誘っていただいた岐阜県の神岡鉱山に行き、そこの山小屋で筋力トレーニングを始めました。山小屋までは深い雪の道を行くのですが、痛む足首に「痛くない、痛くない！」と言い聞かせて、山に登ったのです。確か神岡に行って三日目です。その日は朝から雪が降り続いていたのですが、夕方になって母から電報がきます。「ボクシシス、スグカエレ」とありました。信じられません。それでも尋ねたところ、根雪の上に一メートル五〇センチも雪が降ると、「雪崩の危険があって、明日は車は走れない」ということです。仕方がないので、翌日は近所の保育園の雪降ろしを手伝いました。それでも、頭のなかにあるのはただただ牧師のことでした。そんなふうに過ごしていた夕方です。大きな雪山の山際に沿って、天に上っていかれる牧師の幻が思われたのです。そして、牧師のイメージと共に一つの言葉がはっきりと語りかけてきました。

大里牧師にとって、死は人生の終わりではない。
罪の力も大里牧師の生涯を破壊できないからである。
大里牧師は自分の弱さに正直に生きられた。
神の恵みによって生かされたからである。
神の恵みに生かされた生涯は、神によって完成される。

それは思いがけない語りかけであり、長く探求していた生死の問題に対する答えでもありました。その語りかけはまた、「自分の弱さに正直になりなさい！」と勧めていました。だから、大阪に帰るとすぐに整形外科に行って、左足首の検査と診察を受けました。「足首の筋が伸びているので、歩くこともよくない。まして柔道をするなどとんでもない」という診断で、柔道にはドクターストップが厳しくかけられました。医師の言葉の前に、自分の弱さを直視しないではおれませんでした。あのとき、初めて自分の弱さを直視し受け入れました。それはひたすら強さを目指していた者にとって、つらく悲しいことでした。しかし弱さを直視しないで、本当の強さはないと分かりました。このようにして弱さを直視したときに、改めて雪山で見た大里牧師の幻が思われました。そして、弱さのあるままに牧師が生かされたように、恵みに生かされる者へと導かれキリスト教信仰の道に入ったのです。

四　パウロの誇りと弱さ——Ⅱコリント第一二章一～一〇節——

ここで、パウロの言葉から学びたいと思います。Ⅱコリント第一二章一～一〇節です。パウロは二つのことを誇っています。一つは「第三の天にまで引き上げられた」ことであり、もう一つは彼自身の「弱さ」です。二つの誇りに対して語り口は明らかに違います。

「第三の天にまで引き上げられた」ことは神秘的な経験です。それはある人々にとっては素晴らしい体験でした。しかし、パウロは積極的に誇ることをしません。むしろ、口ごもりながら語っています。なぜなら、人の徳を立てることにならないからです。

それに対して、「弱さ」については誇っています。弱さそのものがいいわけではありません。しかし、弱さは誰一人として傷つけません。むしろ、自分の弱さを自覚して生きるときに、パウロは神の恵みを受けました。弱さに向かって神の恵みは注がれたからです。だから、九節でパウロはこのように語っています。

> すると主は、「わたしの恵みはあなたに十分である。力は弱さの中でこそ十分に発揮できるのだ」と言われました。だから、キリストの力がわたしの内に宿るように、むしろ大いに喜んで自分の弱さを誇りましょう。

パウロの弱さ、それは彼の身に与えられた「一つのとげ」でした。とげは彼を痛めつけます。だから、パウロは「この使いについて、離れ去らせてくださるように、わたしは三度主に願いました」。しかし、とげは去りません。ここにたたずむパウロはまことに弱い存在です。とげに苦しむなかでつくづくと自らの弱さを思い知らされたからです。ところが、自分の小ささと真向かいになったときに不思議な経験をするのです。そのなかで、「わたしの恵みはあなたに十分である」と主の言葉を聞きます。そして、この言葉と共に自らの弱さを受け入れました。ここには弱さや小ささを自覚して受け入れる人間と弱さのなかでこそ主の恵みに満たされる人間の強さがあります。そこで、パウロは「むしろ大いに喜んで自分の弱さを誇」っているのです。

Ⅱコリント第一二章一～一〇節は、自分の弱さと強さを語るパウロの生き方がありありと描かれています。それはふさわしい生き方を探るなかで「強さと弱さ」に直面する高校生に対しても、一つのモデルとなるに違いありません。

おわりに

強くなくては生きていけない。同時に優しさがなければ人間らしい心を持って生きていくことはできない。しかも、強さと弱さあるいは強さと優しさは、単純に見ると対立し矛盾しています。だから、この二つを併せ持って生きることは本当に難しい。そのような人生の難しさは自我を探求し始めている高校生への問いかけとなっている。

研修会のテーマは「命を尊ぶ教育――新しい展望を求めて――」でした。キリスト教教育に従事する者は、どこに「新しい展望」を求めればいいのでしょうか。一つの答えは高校生自身にあります。高校生という時期に人は生きることへの探求を始めるからです。

もう一つの答えはキリスト教教育そのものにあります。たとえば、キリスト教教育は祈りと期待を込めて彼らを見守ります。祈りと期待、これらはいつの時代にも豊かな可能性を与えています。さらに、キリスト教は高校生の探求に応える真実なモデルを提供しています。人間の「強さと弱さ」も彼らが探求する中心的な課題の一つに違いありません。

高校生に対してキリスト教教育が何であるのかを謙虚に尋ねながら、教育の可能性を信じて現場に立つものでありたいと願います。

注

（1）「第一節　使命を生きる」は、二〇〇一年八月九日に鎮西学院で行われた「二〇〇一年度平和記念礼拝」における説教「夜間外出禁止の町へ出て行った牧師の話」をまとめたものである。

（2）「第二節　キリスト教教育と祈り」は、第二十九回鎮西学院高等学校教師夏期研修会（二〇〇一年八月）における「講演Ⅰ」に修正を加えたものである。

（3）参照、塩野和夫「よみがえる言葉の輝き」（『福音と世界』一九九四年十二月号、一頁）

（4）「第三節　高校生の課題とキリスト教教育――強さと弱さをめぐって――」は、第二十九回鎮西学院高等学校教師夏期研修会における「講演Ⅱ」に修正を加えたものである。

（5）参照、塩野和夫「たこやき屋のおばちゃん」（『一人の人間に』五〇－五四頁）

第二章「チャペル講話集」より

第一節　好きが一番

神は自分のかたちに人を創造された。すなわち、神のかたちに創造し、男と女とに創造された。

創世紀　第一章二七節

一九八九年の三月下旬に、宇和島での八年間の牧師生活を終え大阪に帰りました。三十六歳でした。三十六歳の私はもう一度大学院で研究すべく、受験勉強を始めました。そういう息子を父は温かく迎えてくれてこう言ったのです。「和夫は何も心配することはない。しっかり勉強することや」。一年後に無事合格し、同志社大学神学研究科後期課程に入学しました。三十七歳の新入生でした。それから一年後の一九九一年三月のことです。大学の図書館で勉強していた私に母から電話が入りました。おろおろと泣いていました。そして、「父がとても悪い。今日、入院することになった。すぐに帰ってほしい」と言うのです。急いで家に帰りました。そういえばこの数ヶ月、父の様子が妙でした。急にやせ貧血を起こし、食事がのどを通りませんでした。

家に帰り父を見て驚きました。父は仕事をしていました。その日の朝病院に行って入院することになり、家に帰ると父は仕事をしたのです。そして、その日の仕事を終えるとよろけるように車に乗って病院に向かいました。車に乗るときに父はこう言いました。「父のことで時間を使うことはない。和夫はしっかり勉強することや！」。父は癌でした。進行性の癌で、このままだともう一ヶ月の命だと言われたのです。それでも手を尽くしていただいて、それから一年生きることができました。

そして、一九九二年三月五日の夕方です。それは父が亡くなる前日でした。そのとき病室には母と私がいたのですが、母は長い看病で疲れ切っておりました。もう間もなく弟が交替に来るということで、母は帰る用意を整えました。そして何を思ったのか、意識朦朧としている父のところに歩み寄って、父の耳もとで語りかけたのです。「お父ちゃんはお母ちゃんが好きか？　お父ちゃんはお母ちゃんが好きか？」。そのときあの意識が朦朧としていた父が目を開きました。見開いた父の目のすぐ前に母の顔がありました。その母に痩せ衰えた手をやりながら父ははっきりとした声で「大好きや」と、そのような意味のことを語ったのです。この「大好きや」という言葉が地上における最後の言葉となりました。母の顔に手をやりながら「大好きや」と言った翌日の朝早く、父は天に召されたのです。

最も古い記憶に、泣いている母の後ろ姿がやきついています。母は隠れるように襖に向かい、壁に向かって泣いていました。まだ幼かった私にも、揺れている母の後ろ姿に泣いていると分かりました。それはまだ二つか三つのときのことであり、母はその頃二十歳ぐらいでした。

父は真面目の上に何かがつくといわれるほど礼儀正しい人物でした。母も不器用な人間です。そういう二人が若い日に恋に落ちました。母方の祖母だけがこの結婚に強く反対しました。母は父と結ばれるために家を飛び出します。間もなく私ができたそうです。祖母の反対を押し切って始めた結婚生活は、母にはつらいものがあったようです。そういうつらさというものを、母の泣いている後ろ姿に感じ取りました。何も分からない二つか三つの子供であっても、揺れている母の後ろ姿にそういうものを感じ取って、それは深くこの体のなかに刻み込まれたのです。けれども、父の最後の言葉から四〇年余り連れ添った結婚生活のもう一つの側面、結婚生活の中心ともいうべき一面を知らされたのです。母は聞きました。「お父ちゃんはお母ちゃんが好きか？」痩せ衰えた手を伸ばしながら父は、「大好きや」と答えたのでした。

「好き」という気持ちは、何とものすごいものであろうかと感じさせられました。若い日の父と母をこの「好き」という気持ちが結んだのです。それは強い力でした。祖母の反対にもかかわらず、母は家を飛び出しました。家を飛び出してでもこの人と一緒になりたい、そのようなエネルギーを沸き立たせる力が、「好き」という気持ちにはありました。そういう二人から私が生まれ、弟が生まれ、妹も生まれました。貧しい家庭でしたが、よく母から聞かされたことがあります。「和夫ができたとき、お父ちゃんは本当に喜んでいた。会社から帰ると和夫を抱き上げて、『和夫、和夫』といって顔の相をくずしていた」。

小学校の頃、母は体調がすぐれませんでした。会社からの帰りがけに父は両手いっぱいに買い物をして帰ってきました。そのなかにはきまって、子供たちの好物のおやつがありました。そして父は母の肩をいつものようにたたいていました。中学生になりますと、私の関心はもっぱら家の外に向いていきました。両親からの自立を始めたのです。次いで弟がそして妹が、自立していきました。しかしながら、自立をしたのちも子供たちはずっと父と母の見守りのなかにありました。だから、三十六歳で心も体もぼろぼろになって家に帰ったときに、そういうすべてを察して「和夫は何も心配することはない。しっかり勉強することや」と父は温かく語りかけてくれたのです。すべては父と母が好きになった、そこから始まったことです。それからいろいろありました。いろいろなことがあったけれども、「大好きや」という気持ちを育んだ四〇年でした。そういう家庭に育てられたことをいま光栄にすら思うのです。

創世紀一章二七節の言葉はこうです。「神は自分のかたちに人を創造された。すなわち、神のかたちに創造し、男と女とに創造された」。この言葉は含蓄深く結婚生活を語っています。この不信の時代にいったいどこに神はいるのか。どこに神を見ることができるのか。それは男と女の関わりのなかにおいてであるというのです。男と女が好きになって結ばれてそうして大切に大切に愛を育んでいくとき、そのなかに神はいると語っているのです。世の中にどんなに不信が吹き荒れようと、変わることのない安心の場、憩いの宿る場、それが家庭である。そのようなことを語った神学者もいました。自分を育ててくれた父を思い、母を思い、二人が好きになって四〇年あまり連れ添ったどこにでもあるこのドラマのなかに、聖書の語る真実を思います。

そこで皆さんに「好き」が一番なのだと申し上げたいのです。男が一人の女性を好きになる。女が一人の男性を好きになる。そこから様々なドラマが起こってくる。それは神が皆さんに与えてくださったすばらしいプレゼントなのです。人を好きになるとき、人は輝きます。好きなことをして生きている人は輝きます。そのような輝きは、命を燃やしているしるしです。生きているしるしなのです。神はそのように輝いている皆さんのただなかに共にいてくださいます。だから、「好き」が一番です。「好き」という気持ちを大切にして下さい。

お祈りをしましょう。

父なる神よ、あなたは人を好きになるすばらしい賜を与えてくださっています。そしてこの「好き」によって結ばれて様々なドラマが生まれてきます。しかも神はそのなかにいてくださる。だから本当に大切なことをこの愛から学ぶことができるし、そのような愛にこそどんなに不信が吹き荒れようとも変わることのない真実を見いだすことができます。若い日はこの「好き」という気持ちが沸き上がってくるときです。「好き」を大切にして深く掘り下げ、そのことによってしっかりと人生の基礎を築くことができる、そういう若い一人ひとりであることを祝し導いてください。

主イエスの御名によって祈ります。アーメン

（一九九四年六月十五日　講話）

第二節　キリスト教学と私

疲れた者、重荷を負う者は、だれでもわたしのもとに来なさい。休ませてあげよう。わたしは柔和で謙遜な者だから、わたしの軛を負い、わたしに学びなさい。そうすれば、あなたがたは安らぎを得られる。わたしの籠は負いやすく、わたしの荷は軽いからである。

マタイによる福音書　第一一章二八～三〇節

二年半前に発症した脳梗塞の後遺症があります。二〇〇六年六月二十一日（水）のことでした。一時限目のキリスト教学を終え左手などに異常を感じた私は、検査のため済生会福岡病院へ行き入院しました。脳梗塞でした。治療を始めて二日後、六月二十三日（金）にもう一ヶ所脳梗塞が起こりました。そのため、六月二十四日（土）には両手両足が麻痺で動かず、話すこともできなくなっていました。七月十五日に福岡リハビリテーション病院に転院しましたが、自分で車いすに乗ることができない状態でした。ですから、リハビリは車いすに乗る練習からはじめ

ました。一〇日ほど経ち、ようやく車いすによる移動ができるようになっていた頃です。妻が大学から持ち帰ってきた書類の中にキリスト教学の解答用紙がありました。それから一週間ほどの間に、キリスト教学三クラス分の解答用紙と宗教学のレポートの束が持ち込まれました。そのときはまだ手も不自由でした。肩くらいまで上がるようになっていた手は少ししか曲げることができず、食事も手で握ったスプーンの方へ口を動かしていました。

それでも曲がらない手に赤ペンを握り、キリスト教学の解答用紙を読み始めました。私は点数を付けるために読み始めたのです。ところが、そこにはこれまでに感じたことのない世界が広がっていました。それは点数などで計りようのない真実でした。解答用紙の向こうには聖書を講義している私と、講義を真剣に聞き各自の問題意識から考察している学生がいました。そこに見たのは共通の課題に取り組みながら学生と私の命が脈打っている世界でした。感動しました。あふれる涙を何度もぬぐいながら、いるべき場所を直感しました。それはキリスト教学の教室でした。キリスト教学を講義し学生たちとディスカッションする教室こそ、私のいるべき場所でした。

リハビリの成果があって九月三十日に退院し、十月三日には大学へ復帰できました。しかし、脳梗塞の後遺症は残っています。一番心配だったのは転倒でした。病院で歩行訓練をしていたときには何度も転びました。転倒による傷がいつもあり、古傷はあざとなっていました。六年前の交通事故による内耳障害で左側のバランスが取れないためです。それで、研究室から教室への移動には必ず妻が付き添ってくれました。私も転ばないように真剣に歩きました。そして、大切な一回一回の授業に集中して取り組みました。

そんな私に多くの人が尋ねてくださいました。内容はほぼ同じで、「いかがですか。お体はいかがですか」と体調を気遣うものでした。質問に対する答えも決まっていました。「学生たちは優しいです。学生に癒され、生かされています」。

学生たちは優しいです。
学生に癒され、
生かされています。

それは実感でした。大学に復帰して以来、一日も休まずに授業を続けられるのは学生の優しさに支えられていたからです。しかし、この実感がどこから来ているのか判然としていませんでした。学生たちの優しさとは何なのか、何が私を癒し生かしているのか。いくつか思い当たる事実はありました。キャンパスで親しく声をかけてくれる学生、クラスで体調を気遣ってくれる学生、当然のように板書を消してくれる学生、彼らもその答えには違いありません。しかし、実感の中心にあるものはそれとは違った何かなのです。

そんなとき、ハッとさせられる報告と出会いました。それは二〇〇八年度前期の学生による授業評価の結果です。授業評価の集計を見ていますと、三クラスのキリスト教学に共通して一つだけ際立った数値があります。「この授業は先生の熱意が感じられる」という設問に対して、「非常にそう思う」と「少しそう思う」を合わせると三つのクラスいずれもが九五パーセント前後の高い値を示していたのです。最初の授業でクラスに対する希望を述べます。「クラスは皆さんと私が共同で作っていくものです。そこで私は皆さんに関心を持ち、皆さんの興味や関心、課題に向けて講義します。皆さんもチャペルレポートやディスカッションでクラス作りに積極的に参加してください」。ですから、「先生の熱意を感じる」に対する九五パーセントの前向きな評価は、多くの学生が共にクラスを作ってくれた事実を示していると考えました。学生と共にクラスを作っていく。この共同作業から個性のあるキリスト教学のクラスが生み出されていきます。そしてかけがえのないクラスを作っていくなかで、私は学生たちの優しさを感じ、癒され、生かされていたのです。

お互いの課題や問題を共に担い議論を交わしながら学びを深めていったキリスト教学の経験を、皆さんも大切にしてほしいと願います。キリスト教学における共同作業、それは学生生活における小さな経験に過ぎないでしょう。しかし、やがて皆さんが社会に出ていくときにかけがえのない経験となります。社会にあっても家庭にあっても、共に労する作業のなかに働く力があります。学生の皆さんは共同作業を通じて人の優しさにふれ、他者を癒しまた癒され、人間を生かす力に出会います。そのような真実に対して謙虚であってほしいと期待します。

祈りましょう。

天にいます神よ、共に労し、共に形作っていく学びの場を祝して下さい。そのような場所に働く優しさ、癒し、そして生かす力を尊ぶ謙虚な心を与えてください。

主イエスの御名によって、祈ります。アーメン

（二〇〇九年一月十五日　講話）

第三節　ぼくのクリスマス

イエスがレビの家で食事の席に着いておられたときのことである。多くの徴税人や罪人もイエスや弟子たちと同席していた。実に大勢の人がいて、イエスに従っていたのである。ファリサイ派の律法学者は、イエスが罪人や徴税人と一緒に食事をされるのを見て、弟子たちに、「どうして彼は徴税人や罪人と一緒に食事をするのか」と言った。

マルコによる福音書　第二章一五～一六節

京都と大阪を結ぶ鉄道はＪＲ西日本、阪急電車、京阪電車と三本あります。そのなかで淀川の東側を走っているのは京阪電車だけです。京阪電車は大阪側の始発駅である淀屋橋を出ると、一五分くらいで香里園駅に着きます。中学生・高校生のときに毎日通った駅です。この駅は線路をまたいだ高架橋にあるため、西口からもバスターミナルになっている東口からも幅一〇メートル程の階段を上らないと駅に行けません。

一九七〇年十二月二十五日（金）の夜十時頃、高校三年生の私は長さが一〇メートルはあろうかと思われる東口の階段の真下にいました。教会からの帰りでした。そのときバタンと階段の一番上で倒れた女性がいて、彼女は階段をゴロゴロと転がり落ちて来たのです。しかも、目の前に転がって来て身動きできないでいます。その場を立ち去るわけにはいきませんが、どうすればよいのかも分かりません。するとすぐ、バタバタと階段を駆け下りて来た若い男性がいて、「近くに病院を知りませんか？」と尋ねられたのです。「すぐそこに、関西医大付属病院があります」と答えたのですが、それは前日の二十四日にキャロリングで回ったばかりの病院でした。

それからぐったりした女性を一人で抱えるのは大変なので、彼と二人で女性の両肩を抱えて病院までの坂道を登って行きました。女性はほとんど力が入らなかったので、とても重かったです。病院に着くと、「今日の夜間診療は枚方市民病院で行っていますので、そちらの方に行ってください」と言われました。たまたま枚方市民病院は自宅の近くだったので、道案内をすることになりました。男性は急いで駐車場まで走り、車を運転して来られました。軽自動車でした。ぐったりしていた女性を後部座席に座らせ、その隣に座って後ろから道案内をしました。案内しながら、青白く表情のなくなっている女性は大丈夫だろうかと心配で時折覗きこんでいました。

枚方市民病院までは一〇分間程でしたが、繰り返し魂に響いてくる一つの問いがありました。

お前が洗礼を受けたのは、

倒れていたこの女性にとって何なのか。

という問いです。その週の日曜日十二月二十日のクリスマス礼拝で洗礼を受けていたのです。市民病院に着くとやはり二人で女性の両肩を抱えて行ったのですが、このときは女性にも少し力が入るようになっていました。受付で彼女の名前を聞かれました。男性は「B・Tさん」と答えていました。受付を終えたので、二人と別れ歩いて帰りました。別れるときに車いすに移されたB・Tさんに挨拶をしました。そのときBさんは青白い顔でしたが、わずかに微笑んで挨拶を返してくださったように思えました。

その夜、家に帰るとBさんのことを思い出しながら一つの詩を書きました。それが「ぼくのクリスマス」です。

ぼくのクリスマス　　一九七〇年十二月二十五日

十二月二十日　受洗
先生の小さな手が重く頭にのしかかった。
イエスさまと共に歩むなら幸福を求めない、
歩みそのものが最高の幸福なのだから。
十二月二十四日　キャロリング
ロウソクを片手に香里の町に出る。
讃美歌を二時間余り歌いまわる。
ある病院の前でのこと、
窓から手をふって下さる入院患者の人たちのなかに

小さな子供がいた。
子供は言った、「明日も来てね！」
「来てやりたいけど、今日だけだ。
メリー　クリスマス！
早く元気になれよ。」
ふれあう心がうれしかった。
本当に早く元気になれよ。

十二月二十五日　K女学院訪問
世の人から嫌われる彼女たち。
宿舎のすべての窓には鉄の格子がある、
心の窓には鉄の壁が隔てるのだろうか。
世の人から嫌われる彼女たち。

しかし、僕は見た、知った。
クリスマスにけんめいに踊る、
恥ずかしそうに笑いながら
でも真剣に踊る彼女たち。
全身で訴えかける彼女たち。

園長先生がこうおっしゃった。
「昨日はちゃんとできていたのに、
でもね、あの子は赤ちゃん程度の知能しかないんですよ。」
園長先生が残念がられる失敗なんか
全く気にならなかった。
ほんとうにすばらしかった。

「すべての人を照らすまことの光があって、世に来た」。
神よ、すべての人をあなたの光で照らしたまえ、アーメン。

高校三年生の十二月二十五日夜に書いた「ぼくのクリスマス」で問うていたのは、クリスマスに洗礼を受けた意味です。洗礼を受けたのは「私一人が救われ、幸福になる」、そんなことのためではない。そうではなく「ぼくのクリスマス」が歌っているように、私の洗礼と入院している子供たち、そしてK女学院の女の子たちの純粋な心、それらはすべてイエスにおいてつながっている。つながりながら心と体と魂が人間にふさわしく回復されていく。そこにある喜びにこそ、これからの私は生かされていくんだという真実のためです。この真実は十八歳で洗礼を受けたあのクリスマスの日から今日まで私の生き方の底流となっています。

先ほどお読みいただいたマルコによる福音書第二章一五～一六節は大勢の人がイエスに従い、イエスは彼らと食事を共にされた。そのなかには地域社会から除け者にされていた「罪人や徴税人」がいたとあります。彼らと一緒に食事をし喜びを共にする。そのつながりによって彼らが人間らしさを回復することにはイエスの強い意志がありました。だから、そのようなイエスの振る舞いを見て「どうしてあんなことをするのか！」と批判する視線があるなかで、あえてイエスは社会から排除されている一人ひとりと喜びを共にされたのでした。

ここに、クリスマスに与えられた真実の喜びの具体的な姿を取っている現実を見ることができます。私たちは誰一人としてつながりから排除されてはいけないのです。むしろ喜びを共にしながら人間らしく生きていく、そこにクリスマスの喜びがあります。

祈りましょう。

天にいます神よ、あなたはイエス・キリストにおいて私たちが人間としてふさわしく生きる喜びを示してくださっています。どうか、クリスマスに与えられた真実を分かち合い、共に育てることができますように導いてください。

主イエスの御名によって祈ります。アーメン

第三章　キリスト教学の現場から(1)

はじめに

　西南学院大学にキリスト教学専任者として招いていただいて、二〇一二年度で二〇年目を迎えています。この間に試行錯誤を繰り返してきましたが、現在はこれから発表する形式と内容になっています。それを「キリスト教学の現場から」というタイトルでお話しします。

　まず、基本的な立場と発想を紹介します。第一はキリスト教学が「学問的な立場に立つと共に、学生の人格形成に寄与することを目的とする」ことです。なぜならば、キリスト教育を標榜する西南学院大学においてキリスト教学は全学生を対象にした重要な柱であるからです。

　第二は、「キリスト教学は教師と学生との共同作品である」という理解です。教師はキリスト教学の授業で準備した内容を一方的に講義するのではない。そうではなく、クラスに参加している学生の関心・悩み・課題を理解しようと努力しつつ、そんな彼らに語りかけていく。そこで、お互いの対話が成立するようにクラスに設けられた機会を使って、「学生と教師の共同作品」を作り上げていきたいと希望を伝えます。

第一節　キリスト教学の目的と内容

国際文化学部のキリスト教学を担当しています。この学部では「キリスト教学Ⅰ」は一年生の前期、「キリスト教学Ⅱ」は二年生の後期に開講します。そこで、それぞれのクラスにおける目的と内容を説明します。

まず、「キリスト教学Ⅰ」の目的です。それは、「創世記の学習を通して聖書の世界観や人間観を学ぶ」ことに尽きます。シラバス（講義要項）にはもう少し詳しく書いています。「聖書を学ぶことを通して、宗教的真実に対する感性と洞察力と認識を深めることが本講義の目的である。このような目的は現代の青年に対して、人生に目覚めさせ考えさせる機会を提供する」。「キリスト教学Ⅱ」の目的について、シラバスには次のようにあります。「どうすればキリスト教の教理を受講者の生き方に関係する事柄として講義できるのか。日本人がキリスト教と出会い受容し信仰に生きる過程に注目し、教理をキリスト教の受容プロセスとの関わりから考察する。これによって教理は単なる理論を超える。そこに私たちは同じ人間の声を聞き、苦悩しつつ真実を求める人間に出会う。そのような全人格的営みに聞きながら教理を的確に理解し、自分の見解を考えることが求められる」。

キリスト教学の基本的な目的に、具体的な目的が続きます。なお、第二・第三の目的は「キリスト教学Ⅰ・Ⅱ」に共通しています。第二の目的は、「ディスカッションを通して自分の意見を発表し、討論する能力を向上させる」ことです。多くの学生は人前で意見発表する訓練を受けていません。そこで、自分の意見を持ち、人前で堂々と発表し、質問されればそれに応えていく。要するに、他者と対話していく能力の向上です。

第三の目的は、「チャペルレポートやレポート（小論文風）作成の能力を磨く」ことです。口頭での他者との対話に加えて、レポート作成能力の向上も目指します。この目的においては、小論文風のレポートが比較的書ける学生の能力向上を目指すことはもちろんですが、文章力に劣る学生もいます。このような学生にはレポートを書く基礎的な力を鍛え、自信をつけさせることも課題としています。

次に、キリスト教学の内容を「キリスト教学Ⅰ」から紹介します。「キリスト教学Ⅰ」では、「序」として「オリエンテーション」と聖書を概説する「聖書とは何か１・２」があります。「オリエンテーション」ではキリスト教学に関する教師の考えを紹介し、クラスの内容を概観します。「聖書とは何か１」では聖書の形式と内容、「聖書とは何か２」は聖書の人間像を概観します。これら三回の導入部分でかなりの学生が好意的な印象を持ち、「ディスカッションも頑張ってみようかな」という気持ちを持ってくれるようです。「本論」では創世記をテキストに従って順次講義します。最後の二回は「まとめ」として、レポート（小論文風）指導と試験（レポート作成）を実施します。

「キリスト教学Ⅱ」でも、一回目は「オリエンテーション」です。しかし「序」は一回だけで、二回目からは「本論」に入ります。「本論」では個性のある多様な六人の日本人キリスト教思想家を取り上げます。「植村正久・海老名弾正・内村鑑三・高倉徳太郎・中島重・矢内原忠雄」です。彼らを二回ずつ講義します。一回目は思想形成、二回目がキリスト教思想です。

「本論」では、キリスト教学Ⅰ・Ⅱ共に毎回一五分程度のディスカッションの時間を設けています。学生は二回ずつディスカッションを担当します。ほぼ全員が二回の発表をしてくれます。学生の勇気に感謝です。なお、一回目よりも二回目の発言内容が充実し、発言する態度も堂々としたものになっています。

レポート作成については、チャペルレポートと「まとめ」における指導と試験があります。チャペルレポートには、話のまとめとそれに対する意見をほぼ同じ分量で書くことを求めています。提出したチャペルレポートは、翌週にコメントと「A・B・D」評価を付けて返却します。Aは一〇点、Bは五点、Dは再提出です。こうして、チャペルレポートでレポート作成の基本的な訓練を行います。その上で、「まとめ」のレポート指導に臨みます。学生には事前に試験問題を公表しておき、準備してきたことを個別に指導します。かなりの学生はよく勉強し準備してきて指導を受けます。したがって、試験におけるレポートの内容はかなり出来栄えのいいものになっています。

第二節　学生の声　その1

キリスト教学では、最初と最後のクラスで学生の声を聞くために意見を書いてもらっています。最初は、「自己紹介・希望・質問」を書いてもらいます。最後はキリスト教学に対する「感想・意見」です。ここでは、同じクラスによる二回の「学生の声」の抜粋を紹介します。同じクラスにしたのは連続性を重んじたからです。しかし、匿名性を保つために書き手を特定できるような内容はすべて削除しました。まず、最初に書いてもらった「自己紹介・希望・質問」です。

一　自己紹介

①　興味

- プロイセン・ドイツの思想、及び思想を反映した文学やフランス・イギリスの歴史に興味があります。フィナンシェなどの焼き菓子やミルクティが好きです。
- キリスト教に関してはなじみ深いものがあります。

- 好きな科目は英語で、興味関心があることはディズニーの経営学やアメリカのことについてです。吹奏楽をしていたので、音楽も大好きです。学生のうちに語学研修や旅行など是非行きたいです。
- 音楽に興味があります。
- 世界史に興味があります。
- 好きなことは音楽を聴くこと、演奏をすることで、あと英語が好きで、海外旅行や異文化交流に興味があります。
- 音楽が好きで、他には読書や映画鑑賞が好きです。
- 今、留学に興味を持っています。
- 音楽を聴くことが大好きです。
- 世界史という教科が好きです。
- スポーツ観戦と映画鑑賞が好きです。先生のお勧めの映画があれば、教えてください。
- 最近はボランティアに興味が出てきて、東北に行きたいなと思っています。

② **趣味**

- キリスト教を信仰しているわけではありませんが、幼稚園はキリスト教でした。私はキリスト教のデザインに興味があります。趣味はバスケットボールです。
- 趣味は映画観賞とカフェ巡りをすることです。
- 趣味は音楽です。
- 趣味は写真を撮ることで、一眼レフを買うために貯金しているところです。
- 趣味は体を動かすこと、読書、音楽鑑賞、スポーツ観戦です。

③ 活動

- 私は韓国の文化や歴史に興味があり、昨年から韓国語の勉強をしています。英語にも興味があり、夏休みにはイギリスに三週間の語学研修に行ってきました。
- 高校で吹奏楽部に入っていたことから、大学ではオーケストラに興味を持ち、トランペットという楽器を演奏しています。
- 弓道をずっとしています。
- 十一月の学園祭の後夜祭のステージで踊ります。

二　希望

① クラスに関して

- 二〇年前の授業がどんな感じだったのか知りたいです。
- キリスト教の禁止事項や、他の宗教との違いに興味があるので、この授業で是非学ぶことができれば良いなと思っています。また、先生の様々な体験談も聞きたいです。
- キリスト教の知識をより深めていけたらいいなと思います。
- 授業の希望としては、せっかく学ぶのであれば、楽しく学んでいきたいと思っています。
- あまり堅苦しくないような感じでキリスト教を学べたらいいなと思っています。
- キリスト教学はあまり厳しくないといいなと思っていたので、先生がやさしそうな人でほっとしました。
- キリスト教学は西南ならではの授業なので、頑張りたいと思います。
- 高校の歴史で学ばないようなキリスト教の歴史を学びたいです。

- 一限はきついですが、がんばって受けようと思います。これからの人生で悩むときなど、この授業の教えみたいなものが、生かされると良いなと思いました。
- 大学に入るまでキリスト教とは無縁だったので、学ぶことができる環境があるからにはしっかり自分のものにできたらいいなと思っています。
- 一限に出るのが苦手ですが、頑張って出てきます。
- 早起きが苦手ですが、一限に間に合うように頑張ります。

②　ディスカッションに関して

- 先生の授業（講義）は、生徒同士でディスカッションを行わせ、のびのびと進めるものだと知人から聞きました！自分もこの講義で学んだ、また、これまで学んだキリスト教の知識について積極的に自分の意見を述べ、成長することができればと考えています。
- 二年でも必修だと聞いて憂うつでしたが、この授業はディスカッション型と聞いて、少し楽しみでもあります。
- なるべく、席を温めるだけのような講義ではなく、ディスカッションや発言を求めるような形式がいいです。
- ディスカッションを楽しみにしています。
- ディスカッションで欠席者が多く、私以外の人が全員欠席でしたら、違うグループに入れさせてください。
- 人前で自分の意見を言うことが苦手です。そのため、自分の意見をはっきり述べることのできる人に憧れたりします。大学生になって意見を言う場が増えたため、きちんと言えるような人物になりたいと思っています。だから、この授業でディスカッションの際、自分の意見を言えるように頑張りたいと思います。

三　質問

①　ディスカッションに対して

・ディスカッションは第一回と第二回はなぜ同じメンバーになっているのですか？　別々の方が様々な意見交換ができるのではないかと自分は考えるのですが。ディスカッションを行うメンバー以外は何をするのですか？

・ディスカッションでは、テーマ（人物）について事前調査してもよろしいのでしょうか？

・ディスカッションの仕方などについてよく分からなかったので、もう一度説明してほしいです。

・ディスカッションは事前にその人物について調べた方が良いですか？

②　レポートに対して

・もしよろしければ、レポート作成は早めにとりかかりたいのですが、題材（テーマ）は今のうちに把握することはできないでしょうか？

③　チャペルレポートに対して

・チャペルレポートは一回ですか？　締め切りは何月何日ですか？

第二節　学生の声　その2

次に、最後のクラスで書いてもらった「感想・意見」の抜粋です。ここでは半期受講したキリスト教学への「感想」と、これから受講する後輩への「意見」を聞いています。なお、二〇年の間にキリスト教学の内容は大きく変わっています。変化をもたらした主要な要因にキリスト教学を受けた学生たちの率直な声があります。

一　感想

①　ディスカッションに参加して

- 授業の形態に討論が組み込まれており、自分の意見を皆に発表することの難しさ等を知ることができた。
- 授業に関しては、参加型ということで、自分が考えていることを話せるのは非常に良い事だと思った。また、皆と討論を交える事で、自分の見方とは違った視点も発見でき、論文やレポートを作成する時にも役立つものでした。
- グループを決めて討論するスタイルが良いと思った。一方的に話を聞くだけの授業と違って、自ら考えて発信する機会があるため、すごくためになる授業でした。
- ディスカッションで個人的に考える時間があって、理解が深まりました。たまに難しい話題があったので、その時もっと理解できればよかったなと思いました。
- この授業の形態（討論形式）はとても好きでした。
- ディスカッション出来たのはよかったと思います。自分で考えるだけでなく、他の人の意見を聞けたのはよかった。普段、友達同士で話し合うようなテーマではなかったので、とても新鮮でした。
- ディスカッションがあることによって、自分の考えをまとめることができ、よかったなあと思いました。授業の内容は難しく思うこともあり、考えたり、まとめたりするのが大変でしたが、先生が分かりやすく話をして下さったので、よかったです。
- 毎回のディスカッションがよかったと思います。特に一人ひとり発表するのは、自分がどう思うか力を付けることができると思います。「誰か発表する人はいませんか？」という挙手制じゃなくて、一人ひとり発表すること、すごく大事なことだと思いました。また、一人ひとり意見が違うので、まぢかで色々な意見を聞くのは簡単に出来そうで出来ないので、有意義な時間を過ごせる授業でした。

- 討論する授業の形に最初は緊張したのですが、みんながそれぞれいろんな意見、考え方を持っていて、とても刺激になったし、自分自身がディスカッションに参加する上で、「深く考える」力を学んだ。
- この授業でこの世にありふれた観念の根底について学べたような気がする。とても勉強になった。ディスカッションはとても良い刺激になった。
- ディスカッションの討論もやるうちに、その人物の思想について他の生徒がどう感じているかが手に取るように分かるようになりました。
- このクラスは自分の意見をしっかりと持っていて、それを自信を持って言うことのできる人がとても多いクラスだったと思います。ディスカッション担当の日は「人は皆愛で繋がっている」という意見に対して、「人は愛だけでなく、憎しみでも繋がっているのではないか」という意見が出て、「その通りだ」と思いました。また、一つのテーマに対して色々な視点から問題点を見ることによって、話し合いや考察が広がることも分かりました。集団で話すことはあまり好きではありませんでしたが、自分になかった発想や驚きを経験することは楽しいと、この授業を通して実感することができました。
- 自分の意見を言う機会があることで、周りの人の意見も聞けて、比較しながら多くの考えを知ることができ、刺激的な授業でした。その人物の経歴や内容を学ぶだけでなく、どうしてこのような行動をとったかなど、要因を考えることで、行動のいきさつを理解できた気がします。
- ディスカッションを行う授業は、本当に考える時間が増えてよかったと思う。発表することを考えたら、授業も真剣に聞けた。

●普段考えないようなことを時間をかけてよく考えることができた。色々な人の話や自分の体験を総動員して熟考することによって、自分が普段如何に行動しているかが分かった。この授業では、他人の話を聞くだけでなく、自分を見つめる時間になりました。

●人前で発表するのが苦手な私にとって、ディスカッションは最初は苦痛でしたが、自分の意見を発表する場というのは大学生活においてはなかなかないことだったので、こういうグループディスカッションという形式でクラスの人たちと意見を交換しあうことができて、良い経験になったと思います。

●この授業ではディスカッションがあったので、興味深く受けることができました。自分の考えを持っておかなければ、ディスカッションに参加できないので、意見を考えることで、授業への理解を少しは深めることができたと思います。

②　キリスト教の思想を学んで

●キリスト教の考え方をもった人々の思想を学び、自分自身の幅を大きく広げることができました。現在、日本や世界各地に広がっているキリスト教ですが、「キリスト」という概念は共通していても、それぞれに考えは違うと思います。そこに属する人々の間でも考え方に若干違いがあると思います。その辺りの違いにも着目しながら、今後「キリスト教」「宗教」というものを考えていこうと思います。

●授業内容はあまり名前を聞いたことのない人たちのことが多かったけれど、目からうろこな話というかそういった思想の人々がいたということを知れてよかったと思います。

●キリスト教について深く考えることのできた良い授業でした。

●資料が豊富で、一人ひとりについて考えを深めていくことができた。

●とても興味深かったです。当時の日本人たちのキリスト教を手がかりとして、自分自身の問題に取り組む姿勢を知り、今の自分は何か真剣に悩み、思考し、取り組んでいることがあるであろうか考えさせられました。そして、このままじゃ駄目だなと思いました。大学に来た以上、自分で行動選択し、自主的に学び、思考することが大切だと思います。なので、そのことに改めて気付いたので、この授業は私にとって、とても大切な授業でした。

●この授業ではキリスト教を通してその考えを持った人たちの考え方を知ることができました。特に矢内原さんの考えは興味深いものでした。

●キリスト教学Ⅱは、キリスト教の基礎的なことを学ぶキリスト教学Ⅰと全く違って、キリスト教教理について深く学んでいくところに入っていたので、最初はとても難しく感じました。何人かの神学者の思想とキリスト教の考え方について学んでいったことを通して、私はどの人の講義の時も、青年期での人との出会いや経験がどんなに人生に影響を与えるかということを深く感じました。青年期に過ごした環境、過ごした友人や出会った人々、考えたことなどは、その人の人格だけでなく思想形成に大きく影響を与え、その後の人生の方向を大きく変えてしまうような結果も起こり得ます。青年期とは悩んだり苦しんだりするだけでなく、たくさんの物事や知識を吸収して、人として築いていく基盤をたてるような多感な時期なのだということが、分かりました。

●この授業では日本人でキリスト教の発展に尽力した人の話を聞けて、とても興味深かったです。

●このキリスト教の授業で様々な人のキリスト教に関する考えを学ぶことができました。特に高倉徳太郎の授業で、彼のキリスト教に対する思想、自我形成にすべてをかけている姿に感銘を受けました。

●キリスト教そのものではなく、キリスト教の思想を展開した日本人について学ぶのが一風変わっていて、とても興味深かったです。ディスカッションも、他の人の意見を聞くことで、自分の考えを改めることができたりして、いい経験になりました。

●キリスト教信者ではないので、普段あまりキリスト教について学ぶことはないのですが、先生の授業では日本人でキリスト教に関わった人物について、いろいろ知ることでキリスト教の思想に触れることができたような気がします。また、自分の意見を発表したり、他人の意見を聞くことで、より理解を深められたと思います。

●この授業では何人かの人物を通して、人生に役立つ様々なことを学べたと思います。それを口に出して討論することで、他の人の意見も知ることができ、自分の考えを人に知ってもらうことができ、とても有意義な授業だったと思います

●日本でキリスト教を信じた人たちがどのようにキリスト教と出会い学んだか知ることができました。色々な人を学びましたが、それぞれ全く出生が違うのに、影響を受けたり関係しあっていて、世間はせまいのか、またこれもキリスト教が示した出会いなのかと考えさせられ、大変興味深かったです。同じキリスト教でもそれぞれにキリスト教に持つ思想が違っていて、それもまた興味深いことでした。

●人物をピックアップして、考えやすい授業内容だった。

●日本人のキリスト教学者については初めての学習だったので、知らないことばかりだった。キリスト教は日本で流行（?）したのは江戸時代だけだと思っていたので、その後もキリスト教を考え、大切にしている人がこんなにもたくさんいるということを知りました。

●自分がキリスト教に対して抱いていたイメージが変わった。キリスト教という宗教は日本では多くの人に浸透しておらず、クリスチャンにのみ影響を与えていると思っていた。しかし、日本でも古い時代からキリスト教に基づいて様々な思想について見解を述べている人が多くおり、当時は異端的な考えでもあったであろうが、世の中に影響を与えていたことが分かった。

二　意見

①　ディスカッションに対して

- できるならば、討論の回数を増やしてほしい。
- もう少し討論の時間を作ってほしかったというのが希望です。
- 授業の最後にディスカッションを行うのは良いと思う。ディスカッションを単なる発表で終わらせるのではなく、ますます意見が飛び交う工夫をして、西南白熱教室にしてほしい。ディスカッション時以外にも質問を促してみてはどうだろうか。

②　クラスの方法に関して

- もう少し、皆が積極的に参加しても良かったかなとも思いました。
- 席を指定してもらえていたら、もっと集中して話を聞けたのではないかと思いました。

第四節　「学生の声」に認められる変化

「はじめに」で触れたことですが、「キリスト教学は教師と学生の共同作品である」ことが基本姿勢です。そこで、「学生の声　その1」をご覧ください。これはオリエンテーションで参加学生全員に「自己紹介・希望・質問」を書いてもらったものです。これが学生を知る最初の機会になります。「自己紹介」では趣味や好きな食べ物など思ったままにいろいろなことを書いてくれます。これで学生のことがかなり分かりますし、対話への糸口をつかめます。

「希望」では漠然とはしていますが、キリスト教学の内容に関するものが多いです。「質問」にはディスカッションやチャペルレポートに関するものが多いですが、翌週の授業の冒頭でこれらに応えます。対話の始まりです。このような作業は丁寧に行います。

ディスカッションは、毎回講義内容と関連したテーマを三つ板書しておきます。その日の担当者（八人くらい）は、一番前の両側の席（したがって、左右の席に四人ずつ）に座らせます。講義が終わりディスカッションの時間になると、教師が発言者を指名します。発表の意志を示した担当者には全員の方向に向かって立たせます。それから名前と何番のテーマかを告げさせ、堂々と発言するように指示します。今年度はこれまでのところ、ほぼ全員が意見発表してくれています。すでに軌道に乗っているので、これからは内容の充実が課題です。

チャペルレポートの指導は、小論文を書くための訓練です。しかし、副産物があります。学生の直面している課題や悩みを書いていることがあります。これによって学生をさらに知ることができます。学生のプライバシーに触れることは決してしませんが、それらの多くは直ちに授業で活かされます。すると、学生が真剣に耳を傾ける授業になります。

最後の授業でもう一度学生の声を聞くために用紙を配ります。ほとんどの学生は初めに書いたよりも丁寧に多くのことを書いてくれます。そのなかでほぼ全員が書いているのが、「ディスカッションは良かった」という声です。初めは不安だった。しかし、二回のディスカッションを経験して、「良かった。ぜひ、続けてください」という声に変わっている。理由には「他の人の意見を聞くことができた」や「関心のあるテーマについて深めることができた」、「人前で話すことに少し自信を持つことができた」等があります。

「学生の声　その２」にはないのですが、レポート指導についても感謝の声が多く寄せられています。「小論文の書き方が分からなかったので、参考になった」や「指導してもらったことを参考にして、これからのレポート作りに生かしていきたい」、「チャペルに自覚的に参加できたので、講話の聴き方が変わった」等です。

おわりに

ディスカッションやレポート指導は、それを介して学生との対話が深まったという実感があります。そして、「対話により個性あるクラスができた」と実感できるときに、教師としての充実感があります。その際に学生の学問的な成長に加えて、人格的にも刺激になっただろうか？　若い日に立ち止まって人生を考える機会をどれだけ提供できただろうかと反省します。その上で、学問においても人格形成においても貢献できるキリスト教学の充実を目指したいと願っています。

注

（1）「第三章　キリスト教学の現場から」は、二〇一二年五月二十三日に開催されたキリスト教学懇談会で発表した「キリスト教学の現場から」を修正したものである。なお、発表の雰囲気を残すために、話し言葉を残している。

あとがき

長く細い道だった。阻まれて道が途絶えたかに思われたこともあった。二〇一三（平成二十五）年七月に構成をめぐって見解が相違した時もそうだった。

一方からは、「第二部を中心にまとめ直し、タイトルも再検討するように」と要望された。たしかに、学問的観点からすると各部ごとの性格は根本的に異なっている。だから、「このままの形で学術書として出版するのは不適切である」という見方が生まれる。この指摘は正しい。しかし、そこには一番大切な何かが抜けているように思われてならなかった。

「出版はもう無理かもしれない。けれども、どこかに可能性はあるはずなのだが……」。その夜は様々に思い巡らしながら床についた。すると、夢のなかで語りかけてくる一句があった。

学び舎に　人よ育てと　熱き祈り
学院に響く　百年の時を超えて

何ということだろう。全体を貫く「一番大切な何か」がその句には表現されていた。それが西南学院の教育事業に向けた「熱き祈り」である。この祈りが『継承されるキリスト教教育——西南学院創立百周年に寄せて——』における多様さをつないでいた。

新鮮な気持ちで目ざめると、構成に関するヒントや新たなエネルギーを与えられていた。それで調整をこなすこともでき、作業に取り組み直せたのだった。

＊

発端は二〇一二（平成二十四）年十月の気持ちの良い秋晴れの昼過ぎだった。西南学院大学の本館前キャンパスで久しぶりに九州大学出版会の古澤言太さんと会った。挨拶もそこそこに、「本にする原稿をお持ちではないでしょうか」と尋ねられた。「予定はないですね、……」と即答した。それで別れていればこの話はなかった。ところが、その日に限って立ち話は続いた。そのとき、ふと頭をかすめたアイデアがあったので紹介してみた。「西南学院の百周年関連だったらまとまるかもしれません。でも、九州大学出版会が扱う内容ではないでしょう」。古澤さんからは予想外の答えが返ってきた。「いいえ、加盟校（西南学院大学は九州大学出版会の加盟校である）の創立に関する出版のお手伝いであれば、大切な仕事です。ぜひご検討下さい」。こうして、一年三ヶ月に及ぶ出版に向けた作業が始まった。

目次（案）を作ると、二〇一二年十一月から大学院修士課程を修了された中島知世さん・大学院生の佐藤友梨さん・川野真里さんとチームを組んだ。査読用の原稿を二〇一三年三月までに作成するためである。四月からは中島知世さんに学術研究所へ提出するための作業をお願いした。縦書き原稿として体裁を整え、目次・写真・表を入れるのである。七月からは神学部の萱田美紀さん、大学院の鈴木貴視君とチームを作って、出版に回す最終原稿の作成にかかった。一連の作業を終え、九月からは九州大学出版会の奥野有希さんの助力を得て校正をはじめとした作業に取り組んだ。なお、この間に萱田美紀さんには索引の作成をお願いしている。

こうして、二〇一四（平成二十六）年二月の出版にこぎつけた。

＊

出版にあたってまず、古澤言太さんにお礼を申し上げなければならない。そもそも彼との出会いがなければ本書はなかった。構成をめぐって見解に相違が生じた際にも、忍耐強く賢明に調整役を務めて下さった。奥野有希さんは信頼できる編集者である。彼女の助力があって、このような内容と体裁に整えることができた。感謝をこめてこの事実を報告しておきたい。中島知世さん、佐藤友梨さん、川野真里さん、萱田美紀さん、鈴木貴視君には、一年三ヶ月の間に様々な形で手伝ってもらった。

西南学院大学学術研究所からは出版助成金（貸与）をいただいた。そのおかげで出版できた。感謝して、その事実を記しておく。また、論文の転載許可をいただいた。

「第一部第一章　西南学院の教育者群像――「与える幸い」を継承した人たち――」（『国際文化論集』第二八巻、第一号、二〇一三年十月）

「第一部第三章　西南学院百年史編纂事業の本質――建学の精神を継承する事業――」（『国際文化論集』第二六巻、第一号、二〇一一年九月）

「第二部　キリスト教教育の継承――村上寅次『波多野培根伝』の研究――」（『国際文化論集』第二七巻、第一号、二〇一二年十月）

西南学院百周年事業推進室からは次の論文について転載を許可していただいた。

「第一部第二章第一節　学院史編集室史の研究」（『西南学院史紀要』第一号、二〇〇六年五月）

「第一部第二章第二節　西南学院の史料分析」（『西南学院史紀要』第一号、二〇〇六年五月）

「第一部第四章　日本キリスト教史研究の現在」（『西南学院史紀要』第七号、二〇一二年五月）

百周年事業推進室には多くの史料利用などでも便宜を図っていただいた。この事実も併せて記し感謝を申し上げたい。

カバーに使用した写真は、西南学院総務部広報課（表1、表4下段右）と西南学院百周年事業推進室（表4上段、下段左）からご提供いただいた。快くご提供くださったことに感謝申し上げる。

*

多くの方々の助力と協力を得て出版にこぎつけた。研究への示唆を与えて下さった故土肥昭夫先生と故村上寅次先生に報告しなければならない。西南学院の良き伝統のなかに迎えて下さった河野信子先生、八田正光先生、森泰男先生、ディクソン屋宜和夫先生には、感謝を込めて本書を贈呈したい。

西南学院に関係した多くの方々が、『西南学院百年史』編纂事業に取り組んでおられる。本書は彼らの努力に敬意を表しつつ側面から応援するものである。

最後に、順調なだけではなかった西南学院における二〇年間を同伴者として支えてくれた塩野まりに心からの感謝を伝えたい。

二〇一四（平成二十六）年一月

塩野和夫

人名索引

さ行

た行

な行

は行

ま行

や行

ら・わ行

事項索引

西南保姆学院　15，88
西南学院専門学校（商業学校）　8，10，38，82
　西南学院商業学校校旗　87

た行

な行

〈著者紹介〉

塩野和夫（しおの・かずお）

1952年大阪府に生まれる。同志社大学経済学部卒業。同大学大学院神学研究科後期課程修了、神学博士。日本基督教団大津教会、宇和島信愛教会、伊予吉田教会、西宮キリスト教センター教会牧師を経て、現在、西南学院大学国際文化学部教授。

著書『伊予吉田教会90年史』（日本基督教団伊予吉田教会）、『宇和島信愛教会百年史』（日本基督教団宇和島信愛教会）、『日本組合基督教会史研究序説』『日本キリスト教史を読む』『19世紀アメリカンボードの宣教思想Ⅰ』（新教出版社）、*The Philosophy of Missions of the A.B.C.F.M. in the 19th Century 1*（自費出版）、『禁教国日本の報道』（雄松堂出版）、『近代化する九州を生きたキリスト教』、『キリスト教教育と私　前編』（教文館）等。

継承《けいしょう》されるキリスト教教育《きょうきょういく》
――西南学院創立百周年に寄せて――

2014年3月10日　初版発行

著　者　塩　野　和　夫

発行者　五十川　直　行

発行所　一般財団法人　九州大学出版会
〒812-0053 福岡市東区箱崎 7-1-146
九州大学構内
電話　092-641-0515（直通）
URL http://kup.or.jp
印刷／城島印刷㈱　製本／篠原製本㈱

ISBN978-4-7985-0121-5